Gesa Neitzel

LÖWENHERZEN

Gesa Neitzel

LÖWENHERZEN

Zwei unterwegs in Afrika

ullstein extra

Wir verpflichten uns zu Nachhaltigkeit

- Klimaneutrales Produkt
- Papiere aus nachhaltiger
  Waldwirtschaft und anderen
  kontrollierten Quellen
- ullstein.de/nachhaltigkeit

Ullstein extra ist ein Verlag der Ullstein Buchverlage
www.ullstein-buchverlage.de

2. Auflage 2021
© Ullstein Buchverlage GmbH, Berlin, 2021
Illustrationen: © Pablo Ientile, www.pabloientile.com
Fotos: © Gesa Neitzel
Vektoren im Bildteil von freepik.com
Satz: LVD GmbH, Berlin
Gesetzt aus der Albertina MT Pro
Druck und Bindearbeiten: CPI books GmbH, Leck
ISBN 978-3-86493-142-0

Vorbemerkung

Die folgende Erzählung ist eine komprimierte Zusammen-
fassung von Ereignissen, die sich im Zeitraum von 2015
bis 2020 abgespielt haben. Obwohl wir in dieser Zeit mit verschiedenen Fahrzeugen unterwegs waren, ist »Ellie der Land
Rover« das einzige Auto, das in diesem Buch Erwähnung findet.

Um die Privatsphäre realer Personen zu schützen, habe ich
die meisten von ihnen durch erfundene Charaktere ersetzt.
Ähnlichkeiten mit realen Personen sind demnach unbeabsich-
tigt.

Inhalt

Prolog

E in lauter Knall riss mich aus dem Schlaf. Die Mittagssonne
stand hoch über unserem Zelt; drinnen war es so drückend
heiß, dass Frank und ich nur mit Unterwäsche bekleidet auf der
Feldpritsche lagen. Frank setzte sich auf und fuhr sich mit der
Hand übers Gesicht, als wollte er die Müdigkeit wegwischen.

»Was war das?«, fragte ich, noch ganz verschlafen, und rollte
zur Seite, um etwas kaltes Wasser aus einer Thermoskanne
neben dem Bett in ein Glas zu gießen.

»Klang wie ein Gewehrschuss«, murmelte Frank, streifte sich
sein Khaki-Hemd über den Kopf und schlüpfte in ein Paar
Shorts. »*Shit*, ich hoffe, die Gäste haben das nicht mitbekommen.«

Ich verstand sofort, was er meinte. Während »Safari« noch
vor ein paar Jahrzehnten quasi gleichbedeutend mit dem Schießen von Wildtieren war, löste das Geräusch eines sich lösenden
Schusses dieser Tage in den meisten Fällen Unbehagen unter
den Gästen aus; allemal warf es Fragen auf. Wer hatte geschos-

sen? Großwildjäger? Ein Safari-Guide, der auf einem Busch-Walk in eine »haarige« Situation geraten war? Oder hatte sich gar eine Gruppe Wilderer in den Park geschlichen?

In diesem Fall tippte ich auf Letzteres. Das Camp, in dem wir für ein paar Nächte mit unseren Safari-Gästen untergekommen waren, lag in einem entlegenen Teil des Südluangwa-Nationalparks in Sambia. Wenngleich Großwildjagd außerhalb des Parks leider nach wie vor praktiziert wurde, so war es innerhalb der Parkgrenzen strengstens verboten, auf die Tiere zu schießen. In dieser brütenden Mittagshitze hätte außerdem gewiss kein Guide seinen Gästen einen Walk zugemutet. Es war jedoch durchaus möglich, dass eine Gruppe Wilderer sich illegal ein Impala zum Lunch geschossen hatte, während die Park-Ranger um die Mittagszeit ruhten.

Ein weiterer Knall unterbrach meine Gedanken.

»Nee, das war kein Gewehrschuss«, sagte ich zu Frank, »das kam aus dem Küchenzelt!«

Jetzt schlüpfte auch ich in meine Kleidung und spähte aus dem vernetzten Zeltfenster, während Frank den Reißverschluss am Eingang aufzog und hinauskletterte. Ich hörte ein weiteres Geräusch, das ich noch weniger einordnen konnte. Es klang wie das Rascheln des trockenen Grases hinterm Camp, fast so als würde eine Herde Wasserbüffel vorbeistreifen. Erst als Frank mir von draußen etwas zurief, vermochte ich, die Geräusche wie zwei Puzzle-Stücke zusammenzusetzen.

»Feuer!«, rief er, und plötzlich ergab alles einen Sinn: Irgendetwas musste im Küchenzelt explodiert sein – daher die Knalle. Und das seltsame Geräusch hinterm Camp stammte nicht vom raschelnden Gras – nein, es war das Knistern der Flammen!

Plötzlich war Frank hellwach – und auf Zack. In Windeseile

war er zurück im Zelt und krallte sich die Schlüssel zu »Ellie«, unserem zwanzigjährigen Land Rover Defender, der am Camp-Eingang in der Sonne parkte, damit die Solarzelle auf dem Dach laden konnte.

»Pack unsere Sachen und halt dich bereit! Ich mache Ellie startklar – nur für alle Fälle!« Dann rannte er auch schon los und ließ mich verdutzt im Zelt zurück. Aber für *welche* Fälle sollte ich mich denn bereithalten?

Die Situation kam mir in diesem Moment noch alles andere als brenzlig vor. Gut, da war ein Feuer in der Küche, aber der Knall war so laut gewesen, dass ihn sicher alle Camp-Angestellten gehört haben dürften. Und die löschten bestimmt schon längst, so dachte ich. Ich trat aus dem Zelt, anstatt, wie von Frank aufgetragen, unsere Sachen zu packen. Erst als ich die riesige Rauchwolke über dem Küchenzelt sah, wurde mir klar, dass dieses Feuer nicht so leicht mit den Handfeuerlöschern unter Kontrolle zu bringen war.

»Aufwachen, Leute! Da ist ein Feuer! Packt bitte alle eure Sachen«, hörte ich Frank rufen, während er auf dem sandigen Pfad hinter den Zelten Richtung Ellie stürmte.

Unser Zelt lag am Ende des Pfades, dahinter kam nur noch Busch. In entgegengesetzter Richtung reihten sich die vier Gast-Zelte am Ufer eines trockenen Flussbettes aneinander, und am anderen Ende lag das offene Busch-Wohnzimmer, wo die Mahlzeiten unter einer großen Plane eingenommen wurden und während der Mittagsstunden Siesta gehalten werden konnte. Die Gäste schliefen in typischen Safarizelten, und die waren wesentlich geräumiger, als man sich das bei einem Zelt vielleicht erst mal vorstellt. Man kann darin aufrecht stehen, hat ein festes Bett, einen kleinen, aber feinen Kleiderschrank und ein abgetrenntes Open-Air-Badezimmer mit Eimer-Dusche und Toilette inklusive – man glaubt es kaum – Klospülung. So entsteht in der Wildnis ein echtes Gefühl von Sicherheit, und man könnte fast vergessen, dass einen nichts als eine Zeltplane von Elefanten, Löwen, Leoparden und Co trennt, die sich im Südluangwa-Nationalpark frei bewegen.

Ein Feuer allerdings macht natürlich auch vor der dicksten Zeltplane nicht Halt.

Zurück im Inneren griff ich jetzt wahllos nach allen Kleidungsstücken in meinem Sichtfeld und schmiss sie in unsere Reisetaschen. Die Kamera-Ausrüstung hatten wir Gott sei Dank in Ellies Innerem gelagert. Als ich kurze Zeit später beide Taschen ins Freie hievte, spürte ich, wie sich der Wind drehte. Auf einmal blies mir heißer Rauch ins Gesicht, und die Flammen fraßen sich durch das staubtrockene Gras direkt in meine Richtung, als würden sie von einem riesigen Fön vorangetrieben. Da kam Frank zurück über den sandigen Pfad geprescht, Thoma, der Camp-Manager, direkt hinter ihm.

»Nehmt alle eure Sachen und lauft in die Mitte des Flussbettes!«, rief Frank, während Thoma in jedem Zelt nachsah, ob alle Gäste wach waren, dann halfen sie das Gepäck durch den tiefen Sand ins Flussbett zu schleppen. Ich warf mir unsere beiden Taschen jeweils über eine Schulter und tat es ihnen gleich, während ich die Gäste durchzählte. Eins, zwei, drei, vier, fünf, sechs – alle standen jetzt unter der sengenden Mittagssonne im weißen Sand. Etwas schweißgebadet vielleicht – aber sicher. »Puh, Schwein gehabt«, dachte ich, das hätte auch anders ausgehen können. Ich vergewisserte mich bei jedem, dass alles in Ordnung war und alle ihre Habseligkeiten aus den Zelten mitnehmen konnten, und für einen kurzen Moment schien die Gefahr gebannt.

Aber die Flammen preschten weiter voran.

Frank kam auf mich zu. »Der Schlüssel steckt im Schloss. Falls sich der Wind in Richtung Ellie dreht, muss einer von uns sie ganz weit in die Mitte vom Flussbett fahren.«

»Alles klar«, sagte ich und sprach insgeheim ein Stoßgebet, dass uns das erspart blieb. »Aber was, wenn sie wieder nicht anspringt?«

Seit einiger Zeit schon machte Ellie uns Probleme. In den unmöglichsten Situationen wollte sie einfach nicht anspringen, und jeder Versuch, der Sache auf den Grund zu gehen, war bis jetzt gescheitert.

»Sie wird anspringen. Sie muss«, sagte Frank. Dann rannte er durch den heißen Sand in Richtung Camp. »Und nicht vergessen«, rief er mir noch über die Schulter zu, »*second gear low − go, go, go!*«

»*Go, go, go*«, wiederholte ich mantraartig den Satz, den er mir während unserer gemeinsamen Fahrstunden beigebracht hatte. Low Range rein, in den zweiten Gang schalten, und dann bloß nicht den Fuß vom Gas nehmen.

Nun, da die Gäste sicher waren, machten sich die Angestellten daran, alles im Camp, was nicht niet- und nagelfest war, vor den Flammen zu retten. Die Tourismus-Saison in Südluangwa hatte gerade erst begonnen, und das kleine Busch-Camp bedeutete alles für die Männer, die hier arbeiteten, schließlich hing ihr gesamtes Jahreseinkommen davon ab – Geld, das ihre Familien ernährte, die Kinder zur Schule schickte und ihnen ein Dach überm Kopf gewährleistete. Wenn das Camp herunterbrannte, war die gesamte Saison verloren. Denn ohne Camp keine Gäste. Und ohne Gäste kein Geld.

Wir alle eilten ihnen zu Hilfe; jeder schnappte sich, was er oder sie tragen konnte – Stühle, Tische, Bücher, Gläser –, wir trugen alles ins Flussbett. Thoma und Samuel, der Head Guide, beluden derweil den Game Viewer (den offenen Geländewagen, auf dem die Safari-Fahrten durchgeführt wurden) mit sämtlichen Essens- und Getränkevorräten, den Gewehren für die Busch-Walks, Funkgeräten, Solarzellen und allem von Wert, was sie sonst noch finden konnten. Dann bretterte Thoma den Wagen mit voller Wucht in den tiefen Sand, aber leider ohne vorher den Allradantrieb einzulegen, und so blieb er nach zwei Metern bereits böse stecken. Er trat aufs Gaspedal, fuhr vor und zurück, aber alles, was er damit erreichte, war, dass sich die Reifen immer tiefer in den Sand gruben.

Jetzt steckte er richtig fest.

Und dann ging plötzlich alles ganz schnell: Der Wind drehte erneut und blies die Flammen direkt in Richtung Game Viewer. Samuel sprang vom Beifahrersitz und begann, den Wagen anzuschieben. »Hilfe! Alle Mann, kommt helfen!«, rief er, und ein Haufen Leute strömte von allen Seiten herbei. Der Geländewagen war das teuerste Teil im ganzen Camp; ihn zu verlieren, wäre eine Katastrophe gewesen – mal ganz abgesehen von der Explosion, die der Benzintank ausgelöst hätte. Mit vereinten Kräften schoben wir den Wagen an, die Hinterräder wirbelten den Sand auf, und der Auspuff spuckte pechschwarzen Rauch aus, während Thoma noch immer aufs Gaspedal trat. Dann endlich bewegte sich das Biest vorwärts und rollte mit einem lauten Röhren des Motors in die Mitte des Flusses.

Nachdem das Camp-Fahrzeug sicher war, erinnerte ich mich plötzlich an unseren eigenen Wagen. Ich riss den Kopf herum, um zu sehen, wie weit die Flammen vorgedrungen waren, und hielt entsetzt eine Hand vor den Mund, als ich feststellte, dass bereits drei der vier Gast-Zelte komplett heruntergebrannt waren. In weniger als fünfzehn Minuten war das halbe Camp zu Asche und Staub zerfallen. Panisch sah ich mich nach Frank um und erblickte ihn, wie er zusammen mit Jeremy, dem Barkeeper, beide mit Feuerlöschern bewaffnet, in Richtung Küchenzelt rannte, während die Flammen höher und höher stiegen. Was zum Teufel hatten sie vor?! Aber es blieb keine Zeit, mir Sorgen zu machen. Kurz entschlossen lief ich auf Ellie zu, sprang auf den Fahrersitz und legte in meiner Panik tatsächlich noch den Sicherheitsgurt an.

»Bitte, bitte, bitte, spring an, Ellie«, beschwor ich die alte Dame.

Dann drehte ich den Schlüssel im Schloss.

KAPITEL I

Zurück im Land
der Riesen

Hallo, Frank? Ka-kannst du mich hören?«
Ich stand auf einem alten Termitenhügel und reckte
meinen ohnehin schon langen Körper, um meine Chancen auf
etwas Handyempfang zu verbessern, während die ersten Sonnenstrahlen durch die Äste der Regenbäume im Mashatu-Camp
brachen. Unten lehnten mein Wanderrucksack und das Gewehr
gegen den Termitenhügel. Es war fünf Uhr morgens, in ein paar
Minuten würde ich mit meinem Mentor Michael und einer
Gruppe Safari-Guide-Schüler*innen zum ersten von zwei
Bush-Walks an diesem Tag aufbrechen. Dieser Tage verzichtete
ich nicht immer, aber immer öfter auf meine morgendliche
Tasse Kaffee, und das aus zwei guten Gründen.

Erstens: Wenn sich der Köper erst mal an »Ricoffy« (den südafrikanischen Instantkaffee) gewöhnt hat, macht die schwache
Plörre einen auch nicht wacher, selbst wenn man *vier* gehäufte
Löffel in die Tasse gibt. Zweitens: Wenn ich die Tasse Kaffee
wegließ, blieben mir jeden Morgen ein paar Minuten vor dem

19

Walk, um kurz mit Frank zu texten oder zu telefonieren. Einziges Problem: Handyempfang gab es hier nur an einer Stelle, und zwar auf dem Termitenhügel, und der lag etwas außerhalb des Camps. Am frühen Morgen die Erste zu sein, die aus den Zeltreihen heraus ins Freie trat, war stets eine nervenaufreibende Angelegenheit. Schließlich wusste man nie, welche Wildtiere in der Nacht vorbeigeschlichen waren – und welche vielleicht noch immer im Wildsalbei ausharrten, der um diese Jahreszeit besonders hoch stand.

»Gesa? Gesa, bist du noch da?«

Franks Stimme drang an mein Ohr – und sie klang so weit entfernt, wie sie war. 20 000 Kilometer, um genau zu sein. Während ich im Anschluss an unsere gemeinsame Ausbildungszeit nach Mashatu, ins sogenannte »Land der Riesen« im Osten Botswanas, zurückgekehrt war, war er ans andere Ende der Welt geflogen, nach Australien. Frank war in Südafrika geboren und hatte dort die erste Hälfte seines Lebens verbracht. Als Teenager wanderte er mit seiner Familie nach Australien aus. Sie ließen das von der Apartheid gebeutelte Südafrika hinter sich, in der Hoffnung auf einen Neuanfang. Doch Franks Liebe für die wilden Tiere Afrikas war zu groß gewesen, und so war er nach einigen gescheiterten Versuchen, sich in das australische Arbeitsleben einzufügen, auf den Kontinent seiner Geburt zurückgekehrt, um Safari-Guide zu werden.

So hatten wir uns kennengelernt.

Im Jahr 2015 absolvierten wir die gleiche Ausbildung, und was zunächst als dicke Freundschaft begann, verwandelte sich zum Ende des Jahres in eine ganz frische Beziehung mit, um ehrlich zu sein, erst mal wenig Aussicht auf Erfolg. Denn keiner von uns wusste so recht, was die Zukunft bringen würde. Das wussten wir auch immer noch nicht. Nur dass wir es miteinander versuchen wollten, das wussten wir. Und so standen wir an diesem Morgen an entgegengesetzten Enden der Welt und sahen die gleiche Sonne an – er ihren Rücken und ich ihr Gesicht.

»Was habt ihr denn heute vor?« – »Wann landest du in Johannesburg?«

Wegen der Zeitverzögerung stellten wir die Fragen gleichzeitig und antworteten auch zur gleichen Zeit.

»Elefanten finden.« – »Nächsten Mittwoch.«

Aus den Augenwinkeln sah ich, wie sich eine Gruppe am Camp-Eingang versammelte.

»Du, ich muss jetzt los«, sagte ich schweren Herzens, »aber ich schreib dir später, ja?«

»Alles klar … hey, du fehlst mir!«

»Du fehlst mir auch«, antwortete ich, und kurz bevor ich auflegte, warf er mir noch einen Satz zu, den er immer zum Abschied sagte: »*Be safe out there!*« Gib acht auf dich da draußen.

Ich hüpfte vom Termitenhügel, setzte mir meinen Rucksack auf und nahm das Gewehr, bevor ich mich in den Halbkreis stellte, zu dem sich die Schüler*innen in der Einfahrt versammelt hatten.

In diesem Monat wurde im Camp der Grundkurs gelehrt. In 55 intensiven Tagen lernten die fünfzehn Schülerinnen und Schüler die Grundkenntnisse, die es brauchte, um als Safari-Guide in Südafrika Tourist*innen die Wildnis zu zeigen. In Botswana, wo sie sich für diesen ersten Teil der Ausbildung befanden, war die Ausbildung zwar nicht anerkannt, aber der Abstecher über die Ländergrenze ermöglichte es den Schüler*innen, in ein anderes Ökosystem zu schnuppern, den Horizont zu erweitern und neue Erfahrungen zu sammeln. Auch ich hatte einen Teil meiner Grundausbildung hier absolviert und schwelgte in Erinnerungen an meine erste Zeit im Busch. An diesem Morgen war auch ich noch Schülerin, wenngleich ich keinem Kurs mehr angehörte.

Nach einem Jahr im südlichen Afrika war ich kurz nach Deutschland zurückgekehrt, doch der Ruf der Wildnis war alsbald zu laut geworden, und so war ich bereits wenig später zurück.

Warum? Weil ich nicht anders konnte. Meine vier Wände in Berlin waren schneller zu eng geworden, als ich »Brandenburger Tor« hätte sagen können, und all das hier hatte mir so sehr gefehlt, dass es wehtat. Außerdem hatte ich hier noch etwas zu erledigen. Ich hatte die Ausbildung zum sogenannten »Back-up Trails Guide« abgeschlossen. Als solcher war ich nun dazu ausgebildet, den sogenannten »Lead Guide« auf Busch-Walks in Südafrika zu unterstützen, das zweite Paar Augen und Ohren und die zweite Gewehrträgerin zu sein. Was mir noch fehlte, war die Prüfung zum Lead Guide, damit ich künftig auch selbst die Walks anführen durfte.

»Guten Morgen, alle zusammen«, sagte Michael, der heutige Lead Guide und Lehrer. »Ich schlage vor, dass wir zunächst zügig zur East-West-Ridge marschieren und von dort oben auf der anderen Seite schauen, ob wir Elefanten finden; dann können wir versuchen, uns ihnen zu nähern. Falls wir auf dem Weg dorthin frische Spuren finden, machen wir einen neuen Plan. Klingt gut?«

Es folgte müdes Nicken der Gruppe.

Michael Venter war Südafrikaner, aber lebte schon lange jenseits der Grenze in Botswana, wo er in verschiedenen Safari-Camps als Freelance-Guide und Ausbilder arbeitete. Er führte seine Walks *by the book*, wie man im Englischen so schön sagt. Er hielt sich also genau an die Vorgaben und Regeln. Wenn Michael im Busch unterwegs war, ging er kein Risiko ein. Für ihn war eine gelungene Begegnung mit einem Wildtier eine, in die man rein- und rauskam, ohne dabei von dem Tier entdeckt zu werden. Ihm ging es nicht darum, so nah wie möglich heranzukommen – und schon gar nicht eine Reaktion hervorzurufen. Ihm ging es darum, die Tiere aus einer sicheren Entfernung zu beobachten. Dafür hatte er meinen größten Respekt, und es war eine Einstellung, die ich voll und ganz teilte. Während ich in meinem ersten Ausbildungsjahr kaum genug von dem Gefühl bekommen konnte, das die unmittelbare Nähe eines wilden Elefanten hervorrief, so hatten mich genau diese intensiven Begegnungen aber auch gelehrt, dass sie nur mit äußerster Vorsicht, mit Verantwortung und vor allem mit viel Erfahrung und Weitsicht angegangen werden sollten. Ich wollte mich unter keinen Umständen leichtsinnig in eine Situation begeben, in der ich die Waffe in meiner Hand je hätte benutzen müssen. Michaels Philosophie war es, dass vor allem junge Nachwuchs-Guides gar nicht erst an Zusammenstöße mit Büffeln oder Elefanten denken sollten. Abstand halten war seine erste Grundregel, und er bewegte sich mit äußerster Vorsicht durch den Busch.

Das war auch an diesem Morgen so, als ich ihm auf einem ausgetretenen Elefantenpfad gen Norden folgte. Während die acht Schüler*innen hinter mir noch etwas schlaftrunken dahinschlurften, setzte Michael vor mir seine Fußsohlen mit Bedacht auf. Was mir an seiner Art zu führen besonders gut gefiel, war, dass er stets auf Dinge hinwies, die ihm auffielen. Michael redete nicht sonderlich viel, schon gar nicht über Persönliches. Darum war es recht schwer, ihn einzuschätzen. Was ich in Mashatu über seinen Charakter erfahren hatte, stammte daher von den Dingen, auf die er deutete. Und das schienen, neben frischen Spuren am Boden oder potenziell gefährlichen Tieren in der Ferne, vor allem solche zu sein, die er schön fand. Leuchtend gelbe Wildblumen oder die besondere Maserung eines wettergegerbten Vulkangesteins, das scharlachrote Gefieder eines Kaiservogels oder die untergehende Sonne, die den staubigen Himmel über Mashatu jeden Spätnachmittag in ein magisches goldgelbes Licht tauchte. Wann immer ihm so etwas auffiel, gestikulierte er fast so, als zeigte er es einem Taubstummen – große Augen, ausladende Gesten und ein strahlendes, breites Lächeln.

Wir kraxelten die steile Seite der East-West-Ridge hinauf, den Hügelkamm, der das Gebiet, in dem wir marschieren durften, in zwei gleich große Teile unterteilte. Im Norden von diesem Marschgebiet führten mehrere Lodges Safaris durch, im Süden lag eine große kommerzielle Plantage. Die lag zwar so weit weg, dass wir ihre Felder und Sprinkleranlagen nicht sehen konnten, aber ihre Existenz blieb trotzdem nicht unbemerkt. Das Verhalten der Mashatu-Elefanten zeugte oftmals davon, dass diese Gegend gar nicht so wild war, wie sie mir noch während meiner ersten Wochen als Nachwuchs-Guide erschienen war. Die Elefanten wirkten oft gestresst, gehetzt – vor allem, wenn sie gerade aus dem Westen kamen. Denn dort waren sie nicht willkommen; die Farmer scheuchten sie fort, um sie von der Saat fernzuhalten – mit Gebrüll, mit Steinen, mit den laut brummenden Motoren ihrer Fahrzeuge. Ich hatte mich seither oft gefragt, ob der Schuss, den ich eines Nachts während meiner Grundausbildung gehört hatte, vielleicht auch von einem der Farmer gekommen war. Damals hatten meine Mitschüler*innen vermutet, dass Wilderer dahintersteckten. Ich war mir da nicht mehr so sicher.

Nun wäre es aber zu einfach, die Farmer zu verurteilen. Konflikte wie diese sind leider überall dort an der Tagesordnung, wo Menschen und Wildtiere Tür an Tür leben. Umso wichtiger ist es daher, sich auf einem Buschmarsch in solch einer konfliktreichen Gegend mit besonderer Vorsicht zu bewegen.

»*Never gets old, does it?*«, sagte Michael, als wir die höchste Stelle der East-West-Ridge erreichten. Nein, von diesem Ausblick konnte man wirklich nie genug kriegen. Als wir auf die andere Seite spähten, erstrahlte die saftig grüne Flussaue im besten Licht eines frühen Morgens, unzählige Vögel zwitscherten ihren morgendlichen Gruß, ein Zebra rief in der Ferne, Impalas grasten auf der weiten Ebene, und dort – kurz vor der Felsformation, die sich »das Amphitheater« nannte, streifte eine Herde Elefanten gemächlich durch die Salvadora-Büsche (*salvadora australis*).

Für die Schüler*innen in der Grundausbildung ging es in diesen ersten Tagen weniger darum zu lernen, wie sie sich einem potenziell gefährlichen Tier gegenüber zu verhalten hatten, als vielmehr ein breites Spektrum an Wissen aufzusaugen. Pflanzen- und Tierkunde, Spuren- und Sternelesen. Alles war wichtig, alles hing miteinander zusammen.

Für mich war es etwas anderes.

Um die Prüfung zum Lead Guide überhaupt bestreiten zu dürfen, musste ich mindestens 150 Stunden zu Fuß und mindestens 50 *Encounter*, also Begegnungen mit einem potenziell gefährlichen Wildtier, in mein Logbuch eintragen. Bei all dem musste ich in der Position des Back-up auf dem Walk dabei sein – also nicht bloß als eine Schülerin auf den hinteren Plätzen. Ich hatte inzwischen knapp 300 Stunden und über 60 Encounter mit potenziell gefährlichen Wildtieren gesammelt. Unter diesen Begriff fielen zum Zeitpunkt der Abfassung dieses Buches: Elefanten, Wasserbüffel, Löwen, Nashörner und Leoparden. Bei diesen berühmten »Big Five« reichte es aus, nur einem einzigen Individuum zu begegnen, um ein Encounter geltend zu machen. Und dann gab es noch ein paar Sonderregelungen: Begegnete man zu Fuß Hyänen, galt dies nur dann als Encounter, wenn es ein ganzes Rudel war. Auch Flusspferde konnten als Encounter betrachtet werden – allerdings nur, wenn das Tier sich zum Zeitpunkt der Annäherung nicht im Wasser befand (Flusspferde galten auf einem Buschmarsch gemeinhin nur an Land als gefährlich – auf einem Kanu sieht das jedoch gleich wieder ganz anders aus, aber dazu kommen wir später).

Es blieb alles auch ein wenig Auslegungssache, und so manch ein Back-up Guide wurde durchaus kreativ, wenn es um die Anhäufung der so wichtigen Encounter ging; ein Kollege soll tatsächlich eine lebensbedrohliche Begegnung mit einem Strauß angegeben haben. Wichtig war bei allen Einträgen im Logbuch, dass eine überlegte Herangehensweise nachgewiesen und dokumentiert werden konnte. Das bedeutete mitunter Notizen über:

- Den Stand des Windes zum Zeitpunkt der Begegnung
- Den Stand der Sonne
- Die Himmelsrichtung, in die man sich bewegte bzw. aus der man kam
- Hinweise auf die Körpersprache des Tieres und sein Verhalten
- Entfernungen

- Strategische Gedankengänge, also: Warum wurde die Situation so oder so gelöst?

Ich hatte also genug Stunden und Encounter gesammelt, um die Prüfung abzulegen. Als Nächstes musste ich nun eine*n Prüfer*in finden, der oder die mit mir zusammen auf einen mehrstündigen Busch-Walk gehen und mein Können bewerten würde. Und wie es der Zufall so wollte, stand an diesem Morgen einer neben mir. Es gab damals nur wenige Lehrer*innen, die als Prüfer*innen für die Lead Guide Assessments zugelassen waren. Michael war einer davon. Nur gefragt hatte ich ihn noch nicht.

»Der Wind weht aus westlicher Richtung«, sagte Michael. »Spürt ihr ganz deutlich am Hinterkopf, oder?«

Die Schüler*innen stimmten zu.

»Wir wollen mal schauen, ob wir uns bis zum Amphitheater durchschlagen können, ohne von der Herde gesehen oder gerochen zu werden. Dazu gehen wir jetzt erst mal in nordwestliche Richtung, um aus unserem eigenen Windschatten zu kommen. Und wenn wir dann auf gleicher Höhe mit der Herde sind, biegen wir ab. So gehen wir sicher, dass unser Geruch nicht zu ihnen hinüberweht.«

Ich machte mir im Kopf Notizen zu Michaels Herangehensweise. Ich wäre die Situation ähnlich angegangen, und das gab mir Zuversicht. Den nächsten Abschnitt unseres Marsches legten wir schweigend zurück. Knapp eine Dreiviertelstunde brauchten wir, um auf Höhe der Herde zu kommen. Als noch etwa fünfzig Meter zwischen uns und den Elefanten lagen, bogen wir erneut ab und steuerten auf die sprungturmhohen Felsen zu. Mucksmäuschenstill kletterten wir hinauf und bewerkstelligten es, die ganze Gruppe am Abhang zu platzieren, sodass jeder Schüler einen Sitz in der ersten Reihe bekam und die Elefanten bestaunen konnte, die direkt unter uns grasten und immer noch keine Ahnung hatten, dass wir da waren.

By the book, wie immer.

Michael und ich setzten uns auf jeweils eine Seite der Schüler*innenreihe, sodass wir sie mit den Gewehren einrahmten. Ich schaute hinunter auf die Elefanten. Es befanden sich viele Jungtiere in der Herde, und vor allem die jungen Frauen in unserer Gruppe waren ganz angetan von den Kleinen. Ich aber sah heute fast durch die Tiere hindurch. Meine Gedanken waren bei der Frage, die ich Michael endlich stellen wollte – *musste*. Ich hatte damit viel zu lange gewartet und war nur noch knapp zehn Tage hier.

Dann nämlich sollte ein ganz neues Abenteuer beginnen: In zehn Tagen würde Frank mich am Grenzübergang in Pont Drift abholen, und dann würden wir gemeinsam einen Roadtrip unternehmen: Wir wollten mit dem Auto kreuz und quer durchs südliche Afrika reisen.

In den letzten Wochen hatten wir den Plan dafür gemeinsam ausgeheckt, und mit jedem neuen Tag war unsere Vorfreude mehr und mehr gewachsen. Johann, ein alter Freund der Steenhuisens, also von Franks Familie, hatte uns dabei geholfen, in Kapstadt einen gebrauchten Land Rover Defender aufzutreiben, der in unserer Preisklasse lag. Er selbst wohnte in Südafrikas Hauptstadt Pretoria; die Sache hatte sich also durchaus kompliziert gestaltet, während wir über drei Länder und zwei Zeitzonen hinweg versuchten, den Kauf abzuwickeln. Gott sei Dank war Johann selbst ein absoluter Land-Rover-Fanatiker mit vier Sammlerstücken in der Garage, jeweils eines aus den letzten Jahrzehnten. Seine Expertise und seine Zuversicht hatten sich als unersetzbar herausgestellt, und ich weiß nicht, ob *dieser* Land Rover je den weiten Weg von Kapstadt nach Pretoria geschafft hätte, wäre Johann damals nicht gewesen.

Jetzt wartete unser ganz eigener *Landy* also in Johanns Garage darauf, dass Frank von Australien zurück nach Südafrika flog und dann zuerst ihn in Pretoria und anschließend mich in Mashatu abholen kam. Und dann konnte der Roadtrip endlich starten.

Aber bevor wir uns auf die staubigen Schotterpisten Afrikas wagen würden, musste ich ja erst noch meine Prüfung ablegen …

KAPITEL 2

N. Y. C.

Wenn du so weit bist, dann weißt du es einfach«, sagte
Frank, während er in Australien seinen Kaffee schlürfte
und ich im Dämmerlicht des gleichen Tages wieder auf dem
Termitenhügel stand »So war es bei mir auch.« Frank hatte seine
Lead-Guide-Prüfung bereits im letzten Jahr abgelegt und be-
standen.

»Ehrlich gesagt, alles, was ich momentan spüre, ist, dass mir
die Zeit davonläuft«, sagte ich. »Können wir unseren Trip nicht
um ein paar Tage nach hinten schieben?«

»Nee, das geht leider nicht. Wir haben doch schon Unterkünfte gebucht. Aber vielleicht solltest du dann einfach noch
warten«, schlug Frank vor, »es hat doch keine Eile.«

Da hatte er recht. Während unseres monatelangen Roadtrips
bestand für mich kein unmittelbarer Bedarf, Lead Guide zu werden. Aber zu diesem Zeitpunkt war ich gerade so richtig drin in
den Bush-Walks. Seit Wochen war ich täglich zu Fuß unterwegs, und dadurch hatte ich ein Gefühl von Sicherheit gewon-

nen, ganz so, als könnte mich da draußen nichts mehr aus dem Sattel werfen. Beim Spurenlesen folgte ich meinem ersten Instinkt und fuhr damit richtig gut. Ich nahm mittlerweile fast automatisch die Windrichtung wahr, ohne dafür überhaupt noch meine mit Asche gefüllte Socke in die Luft werfen zu müssen. Bei Begegnungen mit den Big Five dachte ich mit und las das Verhalten der Tiere – soweit ich es beurteilen konnte – vorausschauend und korrekt. Selbst den Ruf meines Nemesis-Vogels, des Rotschnabel-Madenhackers, erkannte ich inzwischen mit Leichtigkeit. Aber wie schnell würde ich aus der Übung kommen, wenn ich wochenlang im Auto unterwegs war? Wie viel würde ich vergessen? Wie schnell rostete das Busch-Wissen wohl ein? Oder war es am Ende doch wie Fahrradfahren?

»Ach, weißt du was?«, sagte ich zu Frank. »Ich mach das jetzt einfach. Einen Versuch ist es wert. Wenn ich durchfalle, habe ich es wenigstens versucht und kann mir später nicht vorwerfen, dass ich mich nicht getraut hätte.«

»Be safe out there«, sagte Frank.

Neun Tage später saß ich mit gesenktem Kopf am Tischende der langen Tafel und spielte mit dem schief abgeschnittenen Ende einer grünen Plastiktischdecke. Die Zikaden zirpten und übertönten fast das allabendliche Geschnatter der Schüler*innen. »Oh Mann, so ein Mist«, dachte ich und schnaubte frustriert wie ein Nashorn kurz vor dem Angriff.

Dem Mädchen, das heute Abend das Buffet vorstellte – eine Aufgabe, die die Schüler*innen abwechselnd übernahmen, um sich im *Public Speaking* zu üben –, schenkte ich kaum Beachtung; selbst das Wort »Spaghetti« konnte mich heute nicht mehr aufheitern.

Immer wieder warf ich verstohlene Blicke Richtung Lehrer*innentisch, wo Michael saß und – wie ich mir einredete – meinem Blick auswich.

Kacke, Kacke, Kacke. Mist-Kacke.

Erst am letztmöglichen Tag war ich mit Michael unterwegs gewesen, um mich prüfen zu lassen. Morgen schon würde Frank mich am Pont Drift abholen. Natürlich hatte ich bis zum letzten Moment gewartet, um den Lehrer zu fragen. Und mein Timing hätte nicht schlechter sein können: Parallel fanden die Prüfungen zur Grundausbildung statt, Michael hatte also einen Haufen Arbeit zu erledigen. Meine Lead-Guide-Prüfung stand da hinten an.

Aber weil er ein feiner Kerl war, hatte er mich heute zum Lunch spontan wissen lassen, dass er am Nachmittag eine Lücke dafür frei hätte. Und so waren wir losgezogen – er gestresst, ich unvorbereitet. Keine gute Kombination.

Beim Abendessen hatte ich an den Walk schon so gut wie keine Erinnerung mehr – so wie immer bei extremer Nervosität. Da waren die Überreste einer Impala gewesen (der frische Riss eines Leoparden), wir waren über Verraux's Ridge gekraxelt, einen niedrigen Bergzug im Südwesten Mashatus, benannt nach dem Felsenadler (Verraux's Eagle), und schließlich begegnete uns ein gottverdammter Heckensänger, der – bei meiner Seele – genauso geklungen hatte wie ein Rotschnabel-Madenhacker. Und ohne überhaupt nachzudenken, war der Name auch schon aus mir herausgeschossen. Aus den Augenwinkeln hatte ich gesehen, wie Michaels Lippen sich zu einem schmalen Strich formten, während er sich eine Notiz in seinem kleinen Heftchen machte. Was er niedergeschrieben hatte, konnte ich buchstäblich vor meinem inneren Auge sehen: N. Y. C.

N. Y. C. stand in diesem Fall nicht für »New York City«, sondern für »Not Yet Competent« – noch nicht kompetent. Den Rest des Walks hatte ich dann nur noch das Allernötigste gesagt – nicht, dass mir noch so ein peinlicher Anfängerfehler passierte.

»Ach, die Lead-Guide-Prüfung besteht eigentlich keiner beim ersten Mal.« Während ich in meinen Spaghetti herumstocherte, erinnerte ich mich an Franks Worte, die er mir vor dem Abendessen noch per Nachricht geschickt hatte. »Das ist fast schon Tradition.«

»Aber du hast beim ersten Mal bestanden«, antwortete ich. Und überhaupt, das klang ja so, als wäre ich schon durchgefallen!

Der Abend neigte sich schnell dem Ende zu, ehe ich mich versah, wurden die Teller abgeräumt und die Gäste-Briefings für den kommenden Morgen heruntergerattert. Dann standen die Schüler*innen unter lautem Stühlescharren auf, und schließlich verteilten sich die Lichter der Taschenlampen langsam in der Dunkelheit, bis nur noch Michael und ich auf dem Study Deck zurückblieben.

»Ich will dich nicht lange auf die Folter spannen, Gesa«, sagte Michael, als ich an seinen Tisch trat, »das hat heute leider noch nicht zum Lead Guide gereicht.«

Ich nickte verständnisvoll. »Ich weiß«, sagte ich und spürte, wie die Enttäuschung in meinen Ohren pochte. Während Michael mit mir die Gründe durchging, warum er mich leider nicht bestehen lassen konnte, sackten meine Schultern immer mehr gen Boden. Noch immer nickte ich, allerdings mehr zu mir selbst als zu Michael, weil die Erkenntnis langsam durchsickerte: Jepp, das wars jetzt erst mal. Schon am nächsten Morgen würde ich die vertraute Welt der Ausbildungscamps hinter mir lassen und mich damit auf unbestimmte Zeit von der Chance verabschieden, die Prüfung zu wiederholen. Und plötzlich hatte ich keinen Zweifel mehr daran, dass ich in den nächsten Monaten komplett aus der Übung kommen würde. Und ob ich überhaupt wieder die Gelegenheit bekommen würde, über einen so langen Zeitraum hinweg täglich zwei Buschmärsche als Back-up durchzuführen, stand an diesem Abend auch noch in den Sternen.

Ich hatte heute eine Chance bekommen, und ich hatte sie vergeigt. Und Schuld war … nein, nicht der verdammte Madenhacker – der war ja nicht mal da gewesen! Auch dem Heckensänger mochte ich in diesem Augenblick nicht die Schuld geben. Vielleicht war ich einfach noch nicht so weit gewesen. Vielleicht war das hier auch nur eine vermeintliche Sackgasse, die sich im Rückblick als neue Abzweigung voller Chancen entpuppen würde. Oder vielleicht gehörten Niederlagen einfach zum Leben dazu. Und so bedankte ich mich bei Michael und verabschiedete mich von ihm. Morgen früh, wenn ich abreiste, würde er bereits im Busch unterwegs sein.

Tief bedrückt schlurfte ich über die sandigen Wege zurück zu meinem Zelt, als das Licht meiner Taschenlampe die Reflexion eines Augenpaares einfing. Es lauerte verdächtig niedrig am Boden, aber versteckte sich im hohen Gras, und so blieb ich wie angewurzelt stehen und leuchtete in Richtung der möglichen Gefahr. War das ein Leopard? Doch mit seiner nächsten Bewegung gab das Tier Entwarnung. Das Augenpaar hüpfte munter auf und ab, und jetzt konnte ich auch sehen, dass die Augen sehr dicht beieinanderlagen. Es war eine Ginsterkatze, ein Raubtier, das sich auf das Jagen von Nagetieren und anderen kleineren Tieren spezialisiert hatte. Von der Größe einer normalen Hauskatze, aber mit einem langen gestreiften Schwanz, sah es aus wie ein Mini-Leopard. Ich atmete erleichtert aus, dann bemerkte ich, dass ich genau vor dem Zelt stand, in dem ich meine allererste Nacht im Busch verbracht hatte. Fast genau ein Jahr war es her. Und auch wenn ich die Prüfung zum Lead Guide heute nicht bestanden hatte, kam ich in diesem Moment trotzdem nicht umhin anzuerkennen, wie weit ich seit meinem holprigen Start gekommen war. Noch vor einem Jahr war mir all das hier so fremd, so gefährlich erschienen. Aber nun fühlte ich mich hier eher zu Hause als jemals in Berlin. Ich hatte keine Ahnung, wohin mich dieses Gefühl mit Anbruch des nächsten Tages führen würde, aber ich konnte nicht anders, als darauf zu vertrauen, dass es sich nicht umsonst in mein Herz eingenistet hatte.

Als ich schließlich in meinen Schlafsack schlüpfte und mit dem Handy meinen Wecker für den nächsten Tag stellte, sah ich, dass sich eine WhatsApp-Nachricht den Weg durch das löchrige Netz gebahnt hatte – und das ganz ohne Termitenhügel:

Morgen komme ich dich holen!

- Frank

Vielleicht, ja ganz vielleicht, fing das nächste Abenteuer dort an, wo das erste aufhörte.

KAPITEL 3

Wiedersehen am
Pont Drift

IMMIGRATION« stand in verwitterten Lettern über dem Eingang des winzigen Gebäudes am Ufer des Limpopos geschrieben. Der Anstrich in Blau und Weiß, den Landesfarben Botswanas, war hingegen so frisch, dass man die Farbe noch riechen konnte. Botswana feierte in diesem Jahr fünfzig Jahre Unabhängigkeit von den Briten, und viele der Regierungsgebäude im ganzen Land, aber auch Bushaltestellen und sogar Mülleimer hatten einen frischen Anstrich in Himmelblau und Weiß erhalten. Ich saß auf dem Bordstein im Schatten vor dem Häuschen; mein treuer Reiserucksack diente mir als Rückenlehne. Wir waren schon vielerorts zusammen gewesen: In Australien für neun Monate Work & Travel, auf einem Europatrip von Schottland bis Spanien und von dort mit der Fähre nach Marokko, Backpacking in Südostasien und schließlich der wohl wichtigste Trip von allen: Südafrika. Es war wahrscheinlich albern, aber irgendwie hatte ich mich mit meinem alten Rucksack auf dem Rücken auf meinen Reisen immer ein bisschen weniger allein gefühlt.

Und ich war froh, dass er auch auf der nächsten Etappe mit dabei sein würde. Wenngleich ich nun zum ersten Mal nicht mehr allein reisen würde.

Das gab mir an diesem Morgen auch mein Herz deutlich zu verstehen: Mit jedem Motorbrummen, das aus dem Flussbett an mein Ohr drang, schlug es ein bisschen kräftiger gegen meinen Brustkorb. Jeden Augenblick könnte Frank nun um die Ecke biegen. Zum Glück stand der Limpopo niedrig um diese Jahreszeit. Der Fluss bildete die natürliche Grenze zwischen Südafrika und Botswana, und wenn er zu stark anstieg, konnte dieser Grenzübergang nur noch mit einer Seilbahn bewältigt werden. Autos mussten dann am jeweiligen Ufer abgestellt und zurückgelassen werden.

Frank und ich hatten uns seit mehreren Wochen nicht gesehen. Kurz bevor er nach Australien geflogen war, hatten sich unsere Wege für ein paar Tage in Südafrika gekreuzt, und wir hatten sie in einem kleinen Häuschen am Rande des Krüger Nationalparks verbracht, das seit über zwanzig Jahren im Besitz seiner Familie war. Das war gerade genug Zeit gewesen, um zu erkennen, dass wir noch lange nicht genug Zeit miteinander verbracht hatten.

Dennoch wusste ich an diesem Morgen am Pont Drift nicht recht, was mich eigentlich in den kommenden Monaten erwarten würde. Was ich wusste, war, dass Frank und ich über so ziemlich alles miteinander reden konnten und dass wir für die unmittelbare Zukunft beide die gleichen Träume hatten – das und die Tatsache, dass ich jede wache Minute damit verbrachte, an ihn zu denken …

All das hatte uns zu dem gemeinsamen Roadtrip motiviert – und natürlich die Aussicht auf ein unvergessliches Abenteuer.

Für mich stand ganz oben auf der Liste, dass ich unbedingt mehr über den afrikanischen Kontinent lernen, die unterschiedlichen Länder und Kulturen verstehen und ein besseres Gefühl für das Safarileben bekommen wollte. Für Frank diente dieser Trip einem ganz praktischen Zweck: Erst vor Kurzem hatte seine Familie in Australien eine eigene Reiseagentur gegründet, und Frank sollte innerhalb des Unternehmens die Rolle des Ansprechpartners vor Ort in Afrika übernehmen. Dafür war es wichtig, dass er die Wildreservate, Safari-Lodges und lokalen Partner*innen persönlich kennenlernte.

Unser Budget war natürlich knapp, aber dank der Reiseagentur durften wir in vielen Unterkünften zu vergünstigten Preisen übernachten. Das war gang und gäbe in der Tourismusbranche, denn je besser die Reisebüros die Produkte kannten, desto besser konnten sie sie an ihre Kund*innen verkaufen. Manchmal konnten wir im Vorfeld im Austausch gegen Fotos und Videos, die wir von der Unterkunft machen würden, sogar eine Gratisübernachtung raushandeln. Da hatte sich meine Ausbildung zur Fernsehredakteurin am Ende doch noch gelohnt! Die meiste Zeit würden wir aber natürlich einfach in der Wildnis campen – und darauf freuten wir uns am meisten.

Die breite Nase eines Land Rovers schnaubte aus dem braunen Flusswasser des Limpopos hervor, und ich sprang auf – das musste er sein! Aber nein, falscher Alarm. Ein älterer Motswana (so heißen die Bewohner*innen Botswanas) öffnete die Fahrertür und schaute etwas irritiert drein, als ich ihn voller Erwartung anstarrte. »Dumela«, grüßte er mich dennoch höflich, bevor er seine Papiere vom Beifahrersitz nahm und ins Häuschen schlurfte.

»Dumela-ra«, erwiderte ich seinen Gruß. Die Ergänzung »ra«

am Ende verwendete man bei Männern und vor allem bei älteren Herren, denn ihnen zollte man in Botswana viel Respekt.

Während der Herr seine Einreise abwickelte und schließlich mit stotterndem Motor davonfuhr, malte ich mit dem Finger kleine Herzen in den Sand. Mit Voranschreiten des Tages wurde der Schatten des Häuschens immer schmaler, bald schon saß ich in der prallen Mittagssonne. Doch gerade als sich die Immigration-Beamtinnen zum Lunch auf zwei Plastikstühle hinter das Häuschen verzogen, bahnte sich ein weiterer Land Rover den Weg aus dem Fluss – cremefarben mit einem grauen Streifen unterhalb der Fenster und einem breit grinsenden Halb-Australier und Halb-Südafrikaner hinterm Steuer. Ich sprang auf und hüpfte vor Aufregung auf und ab, während meine Arme wie die Flügel eines Perlhuhns durch die Luft flatterten.

»*There she is!*« Frank lehnte seinen Oberkörper aus dem Fenster, während ich neben dem Auto herrannte und ihm auf den letzten rollenden Metern die Wangen abküsste. »Tut mir leid, dass ich so spät dran bin. Die Ausreise auf der anderen Seite hat ewig gedauert.«

Frank parkte das Auto, stieg aus und reckte sich. Dann hielten wir uns für eine gefühlte Ewigkeit in den Armen. Hatte ich vorab noch befürchtet, dass es nach wochenlanger Trennung vielleicht anfangs etwas holprig sein könnte zwischen uns, wurde ich in diesem Moment eines Besseren belehrt: Wir machten genau dort weiter, wo wir vor ein paar Wochen aufgehört hatten.

»Und, was meinst du?« Frank deutete mit offenen Armen auf den Land Rover.

»Nicht übel.« Ich nickte beeindruckt.

»Sie fährt wie ein Traum – bisschen langsam vielleicht, aber wir haben es ja nicht eilig. Das einzige Problem, das ich feststellen konnte, ist, dass sie manchmal etwas widerwillig anspringt. Aber wenn man ihr Zeit gibt, spielt sie brav mit.« Frank klopfte dem Wagen kumpelhaft auf die Motorhaube. »Du, ich bringe am besten schnell die Einreise hinter mich, damit wir endlich loskönnen.«

Das Wort »schnell« konnte man in diesem Fall allerdings getrost mit »so schnell wie eben möglich« ersetzen, denn wie heißt es so schön? *Die Europäer haben die Uhren – die Afrikaner haben die Zeit.*

Frank hätte den Zeitpunkt seiner Ankunft nicht schlechter abpassen können, die beiden Damen von der Einwanderungsbehörde hielten ja schließlich gerade Siesta. Nach einer gefühlten Ewigkeit ließ sich eine von ihnen dann aber doch dazu hinreißen, Franks Papiere zu checken, außerdem musste er eine Gebühr für das Fahrzeug entrichten. Ich lud in der Zwischenzeit meinen Rucksack ins Auto und bestaunte das, was von nun an mein neues Zuhause sein würde. Als Frank schließlich aus dem Häuschen trat, winkte er glücklich mit seinen Papieren und pfiff durch die Zähne. Ich konnte ihm ansehen, dass er genauso aufgeregt war wie ich.

»Und, bereit für das richtige Afrika?«, fragte Frank, als er auf den Fahrersitz hüpfte.

»Aber so was von«, sagte ich und schlug die Tür auf der Beifahrerseite zu.

Mit dem Schlüsseldrehen startete der Motor des klapprigen Land Rovers und das erste Kapitel unseres gemeinsamen Lebens.

An diesem Tag am Pont Drift hatte ich keine Vorstellung davon, dass wir für die nächsten fünf Jahre so weitermachen würden. Von dem Moment an, da der Land Rover auf die staubigen Straßen Botswanas bog, wurden Frank und ich zu modernen Nomaden, wurzellos glücklich und unendlich dankbar für das Leben. Die zahlreichen Stunden nebeneinander in der Fahrerkabine würden dahinschmelzen in endlosen Gesprächen über die Tiere, das Leben, die Zukunft und die Welten, die an unseren offenen Fenstern vorbeizogen. Gleichzeitig würden sich unsere Augen aber auch für die Probleme und Herausforderungen öffnen, die für zu viele Menschen und Tiere in diesen Ländern harsche Realität waren. Es war eine Zeit, die uns beide wie Pech und Schwefel miteinander verbinden würde. Wir wurden – und sind bis heute – beste Freunde. Die kommenden Kapitel sind Einblicke in unser gemeinsames Leben *on the road*.

KAPITEL 4

Der Geruch von Lagerfeuer

Die asphaltierte Straße war in erstaunlich gutem Zustand. Zu gut, um ehrlich zu sein. Nicht, dass Botswana keine Asphaltstraßen vorzuweisen hätte, mittlerweile waren sämtliche Hauptverkehrsstraßen im Land geteert (wenngleich vielerorts mit einigen Schlaglöchern bedeckt). Nur dass dies hier keine Hauptverkehrsstraße war.

Es war später Nachmittag, und unser Land Rover war gerade auf die kleine Seitenstraße abgebogen, die durch einen Wald aus sattgrünen Mopane-Bäumen immer tiefer ins Nirgendwo führte. Vor uns erstreckte sich eine Hügelkette, hinter der gerade die letzten Sonnenstrahlen des Tages verschwanden. Das war für Botswana tatsächlich eher ungewöhnlich, denn das Land war ungefähr so flach wie Holland, Berge suchte man hier vielerorts vergeblich. Am Ende der Straße lag die in Botswana berühmte Goo-Moremi-Schlucht. Für viele Landsleute ein mystischer, heiliger Ort, war die Schlucht für uns eher zweckdienlich. Über die Jahre würden wir hier immer wieder Halt machen, denn nach einem langen Tag der Grenzüberquerung bot Goo-Moremi den einzig annehmbaren Campingplatz auf halber Strecke zwischen Südafrika und den berühmten Wildreservaten im Norden Botswanas. Einmal hatten wir es mit einem anderen Campingplatz versucht, aber nachdem wir im Toilettenraum eine Familie Ratten beim Abendessen gestört hatten – die Mutter ungefähr von der Größe eines Jack Russels –, kehrten wir im folgenden Jahr wieder in Goo-Moremi ein.

Das Tor zum Platz war so groß und pompös, dass es eher an den Eingang eines Vergnügungsparks erinnerte als an den eines Campingplatzes. Es war kurz vor sechs am frühen Abend und die Rezeption nicht mehr besetzt. Doch kurz nachdem wir beide aus dem Wagen geklettert waren, um uns nach der langen Fahrt vom Pont Drift zu strecken, kam ein junger Motswana in T-Shirt und Shorts auf uns zu. Er schien überrascht, uns hier zu sehen. Oder vielleicht bildete ich mir das nur ein. Wir trugen unsere Stammdaten in sein Logbuch ein und bezahlten ein paar Pula für die Nacht. Pula, die Landeswährung, hatte einen fast schon poetischen Namen, denn er bedeutete »Regen« in Setswana, und der war in dem dünn besiedelten Wüstenstaat sehr selten. Als der Pula in den Siebzigerjahren eingeführt wurde, entschied die Bevölkerung per Volksabstimmung für den Namen, denn genau wie Regen war Geld eine äußerst wertvolle Sache.

Dem Logbuch entnahmen wir, dass wir die einzigen Gäste waren. Das überraschte uns kaum, es war Nebensaison in Botswana, und Goo-Moremi stand generell nicht sonderlich weit oben auf der Bucket List der meisten Tourist*innen. Vielleicht ließ sich so aber der verwirrte Blick des Rezeptionisten erklären, er hatte einfach nicht mit Gästen gerechnet.

Für den Morgen buchten wir noch eine geführte Wanderung durch die Schlucht, denn sie war einer der wenigen Orte, wo der vom Aussterben bedrohte Kapgeier nistete, und das musste Frank, der ewige Vogelnarr, natürlich mit eigenen Augen sehen. Außerdem tat es uns sicher gut, uns ein bisschen die Beine zu vertreten, bevor wir für den Großteil des restlichen Tages wieder im Auto sitzen würden.

»Wow, richtiger Luxus«, sagte ich, als wir unseren Stellplatz für die Nacht inspizierten, der insgesamt in einem erstaunlich guten Zustand war. Der sandige Boden war frisch gejätet, die Feuer- und Kochstelle war in Zement gegossen und sah so aus, als sei sie noch nie zuvor benutzt worden. Jeder Stellplatz hatte außerdem sein eigenes Badezimmer mit Outdoor-Solar-Dusche und einer spülenden Toilette. Das Waschbecken war aus feinen Mosaiksteinchen gelegt.

»Gewöhn dich nicht dran. Campingplätze in Afrika sind nicht gerade Fünf-Sterne-Hotels.« Frank grinste. War da auch ein Hauch von Besorgnis in seinem Blick? So gut konnte ich sein Gesicht noch nicht lesen. Ich konnte es ihm in jedem Fall nicht verübeln. Immerhin war ich ein Stadtmädchen, wenngleich im fortschreitenden Prozess der Wiedereingliederung in die Natur.

»Wenn du duschen willst, dann mach das besser jetzt noch. Morgen früh ist das Wasser kalt«, riet mir Frank. Ich fühlte mich ein wenig wie der einzige Gast auf einer Safari mit einem Private Guide, der seine Klient*innen über mehrere Stationen und oftmals auch über Ländergrenzen hinweg begleitete. Frank war seit seiner Kindheit mit seiner Familie im südlichen Afrika campen gewesen, ich fühlte mich mit ihm immer absolut sicher und vertraute seinem Urteilsvermögen.

Während ich mein Reisehandtuch und eine Solarlaterne aus dem Land Rover kramte, stapelte Frank ein paar Holzscheite auf der Feuerstelle, ganz in dem ihm eigenen Stil: Zuerst legte er zwei Scheite auf den Boden, mit etwa zwei Handbreit Abstand voneinander, dann stapelte er ein paar weitere Holzetagen mit dem gleichen Abstand obendrauf, fast so als würde er eine Runde Jenga vorbereiten. Würde man ihn danach fragen, würde er wahrscheinlich zur Antwort geben, dass bei dieser Bauweise der Luftzug am stärksten sei. Unterhalb der ersten Etage platzierte er schließlich ein paar trockene Zweige oder Laub und ein paar Feueranzünder. Während unserer Ausbildung musste ich immer schmunzeln, wenn ich die präzise aufgebauten Scheite auf der Feuerstelle sah. Keiner legte Holz mit so viel Hingabe wie Frank.

Das Duschwasser war richtig heiß, und im Schein meiner Lampe vermischte sich der Wasserdampf mit den Rauchschwaden des Lagerfeuers. Der beste Geruch der Welt. Ich gab etwas kaltes Wasser zu, bis die Temperatur perfekt war. Trotz des warmen Wassers bekam ich eine Gänsehaut, als ich meinen Kopf nach hinten neigte und in den Nachthimmel schaute. Nein, das hier war gewiss kein Fünf-Sterne-Hotel, es war ein Fünf-*Millionen*-Sterne-Hotel.

»Ich liebe Lagerfeuergeruch«, sagte ich zu Frank, als ich mich mit nassen Haaren neben ihn setzte. Morgen würden auch sie nach kaltem Rauch riechen.

Frank nickte und reichte mir einen Emaillebecher mit Whiskey. »Mein Lieblingsgeruch«, sagte er, »Mopane-Holz riecht am besten. Oder nein, theoretisch riecht Leadwood am besten, aber das darf man heutzutage in vielen Ländern gar nicht mehr verbrennen, glaube ich, weil die Bäume unter Naturschutz stehen.«

Das war vielleicht einer von diesen kleinen Momenten, in denen ich mich noch ein bisschen mehr in ihn verliebte. Einem Menschen zu begegnen, dessen Lieblingsgeruch auch Lagerfeuer war, das mochte vorkommen. Aber noch nie zuvor hatte ich gehört, dass jemand obendrein darüber nachdachte, welches Holz am besten roch. Ich nahm seine Hand, und es knisterte, das Feuer. Zum Abendessen aßen wir Nüsse, weil keiner von uns großen Hunger oder Lust zu kochen hatte. Und während wir bis spät in die Nacht über Gott und die Welt redeten, so wie wir das immer taten, war ich mir sicher, dass ich genau hier an diesem Ort in diesem Moment goldrichtig war.

»Schwimmen ist hier nicht erlaubt; das ist den Badimo vorbehalten«, erklärte uns unser Guide Tico am nächsten Morgen, während wir im Schatten der Schlucht über nasse Steine hüpften. Badimo, das waren die Ahnengeister seines Stammes.

Nach unserem Frühstück, bestehend aus Instantkaffee und Rusks, einem südafrikanischen Trockengebäck, hatte Tico uns auf dem Campingplatz abgeholt und uns zunächst eine fast hundert Jahre alte Kgotla gezeigt. Um die Kultur Botswanas auch nur ansatzweise zu verstehen, war das Prinzip der Kgotla unglaublich wichtig – und wahnsinnig interessant. Als Dreh- und Angelpunkt des traditionellen botswanischen Rechtssystems war die Kgotla im Wesentlichen eine Art Volksgericht oder ein Versammlungsort, zu dem die ganze Gemeinschaft Zugang hatte. In der traditionellen Form waren eigentlich nur die Männer eingeladen, aber mittlerweile nahmen auch Frauen teil, wenngleich nach wie vor mit einigem Widerstand der Männer, die an den alten Strukturen festhalten wollten.

Es gab fünf Hauptprinzipien für eine Kgotla:

1. Neutraler Boden – sie wurde unter freiem Himmel abgehalten, meist unter dem ältesten Baum eines Dorfes, und war zugänglich für jedes Mitglied einer Gemeinschaft, solange man die wichtigste Grundvoraussetzung mitbrachte: grenzenlose Ehrlichkeit.

2. Kein Zeitlimit – jeder erhielt das Wort, aber wenn man einmal gesprochen hatte, musste man warten, bis alle anderen dran waren, bevor man wieder etwas sagen durfte. Alle Standpunkte wurden gehört.

3. Fokus auf das Jetzt und die Zukunft – in den Diskussionen ging es immer darum, wo man jetzt stand und wie man am besten vorankommen könnte, und nicht um ein Nacherzählen der Vergangenheit (wie man es zum Beispiel in westlichen Gerichtssälen sah). Es ging um Versöhnung, nicht um Verdruss.

4. Kollektive Verantwortung – der Fokus einer Kgotla lag auf der Frage, wie man Dinge gemeinsam tun konnte statt getrennt.

5. Sprichwörter – im Rahmen dieser Zusammenkünfte wurden einige wunderbare Sprüche verwendet, die halfen, die Wirkungsweise der Kgotla zu verstehen. Zum Beispiel:

Die höchste Form des Krieges ist der Dialog.

Alle Worte, die in der Kgotla gesprochen werden, sind schön.

Jeder hat ein Recht auf seine eigenen Ansichten, egal welche das sind.

Der Häuptling ist ein Zweig, auf dem jeder Vogel sitzt.

Ein wichtiger Aspekt der Kgotla war außerdem, dass der Häuptling und die Ältesten sich etwas außerhalb des Sitzkreises und der Diskussion befanden. Es war nicht in erster Linie ihre Rolle zu sprechen – sie sollten zuhören und verstehen. Wenn alles gesagt war (und das konnte eine Weile dauern), fassten der

Häuptling und die Ältesten alles zusammen und kamen vor allen Anwesenden zu einer Schlussfolgerung darüber, was nun als Nächstes geschehen könnte.

Mich erinnerte die Kgotla immer an Baumbart und die Ents aus »Der Herr der Ringe«, die eine ewig lange Versammlung im Wald einberiefen, nur um am Ende zu dem Schluss zu kommen, dass sie sich doch lieber aus dem Krieg heraushalten wollten.

Nach dem Besuch der Kgotla wanderten wir nun also mit Tico durch die geschichtsträchtige Schlucht, während Franks Kapgeier sich die Thermik zunutze machten und mit der wärmeren Luft des voranschreitenden Tages in den Himmel stiegen.

»Ah, und hier ist der Grund, warum ihr heute hier seid!«, verkündete Tico feierlich, während Frank und ich versuchten, uns die Verwunderung nicht anmerken zu lassen. Also ich war wegen der Bewegung hier und Frank wegen der Geier … Aber scheinbar gab es in Goo-Moremi mehr zu entdecken, als wir beide geahnt hatten.

»Das hier ist der Sir-Seretse-Khama-Alarmstein!«

Ach so. Sir Seretse Khama war uns natürlich ein Begriff. Als der erste Präsident Botswanas war er eine wahre Legende im südlichen Afrika. (Der Film *A United Kingdom* erzählt die dramatische Geschichte seiner Liebe zu einer Engländerin kurz nach dem Zweiten Weltkrieg.) Wir kamen uns ein wenig dumm vor, weil wir keine Ahnung hatten, wovon Tico sprach. Aber wir waren ja hier, um zu lernen, und so lauschten wir aufmerksam, als er in unsere leeren Gesichter sah und daraufhin mehr vom Sir-Seretse-Khama-Alarmstein erzählte.

»Der Legende nach hörten die Dorfbewohner*innen von Goo-Moremi am Morgen des 13. Juli 1980 zwischen zwei und fünf Uhr morgens ein lautes Grollen. Ihr müsst wissen, in Botswana bedeutet ein Felsen, der in die Tiefe stürzt, dass jemand von großer Bedeutung verstorben ist. Und tatsächlich: Als die Dorfbewohner*innen am nächsten Morgen in die Schlucht kamen, fanden sie dort einen riesigen Felsen, der über Nacht hinabgestürzt war. Kurz darauf folgte die Nachricht, dass der erste Präsident, Sir Seretse Khama, am frühen Morgen desselben Tages verstorben war.«

Wir nickten beeindruckt.

»Sein Sohn, unser Präsident, Sir Ian Khama [zur Zeit der Veröffentlichung dieses Buches ist der Präsident Botswanas ein anderer: Sir Mokgweetsi Masisi, Anm. d. Autorin], besucht diesen heiligen Ort sehr oft, um seinen Vater zu ehren«, beendete Tico seine Geschichte. Aha, jetzt ergab auf einmal alles Sinn. Darum also war die kleine Zufahrtsstraße zur Schlucht in so gutem Zustand, genauso wie der Campingplatz! Beide wurden regelmäßig von Sir Ian Khama frequentiert. Der Präsident war nämlich, das wussten wir, auch ein leidenschaftlicher Camper. Obwohl es im Mashatu Game Reserve zum Beispiel ein paar sehr luxuriöse Safari-Lodges gab, stieg er auch dort am liebsten in einem der Iglu-Zelte des Ranger-Ausbildungscamps ab, wenn er den Ahnen auf dem sogenannten Lion's Head seine Ehre erwies.

»Das Auto braucht noch einen Namen«, sagte ich, als wir ein paar Stunden später wieder unterwegs waren. Das Lenkrad vibrierte vom tief brummenden Motor, und meine Hände kribbelten, während ich den Land Rover auf eine endlos lange Landstraße gen Nordosten steuerte.

»Was schlägst du vor?«, fragte Frank.

Wir verbrachten die nächsten zwei Stunden damit, uns lustige Namen auszudenken, während das Best-of-Album der Eagles aus den Lautsprechern schallte. Trecker, Monster, Betty, Biest waren nur einige Varianten, aber kein Name fühlte sich richtig an. Am Ende der Fahrt waren wir uns aber immerhin sicher, dass es ein Mädchen war.

Das Ende der Straße lag heute an einer sandigen Abzweigung inmitten des knüppeltrockenen Buschlands knapp sechzig Kilometer nördlich der kleinen Wüstenstadt Nata. Ein verheißungsvolles, riesiges Willkommensschild war an der Einfahrt platziert, darauf stand: »Elephant Sands – Where Elephants rule.«

Das klang vielversprechend.

»Halt kurz mal an, bevor wir auf den Sandpfad abbiegen«, sagte Frank, und ich trat auf die Bremse. »Leg am besten Low Range ein, bevor wir weiterfahren. Der Sand ist zwar nicht sehr tief hier, aber der Wagen hat auch nicht gerade viel Power. Außerdem ist er verdammt schwer.«

Ich trat auf die Kupplung und schob einen kleinen Schaltknüppel nach vorne, um die Low-Range-Funktion einzulegen. In schwerem Gelände, vor allem aber in tiefem Sand, half das ungemein, damit man nicht stecken blieb.

»Normalerweise würde ich auch noch den Reifendruck runtersetzen, bevor wir auf Sand fahren, aber der Pfad hier ist nicht besonders lang, das lohnt nicht.« Frank war schon einige Male in unserer heutigen Unterkunft eingekehrt. »Alles klar, und jetzt am besten im zweiten Gang anfahren und dann nicht mehr anhalten, vor allem nicht, wenn der Sand tiefer wird und das Fahren schwerfälliger. *Second gear low – go, go, go*, wie wir in Australien sagen.«

Während ich aufs Gaspedal trat, gruben sich die Räder des Land Rovers durch den weißen Sand, und es sah fast so aus, als schlitterten wir durch Schnee. Schließlich tauchten rechts von uns ein paar Safarizelte auf, die sich auf Stelzen gebaut um ein Wasserloch reihten. Und dort, mittendrin, tollten mindestens dreißig Elefanten im Wasser!

»Wow«, stieß ich hervor, »sind das *wilde* Elefanten?«

»Jepp. Ich weiß, das Ganze sieht ein bisschen aus wie im Zoo, aber die Tiere sind vollkommen wild hier. Es gibt keine Zäune, und sie können kommen und gehen, wie sie wollen. Das hier ist, glaube ich, die einzig zuverlässige Wasserquelle der Gegend, darum kommen sie gern hierher.«

»*Welcome to Ellie Sands!*«, begrüßte uns eine junge Motswana an der Rezeption, nachdem wir den Wagen im Schatten geparkt hatten. »Camping?«

»Ja, bitte.«

Zwanzig Minuten später, nachdem wir unser Dachzelt ausgefahren und schnell geduscht hatten, schnappte ich mir meine Kamera, um pünktlich zur »Golden Hour« im perfekten Licht ein paar Fotos und Videos von den Elefanten zu machen.

Frank und ich positionierten uns im Schutz eines Schäferbaumes, der aus einem Termitenhügel neben unserem Campingplatz herauswuchs, während der »Schichtwechsel« nur wenige Meter von uns entfernt vonstattenging: Mit der untergehenden Sonne verabschiedeten sich die Elefantenkühe und Jungtiere vom Wasserloch und entschwanden in die endlose Wildnis, während zeitgleich sieben oder acht ausgewachsene Elefantenbullen auf einem ausgetretenen Pfad hinter dem Termitenhügel gen Wasser stapften. Ihre grauen Rücken waren

weiß gefärbt vom Wüstensand, und ihre runden Füße berühr-
ten beinah lautlos die Erde. Ab und an entfuhr einem von ihnen
ein tiefes Rumpeln, das aus dem Magen zu kommen schien, und
allesamt waren völlig unbeeindruckt von den Campern, die in
unmittelbarer Nähe ihre Lagerfeuer errichteten, ihre Sundow-
ner schlürften oder für Fotos posierten.

»Wie wär's mit Ellie?«, fragte ich, während ich die Blende an
meiner Kamera regulierte. Die Begrüßung der Rezeptionistin
war mir im Kopf geblieben.

»Für das Auto?«, fragte Frank, »*I like it. I like it a lot, actually.*«

Mir gefiel der Name auch.

Ellie, the Land Rover. Genauso langsam und schwerfällig wie
ein alter Elefantenbulle.

KAPITEL 5

Kubu

Eine der Nebenwirkungen vom Campen ist, dass Ausschlafen fast unmöglich wird. Für Frühaufsteher*innen ist das nicht weiter schlimm. Langschläfer*innen hingegen … Die Zeltwände sind dünn und lassen eine gehörige Portion Licht ein. So wachten wir zumeist mit dem Sonnenaufgang auf, oftmals aber sogar noch viel früher, nämlich dann, wenn die ersten Vögel ihren morgendlichen Chorus anstimmten. Und das taten sie, sobald auch nur eine Ahnung vom Sonnenlicht am Horizont zu erkennen war.

Am nächsten Morgen erwachten wir also auf dem Campingplatz von Elephant Sands und froren fast ein bisschen ob der kalten Wüstentemperaturen. Während die goldenen Strahlen einer aufgehenden Sonne durch das Fliegengitter unseres Dachzelts schienen, schälte ich mich aus dem Schlafsack. Frank drehte sich lieber noch mal um. Ich schlüpfte in seinen alten Kapuzenpulli, öffnete den Reißverschluss und kraxelte die fünf kalten Stufen der Leiter nach unten.

»Au, verdammte Scheiße«, fluchte ich, als ich die letzte Stufe mit einem Satz übersprang und auf dem sandigen Boden einen stechenden Schmerz in beiden Fußsohlen verspürte.

»… Scheihse, Stachelschwein!«, hörte ich Frank murmeln – »Scheiße« und »Stachelschwein« waren (zumindest zu diesem Zeitpunkt) quasi die einzigen deutschen Wörter, die er kannte.

Ich lehnte mich umständlich gegen die Leiter und untersuchte eine meiner Fußsohlen. Sie war durchdrungen von fast einem Dutzend Teufelsdornkletten (*Tribulus Terrestris* oder »Devil's Thorn«), und die hießen aus gutem Grund so: Teufelsdorn war ein ganzjähriges Kraut mit gelben Blüten, das nah am Boden wuchs. Nach der Blüte entwickelte sich eine Frucht, die dann in die Kletten zerfiel. Diese harten Kletten trugen obendrein noch zwei scharfe Stacheln und ähnelten auffallend den Hörnern des Teufels. Ich würde lieber über glühende Kohlen laufen als über ein Feld voller Teufelsdornen!

Vorsichtig entfernte ich alle Kletten, angelte nach meinen Sandalen und schlüpfte schließlich hinein, aber auch deren Sohlen waren natürlich von den Kletten durchbohrt. Die Kohlen vom vorabendlichen Feuer glühten noch etwas unter der Asche, und ich sammelte ein paar frische Hölzchen zusammen, um es wieder in Gang zu bringen. Weißer Rauch stieg auf, während ich vorsichtig pustete, um eine schüchterne Flamme mit Sauerstoff zu nähren.

»Versuchst du, mich aus meinem Bau zu räuchern?«, hustete Frank aus dem Dachzelt, als der Rauch durch das Fliegengitter in unser Schlafzimmer qualmte.

»Ich mache Kaffee«, verkündete ich, »also, fast.«

Nach einer Viertelstunde prasselte endlich ein kleines Feuer in der Feuerstelle. Ich füllte den verrußten Kessel mit Wasser aus Ellies Wassertank und stellte ihn auf einem dreibeinigen Kochstativ über den Flammen ab. Das Einzige, was noch besser war als ein Lagerfeuer unter den Sternen, war ein Lagerfeuer am frühen Morgen. Warum eigentlich? Das fragte ich mich, während ich die beiden Klappstühle neben der Feuerstelle platzierte, mich auf einen setzte und meine Füße auf dem anderen ablegte. Warum konnten wir nicht anders als hineinzustarren, wenn eine Kerze oder ein Lagerfeuer in der Nähe war? Die meisten Menschen liebten es, die Wärme eines Feuers zu spüren, das Tanzen der Flammen zu beobachten, zu kokeln. Vielleicht lag es daran, dass Feuer für die Entwicklung unserer Spezies so enorm wichtig war. Wo immer unsere menschlichen Vorfahren in der Welt unterwegs waren, nahmen sie stets zwei Dinge mit: ihre Sprache und ihr Feuer. Als sie durch tropische Wälder wanderten, hüteten sie die kostbare Glut alter Feuer und schützten sie vor Regengüssen. Als sie die karge Arktis besiedelten, nahmen sie die Erinnerung an das Feuer mit und stellten es in mit Tierfett gefüllten Steingefäßen wieder her. Und während sie gemeinsam in ihrem Unterschlupf die Nacht verbrachten, erzählten sie sich Lagerfeuergeschichten und kochten auf offener Flamme. Vielleicht, so dachte ich an diesem Morgen in Botswana, weckte das Feuer unsere Urinstinkte. Vielleicht gab es uns das Gefühl, nach Hause zu kommen, erinnerte uns daran, wer wir einmal gewesen waren: ein Erdenbewohner von vielen, verbunden mit dem Rest durch ein und dasselbe Bedürfnis zu leben.

Pünktlich mit dem Siedepunkt des Wassers im Kessel kroch auch Frank aus dem Dachzelt. Während ich das heiße Wasser in zwei Emailletassen füllte und je einen Teelöffel Instantkaffee unterrührte, ließ er sich mit einem zufriedenen Seufzer in den

Klappstuhl plumpsen, den ich eben noch als Fußstütze benutzt hatte – nur um dann direkt wieder in die Höhe zu springen. »Autsch!«, fluchte er und fasste sich an den Hintern, von wo er eine der verteufelten Kletten aus dem Stoff seiner Jogginghose zog.

»Na, wer ist jetzt das Stachelschwein?«, lachte ich und reichte ihm eine der dampfenden Tassen.

Nachdem wir unser Porridge mit zwei Löffeln direkt aus dem Topf geschabt hatten, checkte Frank Ellies Öl und den Reifendruck, und ich klappte derweil das Dachzelt ein und erledigte den Abwasch. Von Anfang an waren wir ein eingespieltes Team, und so war nur kurze Zeit später alles wieder auf dem Rücksitz verstaut und wir bereit für die Weiterfahrt. Wir fuhren die kurze Strecke gen Süden zurück nach Nata, wo wir nach Westen abbogen. Unweit von Nata lag eine vergessene Welt, so alt wie die Menschheit. Vor zweihunderttausend Jahren streiften hier die frühesten gemeinsamen Vorfahren aller Menschen auf der Erde durch eine grüne Oase inmitten der botswanischen Wüste. Und diesen magischen Ort wollte ich unbedingt sehen.

Nur wenige Kilometer hinter Nata wären wir dann aber fast an dem einzigen Wegweiser vorbeigefahren: ein unscheinbarer, handbemalter Meilenstein am Straßenrand. Wir nahmen die Abzweigung und wagten uns damit vor in einen Teil Afrikas, der sich der modernen Welt fast gänzlich entzieht. Hier, inmitten eines Flickenteppichs aus riesigen Seen, hatten einst unsere Urgroßmütter und -großväter ihr Abendessen gejagt und gesammelt und über Zehntausende von Jahren ihre Familien aufgezogen. Diese Urheimat unserer Spezies nannte sich Makgadikgadi und war ungefähr so groß wie die Schweiz. Aber

Veränderungen des Klimas, Erdbeben, und die dadurch bedingte Umleitung von Flüssen entzogen diesem Super-See vor Tausenden von Jahren schließlich die Wasserversorgung, und so trocknete er gänzlich aus. Was von dem einst üppigen Feuchtgebiet übrig blieb, waren die Makgadikgadi-Salzpfannen, die zu den größten Salzwiesen der Welt gehören. Der Abenteurer Jack Bousfield soll sich einmal erkundigt haben, was es denn in Makgadikgadi zu sehen gäbe. »Nichts«, gab man ihm zur Antwort, »nur Idioten gehen dorthin.«

»Gut«, gab er zurück, »das ist dann ja genau der richtige Ort für mich.«

Und während Ellie über die Sandstraße hinwegfegte, gaben auch Frank und ich gerne zu, Idioten zu sein.

Was so aufregend ist an den Überresten eines Sees, der vor mehr als 2000 Jahren ausgetrocknet war? Ganz einfach: Diese Gegend war einfach atemberaubend. Nichts kann einen auf die Weite dieser Landschaft vorbereiten. Als ich meinen Kopf aus dem offenen Fenster steckte und der Fahrtwind wild an meinen sturen Locken zerrte, zog diese endlose Mondlandschaft an mir vorbei. Weit und breit war nichts als Platz, und ich bekam eine Gänsehaut, als ich mir vorstellte, dass hier vor so langer Zeit einmal eine fruchtbare Oase voller Leben unsere ersten Vorfahren hervorgebracht hatte.

Wir waren zur Trockenzeit hier, aber Frank hatte mir erzählt, dass die Makgadikgadi-Salzpfannen während der Regenzeit jedes Jahr für ein paar Monate fast wieder in ihrer einstigen Üppigkeit erblühten. Zwischen Januar und April wurde Makgadikgadi zu einem Paradies für Wildtiere, wenn sich die Landschaft mit dem Niederschlag verwandelte. Wolken von bis zu 30 000 Flamingos und anderen Zugvögeln fielen dann vom

Himmel herab und schmückten die wasserreichen Graslandschaften. Herden von Zebras und Gnus tauchten auf, angezo-
gen vom üppigen Gras, und für mehrere Monate wimmelte es
in der Wüste von Wild- und Raubtieren.

Unser Ziel war ein sagenumwobener Ort am Ende der Schotterpiste. In der Weite der großen Salzebenen lag ein isoliertes
Plateau aus dickem Granitgestein, von dem man annahm, dass
es etwa 2,7 Milliarden Jahre alt war.

Etwa zehn Meter hoch und einen Kilometer lang, war dieser
Ort bekannt unter dem Namen Kubu Island. Die Insel hatte die
Form eines Halbmondes, und ihre Hänge waren mit wellenför-
migen Kieseln und Fossilien übersät. Die fast komplett weißen
Felsen von Kubu Island wurden von gigantischen Affenbrot-
bäumen gekrönt, und geheimnisvolle Ruinen ragten aus dem
Boden, die von den Menschen gebaut wurden, die diesen Ort
einst ihr Zuhause nannten. Die Bewohner*innen des nächstgelegenen Dorfes hielten Kubu Island für heilig, und wenn Jungen
zu Männern wurden, besuchten sie die Insel, um mit Gott in
Kontakt zu treten, sangen Lieder, um den Regen zu rufen, und
hinterließen Opfergaben auf dem Boden.

Wenngleich die weite und wilde Schönheit der endlosen
Steppe unbestreitbar war, sah der Campingplatz von Kubu Island zunächst einmal recht spartanisch und alles andere als ein-
ladend aus. Eine Gruppe Motswana hockte im Schatten eines
halb zerfallenen Hauses, von dem die weiße Farbe eines alten
Anstrichs blätterte. Auf einem kleinen Feuer köchelte etwas in
einem Topf.

»Ich wette, da ist Seswaa drin«, sagte Frank. Auch ich kannte
Seswaa mittlerweile gut, von meiner Zeit als Back-up in Mashatu. Das Land Botswana war nicht unbedingt für seine Kulina-

rik bekannt, aber Seswaa war das Nationalgericht, und das wurde hier in jedem Haushalt gekocht – morgens, mittags und abends. Die besondere Kochweise dieses Fleischgerichts erlaubte es, selbst die billigsten und zähesten Stücke in zartes Filet zu verwandeln. Die Zutaten waren simpel: Fleisch am Knochen, Wasser und Salz. Das Salz, das hinzugefügt wurde, während das Fleisch kochte, half dabei, dieses zarter zu machen, bis es sich allein vom Knochen löste und mit einem Holzlöffel zerstampft werden konnte. Serviert wurde das Ganze mit dem berühmten Maisbrei Pap und mit morogo, einem spinatähnlichen Grünzeug.

Ein älterer Mann erhob sich von seinem Hocker und schlurfte zu uns hinüber. Ein Grinsen legte sein Gesicht in Falten und brachte eine klaffende Zahnlücke zum Vorschein, als er sich uns als King George vorstellte. Wir nahmen das kommentarlos hin und bezahlten ihn bereitwillig für zwei Nächte auf seiner Halbmond-Insel sowie für einen Bund Feuerholz. Man wusste ja nie, vielleicht war er der Stammeshäuptling des nächsten Dorfes und tatsächlich eine Art König in dieser Gegend.

Die Stellplätze lagen verstreut am Fuße der Kubu-Felsen, und wir durften uns selbst aussuchen, wo wir unser Camp aufschlagen wollten. Wir fanden einen geeigneten Platz im Schatten eines kargen Affenbrotbaumes. Die Sonne stand hoch über unseren Köpfen, und wir klappten Ellies Vordach aus, das ihr vorheriger Besitzer auf der Beifahrerseite angebracht hatte.

»Die alte Dame hat wirklich alles, was man braucht«, stellte ich fest, während ich meinen Kopf in die Kühltruhe steckte, um nach etwas Essbarem zu tauchen. Kurze Zeit später brutzelte ich eine Gemüsepfanne auf dem Gaskocher, mit dem Lagerfeuer würden wir bis zum Abend warten. Wir aßen wieder direkt aus der Pfanne, um so wenig Abwasch wie möglich zu haben, denn auf Kubu Island gab es kein fließendes Wasser. Auch sanitäre Anlagen gab es demnach keine, wir würden für die nächsten zwei Tage mit Katzenwäsche auskommen müssen, aber das war ich schon von meiner Zeit bei der Elefanten-Organisation EHRA in Namibia gewöhnt. Dort war eine ganze Woche ohne Duschen die Regel. Das mit der Toilette war da schon etwas herausfordernder. Zwar standen ein paar vereinzelte Plumpsklos bereit, jedoch waren die von Wellblechdach umgeben, und als ich nach dem Mittag dort vorbeischaute, war es darin so unfassbar heiß, dass ich die Tür offen stehen ließ, um nicht wegen der Affenhitze und des unschönen Geruchs in Ohnmacht zu fallen. Mir wäre es tatsächlich lieber gewesen, kurz hinter einem Busch zu verschwinden. Aber Kubu Island war nichts weiter als ein riesiger Granitfelsen, und rund um die Insel lag verkrusteter, steinharter Sand. Es gab also entsprechend wenig Privatsphäre, und, nun ja, die Flüssigkeit konnte auch nirgendwo versickern …

Nach dem Mittagessen krabbelten wir die Leiter nach oben in unser Bett und öffneten alle Seiten des Dachzeltes, um zumindest den Hauch einer frischen Brise hineinzulassen, während wir ein kleines Nickerchen hielten. Am späten Nachmittag packten wir dann alle unsere Sachen wieder zusammen, ließen nur unsere Klappstühle und den Campingtisch zurück für den Fall, dass neue Camper ankamen und mit unserem Platz liebäugelten. Danach kurbelten wir Ellies Fenster herunter und fuhren hinaus auf die Salzpfannen, um zum Sonnenuntergang ein paar Video- und Fotoaufnahmen von diesem spektakulären Ort zu machen.

Für eine gefühlte Ewigkeit fuhr Ellie einfach immer weiter

und weiter, während Kubu Island im Rückspiegel immer kleiner wurde und Mobys »Porcelain« aus den Lautsprechern erklang.

»Der Untergrund kann wahnsinnig tückisch sein«, rief Frank mir durch den Fahrtwind zu, »viele Wagen sind hier bereits im Matsch verschwunden, weil der Sand im ersten Moment fest erscheint, aber wenn man anhält, kann es sein, dass das Auto langsam einsackt.«

In dem Moment trat er auf die Bremse.

»Vielleicht sollten wir dann lieber nicht anhalten.«

»*No worries*, das passiert nur zur Regenzeit.« So war es immer mit Frank: *No worries* – keine Sorgen, wenn man mit einem Halb-Australier unterwegs war.

Als Ellie stand, öffnete ich die Beifahrertür und hüpfte ein paarmal kräftig auf dem Boden, nur zur Sicherheit. Dann baute ich das Stativ auf und programmierte meine Kamera so, dass sie alle paar Sekunden automatisch eine Aufnahme machte. Wenn man alle Bilder am Ende in einem Video-Bearbeitungsprogramm am Laptop hintereinanderlegte, ergab das ein Zeitraffervideo vom Sonnenuntergang. (Mittlerweile haben die meisten Kameras und Smartphones diese Funktion bereits integriert.)

Frank beobachtete immer aufmerksam, was ich mit der Kamera machte. Er selbst hatte für diesen Trip die alte Kamera seiner Mama dabei. Aber ich konnte sehen, dass ihn die Fotografie interessierte, und so gab ich ihm an diesem späten Nachmittag auf den Salzpfannen einen kleinen Crash-Kurs über das Zusammenspiel zwischen Blende, ISO-Wert und Belichtungszeit, so gut ich all diese Dinge selbst verstand. Fotografie hatte mich begeistert, seitdem ich dreizehn oder vierzehn Jahre alt war. Damals fotografierte man tatsächlich noch analog, wenngleich die ersten Digitalkameras schon im Anflug waren. Zu

Weihnachten bekam ich damals das beste Weihnachtsgeschenk von meinen Eltern: Sie besorgten mir eine Dunkelkammer-Ausrüstung aus zweiter Hand. Von dem Moment an verbrachte ich die meiste freie Zeit entweder draußen in der Natur, um Bäume, Schwäne und Blumen zu fotografieren, oder in unserem dunklen Keller, völlig benebelt von den Fotochemikalien.

Ich hatte keine Ahnung, dass meine kleine Lektion an diesem Tag in Makgadikgadi der Startschuss für eine ganz große Liebe werden würde: Von dem Tag an hörte Frank mit dem Fotografieren nicht mehr auf, und wann immer wir unterwegs gutes Internet fanden, schaute er unzählige YouTube-Tutorials. Es dauerte nicht lange, bis er mich mit dem Wissen um all die Technik überholt hatte, und von seinem ersten Honorar als Guide kaufte er sich sofort eine neue Kamera mit einem riesigen Zoomobjektiv für bessere Tieraufnahmen. Viele der Fotos in diesem Buch stammen von ihm.

Als die Sonne hinterm Horizont verschwunden war, ließ ich die Kamera noch ein paar weitere Fotos machen, um die sogenannte blaue Stunde einzufangen, dann schaltete ich sie aus und packte das Stativ zusammen. Da umarmte Frank mich plötzlich von hinten. »Lass das kurz mal sein«, sagte er, nahm meine Hand und bedeutete mir, neben ihm in die entgegengesetzte Richtung der gerade untergegangenen Sonne zu gehen.

»Und jetzt?«, fragte ich.

»Jetzt machen wir einen Spaziergang«, sagte Frank.

»Und wohin?«, fragte ich und deutete auf das Nirgendwo, das sich rund um uns herum ausbreitete. Zur Antwort legte Frank nur den Zeigefinger auf seine Lippen.

Ich wusste nicht so recht, was das hier sollte, und tat mich etwas schwer mit der Ungewissheit. Dennoch spazierte ich brav weiter in die Einsamkeit, während der Himmel langsam die Farben wechselte, von Orange zu Violett, zu Hell- und schließlich Dunkelblau. Frank hatte vollkommen recht, wir schenkten immer nur dem Teil des Himmels Beachtung, wo die große Show des Sonnenuntergangs zu beobachten war, aber auf der anderen Seite ging mindestens genauso viel vonstatten, nur war das Farbenspiel hier viel subtiler.

Gerade als ich mich an den Gedanken gewöhnt hatte, dass Frank mir nur die unaufdringliche Schönheit der »anderen Seite« hatte zeigen wollen, schob sich ein silberner Streifen am Horizont empor.

»Wow – was ist das denn?«, fragte ich.

»Das ist der Mond«, grinste Frank, und schien etwas erleichtert darüber, dass die Natur bei seinem Plan mitgespielt hatte, »heute ist eine Vollmondnacht.«

Ich schüttelte vor Staunen den Kopf. Vielleicht hatte ich zu lange in der Berliner Großstadt gelebt, wo der Horizont meist von Häuserwänden blockiert war, aber auch aus meiner Kindheit konnte ich mich nicht daran erinnern, dass ich jemals den Mond so hatte aufgehen sehen. Dabei passierte das zwölfmal im Jahr: Kurz nachdem die Sonne im Westen unterging, ging ein voller Mond genau auf der anderen Seite im Osten auf. Und was mir in diesem Moment klar wurde, war, dass Frank genau aus diesem Grund unseren Trip nicht um ein paar Tage verschieben wollte, als ich ihn aus Mashatu um mehr Zeit gebeten hatte. Er hatte diesen Tag von langer Hand für mich geplant.

Während wir immer noch weitergingen und sich die silberne Scheibe höher und höher in den Himmel schob, begannen nun auch die ersten Sterne über uns zu leuchten, und schon bald waren die Salzpfannen gänzlich in ein elfenbeinfarbenes Licht getaucht.

»Der Mond sieht so riesig aus«, flüsterte ich.

»Das ist nur eine optische Täuschung. In der Nähe des Horizonts erscheint er immer größer, als wenn er weiter oben am Himmel steht.«

Als sich schließlich der gesamte silbrige Kreis hinter dem Horizont hervorgeschoben hatte, hielten wir inne, legten uns flach auf den Sand und blickten in die Sterne, von denen es hier draußen noch Millionen mehr zu geben schien, und selbst der Schein des hellen Mondes ließ sie nicht weniger strahlen.

»Was für ein Tag …«, seufzte ich.

»Ich hatte dir doch versprochen, dass ich dir das hier eines Tages zeigen würde …«

Da fiel es mir wie Schuppen von den Augen: Natürlich! Als wir während der Guide-Ausbildung zusammen auf der kleinen Veranda vor meinem Zelt in Makuleke gesessen hatten, hatte er mir von diesem Ort erzählt, und wir hatten gewitzelt, dass wir irgendwann zusammen hierherkommen würden.

Um nichts in der Welt hätte ich diesen Tag verpassen wollen.

KAPITEL 6

Zurück an den Grenzen der Komfortzone

Am Straßenrand reihten sich Schirmakazien, Mopanes und Palmbäume aneinander, die Luft war wüstentrocken und heiß, und alle paar Minuten musste Ellie abbremsen, weil wieder mal eine Kuh über die Straße trottete. Es hielt sich im südlichen Afrika das stetige Gerücht, dass Botswana mehr Kühe als Menschen beheimatete. Dem konnte ich ohne Weiteres zustimmen – und der Großteil von ihnen graste ganz gewiss die Randbezirke der Stadt Maun ab.

Kühe hatten schon immer eine wichtige soziale und wirtschaftliche Rolle in der botswanischen Gesellschaft gespielt. Je größer die Herde eines Bauern, desto größer war der Einfluss, den er oder seine Familie innerhalb der Gemeinschaft innehatte. Kühe wurden traditionell als primäres Tauschmittel genutzt, Streitigkeiten und Strafen, die die Kgotla verhängte, wurden mit Zahlungen von Kühen beglichen, und Männer, die ihren sogenannten bogadi (Brautpreis) bezahlten, lieferten Kühe an die Familie der Frau. Kühe nahmen im ländlichen Botswana einen

65

wichtigen Platz ein, und für viele war die Herde nach wie vor die bevorzugte Wahl beim Anhäufen von Vermögen. Sparkühe, sozusagen.

Von den Kühen einmal abgesehen, überkam mich in Maun schon gleich, als ich das erste Mal dort ankam, ein Gefühl von Zuhause. Zugegeben: Die Stadt mochte auf den ersten Blick eher unscheinbar wirken. Und auch auf den zweiten Blick hatte sie einen eher eigensinnigen Charme. Aber mir gefiel das.

Als Tor zum Okavango-Delta zog Maun eine verrückte Mischung von Leuten an: Buschpiloten auf Heimaturlaub, Lodge-Besitzer, die zum Aufstocken ihrer Vorräte gekommen waren, Camper und andere Tourist*innen, die an den Ufern des Thamalakane-Flusses für ein paar Tage die Füße hochlegten, und natürlich die *locals*, die ihre Heimat über die Jahre von einem kleinen Dorf im Nirgendwo zu einer Stadt mit heute knapp 60 000 Einwohner*innen hatten heranwachsen sehen. Maun selbst hatte für Tourist*innen eher wenig zu bieten – die Stadt erstreckte sich recht trostlos über Kilometer entlang der Hauptstraße und hatte kein erkennbares Zentrum. Aber trotzdem, Maun war der wichtigste Dreh- und Angelpunkt für alles, was in Botswana mit Safaris zu tun hatte. Von hier aus waren seit jeher viele Abenteuer gestartet, in jeder Himmelsrichtung gab es etwas zu entdecken: Das weltberühmte Okavango-Delta im Norden, die endlose Kalahari-Wüste im Süden, Namibia im Westen, und aus dem Osten kamen wir nun also mit Ellie herangetuckert.

Unsere Unterkunft lag am anderen Ende der Stadt; wir würden bei Bianca und John Clarence unterkommen. John war Automechaniker und Motswana der dritten Generation, Bianca war ursprünglich Krankenschwester in Holland gewesen, bis sie sich entschieden hatte, nach Botswana auszuwandern. Die beiden lebten mit ihren Hunden und Hühnern am westlichen Stadtrand in einem gemütlichen Haus am Fluss, wo John seine Werkstatt hatte und Bianca ihren Gemüsegarten pflegte. Auf ihrem Hinterhof stand ein Ein-Zimmer-Cottage, das man zwar nicht unbedingt auf einer Postkarte abbilden würde, aber wir hatten zwei sehr gute Gründe, warum wir auch in den kommenden Jahren immer wieder hier einkehren würden, und zwar immer dann, wenn wir mal für eine Weile die Füße hochlegen mussten: Klimaanlage und zuverlässiges Internet.

Es war hier, im Schatten einer Maulbeerfeige am Ufer des Thamalakanes, dass Frank und ich zum ersten Mal über die langfristige Zukunft sprachen.

»Seitdem ich als Teenager zum ersten Mal mit meiner Familie hier war, wollte ich eigentlich immer hier in Maun leben. Könntest … könntest du dir das vielleicht auch vorstellen?«, fragte Frank vorsichtig und warf eine Feige in den Fluss.

»In Maun, meinst du?«

Frank nickte.

»Also, das kommt darauf an …« Ich versuchte, die Feige im Wasser nicht aus den Augen zu verlieren, während sie flussabwärts trieb.

»Worauf?«

»Darauf, ob du mir ein Haus direkt unter diesem Feigenbaum baust«, sagte ich und lehnte mich an seine Schulter, um nach oben in die Baumkrone zu schauen.

»*I'll see what I can do*«, antwortete Frank und küsste mich.

Ein paar Jahre später erzählte er mir, dass er in diesem Moment wusste, dass ich die Richtige für ihn war. Denn, so sagte er, keines der Großstadtmädchen, die er kannte, hätte sich je dazu bereit erklärt, in Mauns raues Klima umzusiedeln.

»Es wird dunkel. Wir gehen besser zurück. Morgen wird ein langer Tag.«

Da hatte er recht. Denn morgen würden wir an einen legendären Ort aufbrechen, von dem ich nie geträumt hätte, ihn einmal wirklich zu sehen: das Okavango-Delta.

Der Flughafen von Maun war einer der verkehrsreichsten in ganz Afrika. Größere kommerzielle Fluggesellschaften flogen regelmäßig von anderen Städten in Botswana, Südafrika und Namibia ein, aber es war das geschäftige Kommen und Gehen der Charterflugzeuge ins Okavango-Delta, die den ganzen Rummel verursachten. Dabei war das Flughafengebäude eher unscheinbar, um nicht zu sagen winzig. Aber egal, ob Louis-Vuitton-Taschen-Träger*innen auf der Durchreise zu einem Luxus-Camp oder Weltreisende*r mit Rucksack auf den Schultern – alle mussten sich brav in die Schlange einreihen, die sich am Einreise-Schalter bildete.

Frank und ich saßen auf dem Rücksitz eines offenen Land Cruisers im Schatten vor dem Hauptgebäude, zusammen mit Okwa Sarefo. Okwa war in den Vierzigern und hatte über zwanzig Jahre Erfahrung als Safari-Guide auf dem Buckel. Außerdem war er selbst Guide-Trainer und kannte so ziemlich jeden in Botswanas Safari-Branche. Wir hatten Okwa während der Ranger-Ausbildung kennengelernt, und über Franks Reiseagentur hatte eine sechsköpfige Familie eine Safari mit Okwa gebucht. Auf die warteten wir nun also, während die Morgensonne langsam den Asphalt zum Kochen brachte. Frank kannte die Johnsons aus Australien und würde auf der Reise als Tour-Leader mit dabei sein und Okwa unterstützen, ich durfte sie einfach begleiten und freute mich natürlich wie Bolle.

Genau wie ich hatte Frank sein Praktikum während der Ranger-Ausbildung mit einem Unternehmen außerhalb Südafrikas absolviert. Während ich in Namibia in die Arbeit einer NGO reingeschnuppert hatte, hatte er im Norden Botswanas gelernt, wie man mobile Zeltsafaris durchführte. Obendrein hatte er die botswanischen Guide-Prüfungen abgelegt. Er kannte sich also entsprechend in Botswana bestens aus, nicht zuletzt auch bedingt durch seine vielen Reisen mit der Familie. Für mich hingegen würde das Okavango-Delta absolutes Neuland sein, und ich fühlte mich wieder wie am ersten Tag meiner Ausbildung. Wie ein Schwamm saugte ich alles auf, was ich noch nicht wusste.

Die Johnsons waren eine australische Familie, wie sie im Buche stand: Die Eltern, Henry und Elisa, waren locker und sportlich gekleidet und unverschämt braun gebrannt. Ihre zwei Söhne, Gabriel und Shawn, waren beide schon erwachsen. Gabriel spielte Amateur-Rugby, Shawn verbrachte jede freie Minute auf seinem Surfbrett. Beide waren mit ihren Freundinnen angereist, Beth und Tiffany.

Henry und Elisa hatten ein paar Jahre in Südafrika gelebt und waren schon oft auf Safari gewesen, nun wollten sie auf diesem speziellen Familientrip ihren Kindern die ursprüngliche Wildnis zeigen, die sie in Australien oft vermissten.

Als wir die Johnsons erfolgreich am Flughafen eingesammelt hatten, halfen Frank und ich Okwa dabei, das Gepäck auf dem Dach des offenen Geländewagens zu verstauen, indem wir es mit allerhand Gurten und Seilen festschnürten, und dann steuerte Okwa den Land Cruiser auf die geschäftige Hauptstraße von Maun in Richtung Wildnis. Es wurde aber keine lange Fahrt, Henry und Elisa hatten während der Planung der Reise unmissverständlich klargemacht, dass sie keine Lust hatten, nur auf der Rückbank eines Game Viewers zu sitzen. Sie wollten tief in die Wildnis eintauchen und sooft wie möglich zu Fuß durch den Busch marschieren. Und so stiegen wir nach nur fünfzehn Minuten Fahrt in ein Motorboot um, das im seichten Wasser des Thamalakanes inmitten einer Kuhherde wartete.

Ein hochgewachsener Mann mit ernsthaften Augen sprang vom Bootsrand und begrüßte unsere Reisegruppe schüchtern und mit einigem Abstand.

»Das hier ist mein Bruder Alko«, stellte Okwa ihn vor. »Er ist der beste Bootsmann im ganzen Delta!« Okwa lachte und klopfte Alko gönnerhaft auf die Schulter, und Alko tat das Kompliment mit einem kleinen Lächeln ab.

Genau wie Okwa war Alko auf einer Insel im Okavango-Delta geboren worden. Allerdings wusste keiner so genau, wie alt Alko eigentlich war, nicht mal seine Mutter wusste es. Er gehörte noch einer Generation an, in der man, zumindest tief im Okavango-Delta, nicht in Zahlen festgehalten hatte, wann ein Kind geboren wurde. Stattdessen erinnerten sich die Eltern nur daran, dass es etwa »ein besonders schwüler Tag kurz vor der Regensaison war, die die große Flut brachte, die den Affenbrotbaum am Dorfrand zu Fall gebracht hatte«.

Okwas Familie gehörte dem traditionellen Stamm der Bayei an. Die Bayei, auch bekannt als die »River-Bushmen«, lebten entlang der Flüsse Okavango und Chobe. Sie kamen im 18. Jahrhundert aus Zentralafrika in dieses Gebiet. Einer der großen Anführer des Stammes aus dieser Zeit heiratete dann eine der Frauen des berühmten San-Stammes aus der Kalahari-Wüste, vielleicht um Frieden zu schließen oder die Stämme zu verbinden. Seither waren die Bayei Fischer und angelten mit Netzen und Reusen entlang der botswanischen Wasserwege. Das berühmt-berüchtigte »Mokoro«, ein aus Holz geschnitztes Einbaum-Kanu, war ebenfalls ein wichtiger Teil ihres täglichen Lebens und diente sowohl als Transportmittel entlang der Flüsse als auch als Werkzeug zum Fischen. Manche Bayei bauten wilden Mais an, aber die meisten von ihnen lebten von dem, was die Natur ihnen gab, wenngleich die moderne Welt auch tief bis ins Delta vorgedrungen war und die alten Traditionen fast verschwunden waren.

Nachdem wir auf das Boot umgesetzt hatten, startete Alko den Motor und stellte sich hinter das Steuer.

»Mist, ich hab meinen Hut in unserer Ellie vergessen«, flüsterte ich Frank zu, als Alko das Boot in die Mitte des Flusses lenkte.

Was war ich für ein Trottel! Auf Safari einen Hut dabeizuhaben war wichtiger als eine Zahnbürste!

»Hier, nimm meinen«, bot Frank mir an, aber ich schüttelte den Kopf.

»Nee, das geht schon. Meine dicken Haare werden mich schon schützen.«

Und dann ging die Safari los. Während der Fluss sich durch das Farmland an Mauns Stadtrand zog, schipperten wir noch gemütlich durch das seichte Wasser, aber schon bald hatten wir die letzten Zeichen der Zivilisation hinter uns gelassen, und Alko gab Gas.

»Fast wie Jetskifahren zu Hause!«, rief Shawn, der jüngere der beiden Johnson-Söhne, mit einem breiten Grinsen, während der Fahrtwind uns ins Gesicht peitschte und alle anderen ihre Hüte und Mützen auf den Köpfen festhielten. Ich war in meinem Leben nicht in vielen Motorbooten unterwegs gewesen, und so kam mir die Fahrt noch umso rasanter vor. Wie eine Ameise an der Windschutzscheibe auf der Autobahn krallte ich mich mit den Händen am Boot fest, allerdings war ich schwer darauf bedacht, bloß nicht das Wasser zu berühren, denn alle paar Meter glitten Krokodile von der Größe eines Schlachtschiffs ins azurblaue Wasser.

Während der ersten zwanzig Minuten Fahrt tauchten immer wieder ein paar Mokoro im flachen Schilf am Flussufer auf, und Alko bremste ab, damit unsere Bugwelle die Kanus nicht umwarf. Aber schon bald waren wir die einzigen Menschen weit und breit, und mir wurde schlagartig bewusst, dass wir gerade in einen der wildesten Orte auf dem Planeten vordrangen. Allein die Tatsache, dass das Okavango-Delta überhaupt existiert, ist ein Wunder.

Die Quelle des Deltas beginnt im Hochland von Angola, fließt durch Namibia und mündet im Nordwesten Botswanas in den Okavango-Fluss, der sich schließlich in den Sand der Kalahari-Wüste entleert und dieses riesige Labyrinth aus Seen, Kanälen, Sümpfen und Inseln bildet – das Okavango-Delta ist das größte Binnendelta der Welt! Es beherbergt die Populationen einiger der am stärksten bedrohten Säugetiere der Welt – Geparden, Breitmaul- und Spitzmaulnashörner, Wildhunde und Löwen – und ist die letzte Hoffnung für das Überleben von Afrikas Elefanten, denn dies ist eine der wenigen Gegenden, die diesen riesigen Tieren genug Platz bieten. Ganz zu schweigen davon, dass das Delta Tausende von Menschen in Lohn und Brot hält, indem es Süßwasser, Nahrung, Baumaterialien, Heilpflanzen und Arbeitsplätze durch die Tourismusindustrie bereitstellt. Gott sei Dank wurde dieser überlebenswichtige Ort 2014 von der UNESCO zum Weltkulturerbe ernannt, seitdem genießt dieser unvergleichbare Schatz wesentlich mehr Schutz vor industrieller Ausbeutung.

Der Wasserstand in den Kanälen schwankt das ganze Jahr über stark. Nur wenige der Camps innerhalb des Deltas können in der Trockenzeit mit Fahrzeugen erreicht werden, sodass Flugzeuge, Motorboote und Mokoro die einzig zuverlässigen Fortbewegungsmittel sind, um tief in das Delta zu gelangen. In Maun wird jedes Jahr die Ankunft des Wassers aus Angolas Hochland gefeiert; hier kann man buchstäblich neben der ersten Welle des lang ersehnten Wassers herlaufen, während sie ins trockene Flussbett schwappt.

»Oh, Achtung, da vorne sind ein paar Flusspferde«, rief ich Alko und Okwa zu, aber natürlich hatten beide die Hippos schon längst gesehen. Und nun verstand ich, warum Alko der beste Bootsfahrer im Delta sein sollte: Geduldig bremste er ab, während sich das Alpha-Flusspferd mit dem typischen lachenden Warnlaut aufbäumte. Die anderen Flusspferde, Mütter mit ihren Jungtieren, hatten sich bereits unter die Wasseroberfläche verabschiedet. Dann gab Alko plötzlich Vollgas, und schließlich tauchte auch das Alphatier unter. Gekonnt steuerte Alko blitzschnell an den Luftblasen vorbei, die das Flusspferd zurückgelassen hatte, und erst als wir weit an dem Ungeheuer vorbeigeschossen waren, tauchte es mit einem lauten Platschen wieder an der Wasseroberfläche auf.

»Awesome!«, rief Gabriel, der das Spektakel mit seinem Smartphone gefilmt hatte.

Henry indes wollte mehr über die Flusspferde wissen.

»Flusspferde spielen eine wichtige Rolle in der Erhaltung des Okavango-Deltas«, erklärte Okwa, »sie helfen, die Wasserkanäle zu öffnen. Sie sind quasi die Architekten dieses Öko-Systems, weil sie die einzigen Tiere sind, die sich durch das Schilf drängen können. Ohne Flusspferde würde die Vegetation die Wasserwege ersticken und das Wasser würde umgeleitet und woanders hinfließen.«

Ich liebte es, wie Okwa die Dinge erklärte, stets darauf bedacht, das richtige Wort zu verwenden, und mit einer angenehm-ruhigen Erzählstimme.

»Im Südwesten, nahe meines Heimatdorfes«, fuhr Okwa fort, »ist das in der Vergangenheit tatsächlich passiert. Zu Beginn des zwanzigsten Jahrhunderts wurden Flusspferde dort häufig gejagt, sodass ihre Zahl stark zurückging. Aber ihre Abwesenheit bedeutete, dass die Kanäle nicht offen gehalten wurden, und so konnte das Wasser nicht abfließen, und die Gegend trocknete für ein paar Jahre vollkommen aus!«

Das hatte mich schon während meiner Ausbildung so schwer beeindruckt: Mir war vorher nie klar gewesen, wie sehr alles miteinander zusammenhing und wie wir Menschen das Gleichgewicht dieser Welt vollkommen durcheinanderbrachten, indem wir in die Natur eingriffen.

Wir verbrachten die nächsten Stunden auf dem Boot. Okwa hatte von der *Tshilli Farm*, einem wunderbaren Restaurant in Maun, ein paar Lunchpakete besorgt, und wir verspeisten sie glücklich, während Lechwe-Antilopen an uns vorbeihüpften, Fischadler ihren Kopf zum Ruf in den Nacken warfen und sogar der eine oder andere Elefant an uns vorbeizog.

Okwa hatte seine Angestellten bereits zwei Tage vorher vorausgeschickt, damit sie das Camp errichten konnten, wie das bei einer traditionellen mobilen Zeltsafari üblich war. Solche Safaris waren in Botswana weit verbreitet, denn sie boten die beste Möglichkeit, viel von der wilden Vielfalt des Landes zu erkunden und so nah wie möglich dran zu sein. Das Ganze funktionierte so: Ein Team, bestehend aus einem Koch, einem Kellner und vielleicht drei bis vier Helfern, fuhr voraus und baute an einer entsprechend ausgewiesenen Stelle das Camp für die Gäste auf, sodass diese am Abend nur noch in ihre Betten fallen mussten, ohne sich um irgendetwas zu sorgen. Alle zwei bis drei Tage wurde das Camp komplett abmontiert und am nächsten Etappenziel wieder aufgebaut. Auf Okwas Safaris im Delta blieben die Zelte allerdings für die gesamte Dauer der Safari an einem Ort stehen, und die Gegend wurde tagsüber per Mokoro und zu Fuß erkundet. Die Helfer, die das Camp auf- und abbauten, waren in diesem Fall also außerdem die sogenannten »Mokoro-Poler« – diejenigen, die mit einem langen Stab (»pole«) die Kanus lenkten.

Ich stand den Mokoro eher skeptisch gegenüber, denn ich hatte vor dieser Reise den Fehler gemacht, eine Internetsuche zu dem Thema durchzuführen, und geriet sehr schnell an einige Horrorstorys, die sich in diesen Nussschalen zugetragen haben sollten. Das Problem mit den Mokoro waren die Flusspferde. Oder andersherum: Die Flusspferde hatten ein Problem mit den Mokoro.

Flusspferde wurden vom Menschen in einem solchen Ausmaß gejagt und getötet, dass sie den Menschen mittlerweile als natürlichen Feind ansahen und sich bei der Annäherung eines Mokoro in einem engen Kanal durchaus zum Angriff entschließen konnten. Sie waren außerdem extrem territorial und verteidigten ihr Hoheitsgebiet aggressiv. Und auch wenn sie auf Distanz sehr gut sehen konnten, waren sie leider kurzsichtig und konnten in den engen, schilfbewachsenen Kanälen nicht immer erkennen, was da überhaupt auf sie zukam. Um auf Nummer sicher zu gehen, entschieden sie sich dann eher mal für *fight* anstatt *flight*. Und dann waren da natürlich immer auch die Mütter, die ihre jungen Kälber erbittert zu beschützen wussten. All das waren für mich richtig gute Gründe, nicht in ein Mokoro zu steigen, und ich hatte mir fest vorgenommen, während der Ausflüge mit dem Mokoro brav im Camp zurückzubleiben.

Am frühen Nachmittag bog Alko schließlich auf einen kleinen Nebenarm ab und verlangsamte sein Tempo, denn das Wasser war hier deutlich flacher. Ein Feld aus Wasserlilien breitete sich vor uns aus, und der Wasserweg war eher ein dünner Pfad durch das Blumenmeer. Auch hier waren immer noch reichlich Flusspferde unterwegs, aber die verweilten lieber in den tieferen Wasserbecken und prusteten nur wütend das Wasser aus ihren riesigen Nasenlöchern, während wir an ihnen vorbeischipperten.

Die unendliche Weite des Okavango-Deltas lernte man am besten aus der Luft zu schätzen, wie ich in den kommenden Jahren erfahren durfte. In diesem Moment hätte ich zu gern einmal mit der Kamera über unserem Kopf rausgezoomt, um überhaupt eine Vorstellung davon zu bekommen, wie abgeschieden die Zelte waren, die jetzt am Ufer vor uns auftauchten. Wir waren buchstäblich in *the middle of nowhere* gelandet.

Okwas Angestellte winkten uns zu, während sie über einen Steg aus Mokoro balancierten. Das Wasser war hier nicht tief genug, um mit Alkos Motorboot bis ans Ufer zu fahren, darum hatten sie kurzerhand die Kanus aneinandergebunden.

Frank und ich bahnten uns als Erste einen Weg über die schwankende Behelfsbrücke. Am Ufer winkte Okwas Tochter Ona schüchtern von der Feuerstelle aus. Ona war Anfang zwanzig und die Köchin auf Okwas Safaris. Für eine Batswana recht ungewöhnlich, war sie Vegetarierin und verstand es, auf die vielseitigen Wünsche internationaler Gäste einzugehen. Frauen auf Safari waren in Botswana eher ungewöhnlich, besonders auf einfachen Trips mitten im Nirgendwo wie diesem hier. Das hatte den ganz praktischen Grund, dass ein Großteil Frauen in Botswana den Haushalt führte und die Kinder großzog und sich nicht tage-, manchmal sogar wochenlang im Busch herumtreiben konnten. Aber dennoch gab es eine kleine Gruppe Frauen, die sich für die Safaris begeisterte, und Okwa hatte viele von ihnen selbst zum Guide ausgebildet. Im Chobe-Nationalpark an der Grenze zu Namibia gab es mittlerweile eine Safari-Lodge, die ausschließlich weibliche Guides anstellte. Das funktionierte gut, denn Chobe grenzte an die Stadt Kasane, und so konnten die Frauen am Abend zu ihren Familien nach Hause gehen und sich um die Kinder kümmern, die tagsüber von Schwestern oder Großmüttern betreut wurden. Denn so modern war Botswana dann doch nicht, dass die Männer in der Zwischenzeit den Haushalt übernommen hätten.

Unsere Unterkunft für die nächsten acht Tage war sehr einfach gehalten. Ich wollte es mir an diesem Nachmittag nicht eingestehen – und schon gar nicht wollte ich, dass es jemand mitbekam –, aber *so* wild hatte ich es mir vorher nicht ausgemalt. Klar, ich war es gewöhnt, in einfachen Zelten zu schlafen, und in den Ausbildungscamps hatte es mich nicht gestört, dass uns kein Zaun von den wilden Tieren trennte, aber dennoch: Dort waren wir immer in abgeschlossenen Reservaten von relativ überschaubarer Größe gewesen, und die nächste Straße oder Stadt war relativ einfach zu erreichen gewesen.

Hier allerdings hätte es abgeschiedener nicht sein können. Die drei Zelte der Gäste standen unter großen Bäumen mit dunklen Stämmen, die ich nicht zuzuordnen wusste und deren Äste bedrohlich aussehende Schatten auf die Zeltwände warfen. Eine einfache Feuerstelle diente Ona als Herd, und ein Tisch mit einer Reihe Campingstühle stand für die Mahlzeiten bereit. Etwas abseits reihten sich die Zelte des Teams aneinander, dort würden auch Frank und ich schlafen. Ich konnte sehen, dass Okwas Team sich große Mühe gegeben hatte. Ein paar frische Blumen standen in einem Glas auf dem Tisch, der mit einer bunten Decke und haufenweise Snacks bedeckt war. Die Gästebetten waren mit strahlend weißer frischer Bettwäsche bezogen, und in einer riesigen Kühltruhe warteten eiskalte Softdrinks, Cidre und Bier. Und ich ärgerte mich über mich selbst, dass ich auf einmal wieder an die Grenzen meiner Komfortzone gestoßen war. Nach über einem Jahr im Busch hatte ich noch immer keine Ahnung vom echten wilden Leben. Es bestand ein himmelweiter Unterschied zwischen dem Schüler*innen-Dasein und dem tatsächlichen Alltag eines Safari-Guides. Mein Welpenschutz war offiziell vorbei.

Nach der Ankunft setzte Okwa sich zunächst mit uns ans Feuer und gab uns eine Sicherheitseinweisung. Einige der Regeln lauteten:

- Immer Schuhe tragen, am besten geschlossene.
- Nach Einbruch der Dunkelheit stets eine Taschenlampe parat haben.
- Nachts auf keinen Fall das Zelt verlassen.
- Die Zelt-Reißverschlüsse immer geschlossen halten.
- Über den Tag verteilt ausreichend Wasser trinken.
- Vor allem zur Dämmerung auf Mückenschutz achten.

- Schuhe über Nacht nicht draußen stehen lassen (Hyänen knabbern gerne daran herum).
- Wenn man einem wilden Tier begegnet, auf keinen Fall rennen, sondern sich langsam und vorsichtig zum nächsten Zelt vorarbeiten und jemandem vom Team Bescheid geben.

Mir waren all diese Punkte bekannt, aber erst jetzt sickerte bei mir so richtig durch, wie wichtig diese Sicherheitseinweisung tatsächlich war – und wie wenig sich die Gäste dafür interessierten. Tiffanys Gähnen und Beths Blick auf ihr Smartphone signalisierten, dass sie Okwa eher wenig bis gar nicht zuhörten, während er ihnen Dinge mitteilte, die in der kommenden Woche durchaus lebenswichtig für sie werden könnten.

Was aber auch Tiffany und Beth völlig verblüffte, war, dass sie im Zelt vor den Tieren geschützt sein sollten. Das konnten beide nicht so recht glauben. Das konnte ich immerhin aus eigener Erfahrung bestätigen: Sofern man kein blutiges Steak unter seiner Feldpritsche aufbewahrte, bestand für die Tiere überhaupt kein Grund, ins Zeltinnere vorzudringen. Für sie war ein Zelt vergleichbar mit einem großen Felsen.

Was hingegen auch für mich neu war, erklärten Okwa und Frank ihren Gästen auf einer kleinen Camp-Tour: wie das mit der Toilette funktionierte. Es gab eigentlich keine Toilette. Oder sagen wir mal so, es gab einen Toilettensitz, aber darunter war nichts weiter als ein etwa ein Meter tiefes Loch. Hatte man sein Geschäft erledigt, nahm man einen kleinen Spaten und schüttete etwas Sand über das Klopapier und alles darunter. Das war's. Und wenn das Loch vor Ablauf der Reise voll war, würde das Team es zuschütten und ein neues buddeln.

Immerhin grenzte das »Badezimmer« der Gäste, in dem der

Toilettensitz stand, direkt an die Rückseite des eigentlichen Zeltes, war durch einen Hintereingang erreichbar und mit einer Zeltplane vom Busch abgetrennt. Außerdem befanden sich in dem kleinen Bad eine Eimerdusche und ein Waschbecken, das stets mit frischem Wasser gefüllt war. So konnten die Johnsons wenigstens ruhigen Gewissens nachts auf Toilette gehen.

Frank und ich würden nicht ganz so viel Komfort haben. Wir gehörten zum Team, unser Zelt war etwas einfacher gehalten, und wir teilten uns ein Toiletten- und Duschzelt mit Okwa, das freistehend war. Dorthin verabschiedete ich mich kurzerhand nach dem Ende der Camp-Tour. Doch ich hatte gerade erst einen Schritt in unser dachloses Badezimmer gemacht, da stolperte ich auch schon wieder rückwärts hinaus.

»Oh, shit!«, zischte ich und spürte, wie Adrenalin sekundenschnell in meine Beine schoss: Um den Toilettensitz ringelte sich eine rau geschuppte Schlange, so breit wie mein Handgelenk und so lang wie mein ganzer Arm.

KAPITEL 7

Leopard und Steinböckchen

Während meiner Ausbildung hatte ich nicht viele Schlangen zu Gesicht bekommen, ein paar Pythons und Baumschlangen und vielleicht die eine oder andere Natter. Von der Sorte, die jetzt zwischen mir und einer entleerten Blase stand, war mir noch keine untergekommen. Vor meinem geistigen Auge versuchte ich, mir das Schlangen-Kapitel meines Lehrbuches ins Gedächtnis zu rufen, und gab mein Bestes, um mich an die Fotos zu erinnern. Ich warf einen weiteren Blick ins Zelt. Die Schlange hatte einen dreieckigen, gescheckten Kopf, und ihr Körper war bedeckt mit staubbraunen Schuppen. Sie gab keinen Laut von sich, obgleich sie sich sichtlich von mir überrascht oder gar bedroht fühlte und ihren ganzen Körper fest zusammenzog. Nur ihr pfeilartiger großer Kopf schwebte lauernd in der Luft.

Es war eine … eine … verdammt noch mal, was war das bloß für eine Schlange?

Vorsichtig ließ ich die Zeltplane zu Boden und zog mich zurück, um Frank zu holen. Als ich mit ihm im Schlepptau zurückkehrte, lugten wir beide vorsichtig über den Rand der Zeltplane.

»Oh ja, eine ordentliche Puffotter ist das«, stellte Frank fest.

Eine Puffotter! Natürlich! Wie konnte ich da nicht von selbst draufkommen?

»Gott sei Dank ist das hier passiert und nicht in einem der Gäste-Zelte«, flüsterte Frank. Ich war mir allerdings nicht so sicher, ob auch ich froh darüber war, dass die Schlange sich ausgerechnet in *unsere* Toilette verirrt hatte.

»Und was machen wir jetzt?« Ich kam mir unglaublich blöd vor, weil ich keine Ahnung hatte, wie ich mit der Situation umgehen sollte.

»Ich frag mal, ob die Jungs einen Spaten haben, dann können wir sie vorsichtig aus dem Camp tragen. Behalt du sie in der Zwischenzeit im Auge, okay?«

Als Frank verschwunden war, steckte ich meinen Kopf wieder vorsichtig durch die Zeltplane, schließlich war es ja keine Speikobra. Solange ich Abstand hielt, dürfte also nichts passieren, wenngleich ihr Biss durchaus extrem giftig gewesen wäre.

Eine Puffotter, natürlich! Noch immer rügte ich mich innerlich dafür, dass ich sie nicht selbst identifizieren konnte. Während Frank einen Spaten organisierte, flüsterte ich der Otter beruhigende Worte zu, das konnte sicher nicht schaden. Kurze Zeit später kam Frank zurück.

»Okay, pass auf«, sagte er ernst, »du musst die Zeltplane hochhalten, damit ich schnell raus kann, sobald ich die Schlange aufgegabelt habe.«

»Alles klar.« Ich hob die Plane hoch und positionierte mich so weit wie möglich vom Eingang entfernt.

»*Alright, I'm going in!*«, scherzte Frank und hob den Spaten wie ein Schwert vor seine Brust, bevor er sich in die Drachenhöhle vorwagte. »Wenn ich bis Sonnenuntergang nicht zurück bin, schick besser einen Suchtrupp los.«

Ich schüttelte den Kopf und verdrehte die Augen. »Spinner.«

Mit der Schaufelspitze so weit wie möglich von seinem Körper entfernt, kam Frank aus dem Zelt heraus. Die Schlange hatte sich darauf eng zusammengezogen und schaute mich mit drohenden Augen an, als sie an mir vorbeischwebte. Ich folgte den beiden mit einigem Abstand, bis Frank die Schaufel ungefähr fünfzig Meter vom Camp entfernt vorsichtig in den Sand legte und ein paar Schritte zurückging, bis er fast in mich hineingestolpert wäre. Sobald die Schlange wieder am Boden war, kroch sie pfeilschnell ins nächste Dickicht.

»Gut, das hält sie jetzt nicht davon ab, einfach wieder zurück ins Camp zu kriechen«, stellte ich trocken fest.

Aber Frank winkte nur lässig ab. »*Nah, lightning never strikes twice.*«

Der Blitz schlägt nie zweimal an derselben Stelle ein. Sein Wort in Gottes Gehörgang.

»Komm, zieh deine Wanderschuhe an«, sagte Frank und nahm meine Hand, »Okwa will noch auf einen kurzen Buschmarsch gehen, bevor die Sonne untergeht. Das Team hat wohl am Morgen ein Rudel Löwen ganz in der Nähe brüllen gehört.«

Puh, eigentlich drehte sich mir ja ein wenig der Kopf, und ich hätte mich gern etwas ausgeruht. Aber wahrscheinlich war das nur die Aufregung.

»Wo ist denn sein Gewehr?«, flüsterte ich Frank zu, als wir uns ein paar Minuten später hinter den Zelten versammelt hatten, um Okwas Sicherheits-Briefing für den kommenden Marsch zu empfangen.

»Das hatte ich dir doch erzählt, oder nicht?« Frank schaute mich überrascht an. »Wir sind im Moremi Game Reserve, hier darf man keine Gewehre tragen.«

Ähm, nein, das wusste ich nicht.

In diesem Moment erklärte Okwa, dass wir uns auf einer riesigen Insel namens Chief's Island im Delta befanden, und hier war das Mitführen von Gewehren auf Busch-Walks per Gesetz verboten. Die botswanische Regierung vertrat die Ansicht, wer sich in die natürliche Umgebung der Tiere begab, musste sich auch der Risiken bewusst sein, die damit einhergingen. Ein Wildtier sollte nicht erschossen werden, nur weil sich der Mensch dazu entschieden hatte, auf ein Abenteuer in die Wildnis zu gehen. Und wenngleich ich diese Ansicht grundsätzlich teilte, so musste ich doch zugeben, dass mich der Gedanke beunruhigte. Absurd, denn ich wollte doch auf keinen Fall, dass ein Tier erschossen werden musste.

»Aber in Mashatu sind wir doch auch mit Gewehren unterwegs gewesen«, flüsterte ich Frank zu.

»Ja, stimmt«, sagte Frank, »aber Mashatu ist kein staatliches, sondern ein privates Reservat, mit eigenen Regeln. Davon gibt's viele hier.«

Was das Marschieren ohne Gewehr anging, konnte ich mich daran erst mal nur schwer gewöhnen, wenngleich die Art, wie Okwa die Sache anging, mir eigentlich überhaupt keinen Grund zur Besorgnis hätte geben sollen. Er nahm seine Angestellten auf den Walk mit, fünf an der Zahl, die zusammen mit ihm vorweggingen und gemeinsam nach möglichen Gefahren Ausschau hielten, während er seine Gäste gegebenenfalls an einem sicheren Ort »parkte«, zum Beispiel im Schatten eines Termiten-hügels oder hinter einem umgestoßenen Baumstamm, und so waren wir auf den hinteren Plätzen stets geschützt. Und dennoch, ich fühlte mich plötzlich wieder, als sei ich gerade erst aus dem Flugzeug gestiegen, als hätte ich hier nichts verloren. Und so wanderten meine Füße in die eine Richtung, aber meine Gedanken immer weiter in eine ganz andere.

Direkt hinter unserem Camp lag eine offene Graslandschaft, durch die wir uns nun bewegten. Das Gras reichte mir fast bis zur Brust, und man konnte nicht sehr weit sehen. Okwa hielt seine Gäste an zu warten, während seine Männer furchtlos vorweggingen und ein paarmal in die Hände klatschten, bevor sie sich weiter in die Mitte der Wiese durchschlugen. Dann plötzlich hörten wir ein lautes Rascheln links vor uns, gefolgt von dem unmissverständlichen Geräusch schwerer Hufen, die – Gott sei Dank – in die entgegengesetzte Richtung davontrampelten.

»Wasserbüffel«, grinste Okwa, dann schloss er mit den anderen auf, und die Johnsons folgten mit weit aufgerissenen Augen, während Frank und ich das Schlusslicht bildeten. Wann immer wir anhielten, lauschte ich Okwa aufmerksam, wie er über Pflanzen und Bäume sprach, uns Fußabdrücke von Tieren zeigte und den Johnsons half, ein Erdferkelloch zu untersuchen. Frank sprang immer mal wieder ein, und die beiden arbeiteten im perfekten Einklang miteinander. Die Johnsons waren besonders beeindruckt, als Frank ihnen anhand eines Elefantenhaufens genau sagen konnte, in welche Richtung der Elefant gegangen, wann er ungefähr hier gewesen und ob er männlich oder weiblich war. Ich hielt mich derweil dezent im Hintergrund und beobachtete das Geschehen. So war das also, wenn man richtige Gäste durch die Wildnis führte und nicht nur die eigenen Mitschüler*innen, die dir freundlicherweise nur die einfachen Fragen stellten oder überschwängliches Interesse an ausnahmslos allem zeigten, was du sagtest. Ich war an diesem Nachmittag enorm eingeschüchtert und mir sicher: Das würde ich selbst mit viel Selbstvertrauen und Erfahrung niemals hinbekommen. Und natürlich half es wenig, dass ich erst vor ein paar Tagen durch die Prüfung zum Lead Guide gerasselt war. Sollte ich jedoch gedacht haben, dass das Erschütterndste an diesem Walk mein Ego wäre, hatte ich mich getäuscht.

Wir waren nur in einem kleinen Kreis ums Camp gewandert, denn viel Zeit blieb uns nicht, bis die Sonne untergehen würde. Und so konnte ich die Zeltdächer aus dem Augenwinkel sehen, als wir an einem kleinen Flussarm entlangwanderten, um langsam den Rückweg anzutreten. In Gedanken war ich schon bei der Herausforderung »Eimerdusche im Dunkeln«, als Okwa plötzlich die flache Hand hochriss – das unmissverständliche Zeichen, dass wir unverzüglich stillstehen sollten. Und dann hörte ich es: Ein tiefes, unfassbar lautes Knurren, das mich bis ins Mark erschütterte. Die Intensität war ungefähr vergleichbar mit dem Moment, wenn der T-Rex in »Jurassic Park« den Zaun überwindet, während die Kinder allein im Auto gelassen werden. Immer noch das Schlusslicht, stellte ich mich vorsichtig auf die Zehenspitzen, um über Franks Schulter zu lugen. Dreißig Meter vor uns und keine fünfhundert Meter von unserem Camp entfernt stolzierten zwei Löwen durchs Gras, ein Weibchen und ein Männchen.

Geschockt und fasziniert zugleich behielt ich die Tiere im Auge, während mein Herz wie eine Trommel in meiner Brust schlug und Okwa uns sicher hinter einem Termitenhügel von der Größe eines Gartenschuppens abstellte. Ich selbst hatte mit Löwen zu Fuß bisher nur wenig Erfahrung gesammelt. Meine Ausbildung zum Trails Guide Back-up hatte ich in Südafrikas Nordosten verbracht, in einem kleinen Reservat namens Makuleke. Und obwohl Makuleke zu dem offenen System des Krüger Nationalparks gehörte, stand es dort um Löwen nicht sonderlich gut. Auch in Mashatu gab es nur wenige Löwen, beide Gebiete waren vor allem für ihre hohe Elefantenpopulation bekannt. Elefanten und auch Wasserbüffel wusste ich auf Buschmärschen gut einzuschätzen. Löwen hingegen … Aber Gott sei Dank waren die beiden zu beschäftigt, um uns zu bemerken.

Das Männchen blieb so nah bei dem Weibchen, wie es konnte, und beobachtete jede ihrer Bewegungen ganz genau. Sie schien auf der Suche nach einem schattigen Plätzchen zu sein, weil die Sonne weitergewandert war, und er stolzierte so dicht neben ihr her, dass ihre Körper aneinanderrieben. Da wurde mir schlagartig klar: Dieses Löwenpaar war gerade mitten in seinem Paarungsritual! Mir fiel der entsprechende Abschnitt in meinem Lehrbuch ein. Demnach sollte man sich Löwen in drei Situationen niemals zu Fuß nähern:

1. Wenn sie ein Tier gerissen haben.
2. Wenn eine Löwin Junge im Schlepptau hat.
3. Wenn sie sich paaren.

So weit die Theorie. In der Praxis standen wir nur einen Steinwurf von dem Weibchen entfernt, das jetzt die Paarung einleitete, indem sie vor dem Männchen hin und her tänzelte, wobei ihr Schwanz zuckte und ihr Hinterteil leicht wippte, bevor sie sich schließlich vor ihn hockte. Während er über ihr stand, um sie zu begatten, knabberte er an ihrem Hals, und sie knurrte und legte wie verärgert ihre Ohren an. Sobald der Löwe fertig war, trat er schnell ein paar Schritte zurück, um nicht von ihrer Pfote getroffen zu werden, denn sie wirbelte sofort herum, fauchte heftig und schlug nach ihm. Dann wälzte sie sich auf dem Rücken liegend mit ausgestreckten Beinen immer wieder im Gras. Ich wusste, dass sich Löwen auf diese Weise alle zwanzig bis dreißig Minuten paarten, und das zwei ganze Tage und Nächte lang.

Die Löwin schwang sich nun wieder auf die Beine und marschierte schnellen Schrittes in die uns entgegengesetzte Richtung, ganz so, als wollte sie nichts mehr mit ihrem Liebhaber zu tun haben. Er würde sie von Neuem bezirzen müssen.

»Jetzt ist ein guter Zeitpunkt, um das Weite zu suchen«, flüsterte Okwa. Die Löwen waren in südliche Richtung abgebogen, unser Camp lag im Westen, und gerade pünktlich zum Sonnenuntergang erreichten wir den Halbkreis unserer Zelte, wo bereits das allabendliche Feuer prasselte. Und obwohl uns hier rein gar nichts von der Wildnis trennte, vermittelte die kleine Flamme sofort ein Gefühl von Sicherheit und Behaglichkeit.

»Alright, wer möchte duschen?«, fragte Frank und klatschte in die Hände. Alle Johnsons hoben die Hände. Ich hielt mich zurück, nach all der Aufregung dröhnte mir jetzt ganz gewaltig der Kopf, und ich wollte nichts weiter, als mich einen Moment lang hinlegen.

Eine halbe Stunde später, während draußen die Nachtschwalben das Ende des Tages besangen, lag ich auf meiner Feldpritsche im Dunkeln und fühlte mich elend. Das Dröhnen in meinem Kopf war mittlerweile zum Pochen eines Presslufthammers herangewachsen, mein Kopf war kochend heiß, und obendrein war mir furchtbar übel. Frank kam gerade von seiner eigenen

Dusche zurück und leuchtete mit seiner Kopflampe auf mich, als er ins Zelt kletterte.

»Hey, ist alles in Ordnung?«, fragte er, setzte sich auf meine Bettkante und streichelte mir über die Wange. »Wow, du glühst ja! Hast du Fieber?«

»Nee. Aber ich glaube, ich habe einen Sonnenstich.«

»Sicher?«, fragte Frank, und ich konnte die Besorgnis in seiner Stimme hören. »Nicht, dass es am Ende noch Malaria ist ...«

Und in dem Moment, als er das böse M-Wort sagte, ratterte eine Gedankenkette schwer wie Blei durch meinen Kopf. Bevor ich zum ersten Mal nach Südafrika geflogen war, hatte ich nur eine vage Vorstellung davon, was die Krankheit eigentlich war. Klar hatte ich mich vorher von meinem Hausarzt beraten lassen, und klar hatte ich die Sache nicht auf die leichte Schulter genommen, aber meine Wissenslücke wurde erst während der Ranger-Ausbildung geschlossen: Malaria war eine Infektionskrankheit, die durch Parasiten namens »Plasmodium« verursacht wurde, die in rote Blutkörperchen und Leberzellen eindrangen. Die Parasiten konnten durch den Stich einer infizierten Anopheles-Mücke auf den Menschen übertragen werden. Wenn man das Pech hatte, von einer infizierten Mücke gestochen zu werden, stach sie einen nicht nur, sondern übertrug auch die Malariaparasiten aus ihrem Speichel direkt ins menschliche Blut. Eine Infektion mit Malariaparasiten konnte zu einer Vielzahl von Symptomen führen, die von fehlenden oder sehr milden Symptomen bis hin zu schweren Erkrankungen und im unbehandelten Ernstfall sogar zum Tod führen konnten. Im Allgemeinen galt Malaria aber als eine komplett heilbare Krankheit, wenn sie rechtzeitig und korrekt diagnostiziert und behandelt wurde.

Das böse M war gewiss kein Grund, vor einer Reise nach Afrika zurückzuschrecken; es war nur wichtig, dass man entsprechende Vorkehrungen traf. Für viele Safari-Tourist*innen bedeutete dies, prophylaktisch Antibiotika einzunehmen. Und noch einen wichtigen Tipp gab es, der vor allem für Safari-Tourist*innen galt: Wer nach einem Urlaub in einem Malaria-Gebiet zurück in Deutschland Fieber bekommt, sollte seinem Arzt unbedingt mitteilen, dass man kürzlich in einem solchen Gebiet war. Viele Ärzte ziehen Malaria ansonsten nicht in Betracht, einfach weil die Krankheit bei ihnen vor Ort nicht endemisch ist.

Okwa hatte in seinem Leben schon mehrmals Malaria gehabt und dementsprechend sogar eine gewisse Immunität gegen die Krankheit entwickelt. Aber auch Frank und ich nahmen keine Prophylaxe vor, denn das würde bedeuten, monatelang, oder in Okwas Fall sogar lebenslang, mit Antibiotika vollgepumpt zu sein. Das beste Mittel gegen Malaria war die Vorbeugung: lange Kleidung zur Dämmerung und Mückenspray. Frank und ich hatten auf der Reise außerdem ein Notfallmedikament dabei, das wir einnehmen würden, sollten wir unterwegs Fieber bekommen. Aber war das hier jetzt ein solcher Notfall?

»Komm, wir machen besser den Test«, sagte Frank und begann, in seiner Reisetasche zu kramen. In einem Drogeriemarkt in Maun hatten wir zufälligerweise ein paar Malaria-Selbsttests aufgegriffen, die ähnlich wie ein Schwangerschaftstest aussahen, nur dass man einen Tropfen Blut auf den Teststreifen geben musste. Während Frank sich die Gebrauchsanweisung durchlas, überlegte ich, ob es möglich war, dass ich mir das böse M eingefangen haben könnte. Ich hielt es nicht für sehr wahrscheinlich, die Gegenden, in denen wir innerhalb des letzten Monats unterwegs gewesen waren, waren alles andere als Malaria-Hochburgen. Tatsächlich hatte das Land Botswana beeindruckende Fortschritte in der Eindämmung der Malariaübertragung gemacht: von 71 000 gemeldeten Fällen im Jahr 2000 auf 533 im Jahr 2018. Ich wusste, dass die Inkubationszeit bei mindestens sieben Tagen lag, und so versuchte ich eifrig, die Tage zurückzurechnen und mich daran zu erinnern, wo ich vor einer Woche genau gewesen war.

Indes nahm Frank meinen Zeigefinger in seine Hand und führte den Test durch.

»Es ist bestimmt nichts«, sagte er, »aber wozu haben wir die Tests sonst gekauft? Lieber auf Nummer sicher gehen.«

Ich nickte und atmete schwer aus, woraufhin er meine Hand drückte.

»Ah, es passiert was«, sagte er schließlich, und ich setzte mich auf, um den Teststreifen in seiner Hand sehen zu können. Darauf waren drei kleine Felder zu sehen, von denen sich eines sichtlich rosarot gefärbt hatte.

»Und – und was bedeutet das jetzt?«, fragte ich nervös, während mein Herz wieder wie verrückt zu trommeln begann.

»Moment …«, sagte Frank hastig und griff nach der Gebrauchsanweisung.

»Das Vorhandensein von einem Farbstreifen – dem Kontrollstreifen – bedeutet, dass der Test negativ ist.«

Ich riss Frank die Kopflampe von der Stirn und leuchtete aus kürzerer Entfernung auf den Test.

»Okay, das ist nur ein Streifen, oder? Siehst du das auch?«

»Definitiv. Da ist absolut nur ein Streifen.«

»Okay … und ein Streifen bedeutet negativ, und negativ bedeutet in diesem Fall … positiv, richtig?«

»Negativ bedeutet keine Malaria«, sagte Frank und kreiste den Kopf, sichtlich verwirrt ob meiner Logik.

»Okay.« Ich spürte, wie sich die Erleichterung langsam in meinem Brustkorb ausweitete. Aber ein kleiner Zweifel blieb doch noch. »Vielleicht warten wir lieber noch ein paar Minuten. Nicht, dass sich der zweite Streifen doch noch färbt.«

Aber auch nach weiteren zehn Minuten blieb der zweite Streifen weiß.

Nachdem wir Malaria an diesem Abend also ausschließen konnten, holte Frank mir eine Dose Cola, in die er außerdem einen Teelöffel Salz gab, sowie ausreichend Wasser und eine kalte Kompresse, die er mir vorsichtig auf die Stirn legte.

»Ich lasse mich jetzt lieber beim Abendessen blicken«, sagte er dann, »die echte Arbeit eines Guides beginnt schließlich erst am Esstisch. Ruh dich besser noch ein bisschen aus. Ich sage Ona Bescheid, dass sie dir einen Teller aufheben soll.«

Mit einem Kuss verabschiedete er sich und ließ mich im Halbdunkeln einer kleinen Solarlampe zurück. Von draußen drang Gelächter an mein Ohr, das Klirren von Gläsern und das Klappern von Tellern, untermalt mit dem tiefen Lachen der Flusspferde und dem unaufhörlichen Summen der Zikaden, das wie weißes Rauschen durch die Nacht schwirrte. Meinem Kopf ging es nach einer Weile wesentlich besser. Dennoch fühlte ich mich noch immer nicht so recht wohl in meiner Haut, und obwohl ich eigentlich keine große Lust darauf hatte, unter Leuten zu sein, raffte ich mich schließlich auf, um etwas zu essen.

Die Gruppe hatte sich für einen Absacker ums Lagerfeuer versammelt. Ich versuchte, mich heimlich dazu zu schleichen, aber in dem Moment, als meine Stirnlampe durch die Dunkelheit tanzte, wurde ich natürlich mit freundlichen Fragen um mein Wohlbefinden überschüttet.

Ich setzte mich neben Frank auf einen Klappstuhl, und er reichte mir einen Teller mit Gemüseeintopf, den Ona am Rand des Feuers für mich aufbewahrt hatte. Er war noch warm. Ich begann zu essen und schaute dabei gedankenverloren durch die Flammen hindurch.

»What's going on up there?«, flüsterte Frank und tippte mir leicht auf die Stirn, dann drückte er vorsichtig auf den Schalter meiner Stirnlampe, und ich stellte beschämt fest, dass ich den Sitzkreis mit dem hellen Schein die ganze Zeit geblendet hatte. Nicht mal das konnte ich richtig machen.

»Ach, nichts.« Ich stocherte mit meinem Löffel im Eintopf herum.

»You're missing it.«

»Wie bitte?«

»You're missing it.« Du verpasst alles.

»Was meinst du?«

»Na, alles. Das Lagerfeuer, die Nilpferde, die Löwen. *Talk to me.* Was ist los da oben?« Er deutete auf meinen vor Selbstzweifeln überkochenden Kopf.

»… Ich wusste noch nicht mal, dass das heute im Bad eine Puffotter war …«, murmelte ich. Zu meiner Überraschung lachte Frank nur.

»Da bist du nicht die Einzige! Wenn Okwas Jungs dieses Monster gesehen hätten, wären sie ausgerastet! Motswana haben riesige Angst vor Schlangen. Hat mit ihrem Aberglauben zu tun.«

»Ja, aber ich hätte es besser wissen müssen. Ich habe das doch schließlich alles gelernt letztes Jahr!«

Frank schaute mich schräg von der Seite an. »Wie viele Schlangen hast du in deinem Leben schon gesehen?«

Ich überlegte kurz. »Drei? Vielleicht vier?«

»Genau das meine ich! Du machst das hier gerade mal seit einem Jahr! Sei nicht so hart zu dir.«

»Aber wer will schon einen Guide wie mich haben, wenn's hart auf hart kommt?«

»Ich! Ich würde dich jederzeit als Guide haben wollen.«

»… und durch die Lead-Prüfung bin ich auch gefallen …«

»Ah, darum geht es also.« Frank legte seinen Arm um meine Schulter, nachdem ich aufgegessen und meinen Teller auf einem Schemel abgestellt hatte. »Jetzt überleg aber auch mal, wie viel du in dieser kurzen Zeit bereits gelernt hast! Und der Rest wird kommen – du musst einfach nur immer weiter lernen. Wir beide müssen das. Ich habe auch schon wieder alle Bezeichnungen der Bäume vergessen. Diese hier zum Beispiel, keine Ahnung, was das für welche sind!« Er deutete auf die Bäume mit der rabenschwarzen Rinde, die unser Camp einrahmten, und zu meiner eigenen Überraschung kannte ich die Antwort.

»*Jackal-Berry Tree*«, murmelte ich, »aber das wusstest du auch.«

»Okay, stimmt. Aber du wusstest es auch. Und das ist es, was zählt.«

Dann wuschelte er mit seiner Hand durch meine Locken. »Wir lernen das alles zusammen, einverstanden? Von heute an gibt's uns nur noch im Doppelpack.«

Ich zog reflexartig die Schultern hoch, so als müsste ich mich erst mal an den Gedanken gewöhnen. Natürlich las Frank meine Körpersprache sofort und fragte: »Keine gute Idee?«

»Doch, das ist eine wunderschöne Vorstellung. Es ist nur …« Ich überlegte kurz, wie ich es am besten sagen sollte. »Ich habe schon seit einer ganzen Weile eher wie ein Leopard gelebt, verstehst du? Ich fahre eigentlich am besten damit, alles selbst in die Hand zu nehmen, mich nur auf mich selbst zu verlassen.«

»Also, das kannst du von jetzt an mal getrost vergessen. Von jetzt an bist du ein Steinböckchen, und die kommen in der Natur immer nur in Paaren vor.«

Nun konnte ich gar nicht anders und grinste mit einem kleinen Kopfschütteln. Dieser Typ … Und während die Nachtschwalben ihr Lied sangen und das Holz langsam zu Kohlen zerfiel, ließ ich zum ersten Mal seit Langem den Gedanken wieder zu, wie schön es sein könnte, nicht allein durchs Leben zu gehen.

KAPITEL 8

Ein letztes Stück Ursprung

Schlechte Nachrichten.« Frank setzte sich neben mich. Ich saß auf einem Baumstamm am Flussufer, beobachtete den Sonnenaufgang und schlürfte meine zweite Tasse Kaffee an diesem Morgen. Okwa hielt nicht viel von Instantkaffee, und so gab es auf seinen Safaris immer frisch gebrühten Bohnenkaffee – was für ein Luxus!

»Was ist los?«, fragte ich, und wandte meinen Kopf besorgt in Richtung der Johnsons. Aber dann grinste Frank.

»Okwa und ich haben beschlossen, dass du mit auf die Mokoro-Tour kommen solltest.«

Ich schüttelte vehement den Kopf. »Auf keinen Fall. Ich bleibe schön hier, lege mich noch mal hin, schreibe Tagebuch, meditiere eine Runde …«

Frank kratzte sich am Kopf. »Das Ding ist, wir werden den ganzen Tag unterwegs sein. Okwa kennt eine geheime Insel weiter westlich, die wunderschön sein soll. Seine Jungs haben extra Kaffee in Thermoskannen und ein Picknick eingepackt.

Ich glaube, du würdest echt was verpassen, wenn du hierbleibst.«

»Aber was ist mit den Nilpferden?«

»Ach, die sind wirklich nicht so schlimm. Und Okwa hat gesagt, du kannst in seinem Mokoro sitzen. Du vertraust Okwa doch, oder?«

Ich nickte. Okwa war einer von den wenigen Menschen, denen ich blind vertraute.

Und so atmete ich einmal tief ein und aus, bevor ich sagte: »Na gut, aber ich komme nur mit, weil wir seit gestern Abend ein Doppelpack sind. Und wenn dich da draußen ein Flusspferd angreift, ist es besser, ich bin dabei, damit ich dich retten kann.«

»*That's my girl.*« Frank wuschelte mir schon wieder durch die Locken.

»Hey«, rügte ich ihn lachend, »das ist eine Frisur!«

»Oh, ich dachte, es wäre ein Vogelnest …«

Kurze Zeit später fand ich mich eingekeilt zwischen Okwa und Frank auf dem Boden des bananenförmigen Kanus sitzend, während unser Poler am hinteren Ende stand und seinen Stab durch die seidige Wasseroberfläche stieß, um uns zurück in den Hauptarm des Flusses zu lenken. Das Delta erstrahlte an diesem Morgen in seiner ganzen Pracht. Es war, als glitten wir durch ein Kaleidoskop aus Grün und Blau, das aus der üppigen Vegetation und dem frischen Wasser bestand. Das Wasser war so klar, dass ich bis auf den Grund der Kanäle sehen konnte, und scheinbar so sauber, dass die Poler während der Fahrt immer wieder eine Hand voll schöpften, um es zu trinken. Es schien sie dabei offensichtlich nicht zu stören, dass direkt unter uns definitiv das eine oder andere Krokodil schlummern musste. Wie diese Männer es schafften, im Stehen ihr Kanu so lässig durch die schmalen Kanäle zu lenken, als wäre es eine Gondel in Venedig, war mir ein Rätsel. Das Mokoro reagierte auf die leichteste Bewegung, sobald ich mich nur vorsichtig einen Zentimeter über den Bootsrand beugte, neigte es sich sofort zur Seite.

»Vor Sonnenaufgang kehren die Nilpferde in die tieferen Kanäle zurück, darum können wir sicher durch den Papyrus steuern«, erklärte Okwa, als hätte er meine Gedanken gelesen, als unser Poler direkt auf das dichte Schilf zusteuerte.

»... aber was, wenn ein Nilpferd mal verschlafen hat und noch immer im Schilf versteckt liegt?«, fragte ich. Okwa lachte. Er dachte wohl, ich hätte einen Scherz gemacht. Dabei war mir die Sache todernst.

Aber auch auf dem Wasser gingen Okwa und seine Jungs auf Nummer sicher. Bevor wir durch einen kleinen Schilfwald fuhren, klatschten sie zunächst in die Hände, um einem Flusspferd frühzeitig mitzuteilen, dass wir dort waren. Und wann immer wir einen offenen Kanal überquerten, hielten sie an und suchten die Gegend zunächst nach den riesigen Säugetieren mit den pinkfarbenen Bäuchen ab. Nach einer Weile sahen wir in einiger Entfernung ein paar Flusspferde und überquerten den Kanal, in dem sie badeten, steuerten auf der anderen Seite aber direkt in dichtes Schilf. Die Mokoro mit den Johnsons waren bereits im Schilf verschwunden. Jetzt brauchte es einiges an Manövriergeschick, denn durch das Schilf kamen die Boote nur sehr langsam vorwärts. Plötzlich stürmte eines der Flusspferde auf unser Mokoro zu und verursachte eine beträchtliche Welle, als es an die Oberfläche stieg und sich auf uns zubewegte.

Flusspferde sind keine guten Schwimmer, sondern haben muskelbepackte kleine Stummelbeine, mit denen sie unfassbar schnell über den Boden und durch das Wasser trampeln. Leider befand sich der größte Teil unseres Bootes noch immer im Hauptkanal, während die Spitze im Schilf feststeckte. Als klar wurde, dass wir nicht schnell genug vorwärtskommen würden, drehte Okwa sich zu seinem Poler um und sagte etwas auf Setswana. Das Nilpferd hob streitsuchend die Schnauze in die Luft, woraufhin der Poler in die Hocke ging und seinen Stab kräftig ins Wasser schlug. Das Nilpferd stoppte abrupt, schnaufte ein paarmal laut auf und machte schließlich kehrt, während ich mit weit aufgerissenen Augen dasaß und am Kanuboden nach meinem Herz suchte, das mir direkt durch die Hose herausgerutscht war. Nach dieser Begegnung war ich plötzlich hellwach, und ich war selbst überrascht, dass die Angst auf einmal wie verflogen war. Die Angst vor einer Sache ist eben oftmals viel schlimmer als die Sache selbst.

Nach gut einer halben Stunde auf dem Wasser steuerten wir das Flussufer an. In der Ferne graste eine Herde Wasserbüffel, die allesamt neugierig die Köpfe hoben, als sie uns herantuckern sahen. Wasserbüffel, genau wie viele andere Tiere auch, reagierten sehr feinfühlig auf Bewegungen und hatten einen ausgeprägten Sensor für Körpersprache. Wenn man sie, so wie wir jetzt, einfach ignorierte, konnte man sich recht nah an sie heranwagen.

Wir wanderten in die entgegengesetzte Richtung auf schneeweißem Sandboden hinter Okwa her. Ich hatte fast vergessen, wie entspannt es war, die letzte Gans auf einem Marsch zu sein. Von hier hinten konnte ich mir alles in Ruhe anschauen und die Gedanken ein wenig baumeln lassen, denn die Verantwortung lag ja weit weg an der Spitze der Menschenkette, die sich einen Weg durch die Wildnis schlängelte. Die langen Gräser streiften meine Beine, begleitet von den unzähligen Vogelstimmen, die von den Bäumen sangen, und dem erdigen Geruch der Tiere in unserer Nähe. Und dann war es plötzlich wieder da, das Gefühl, das sich immer dann einstellte, wenn ich mich ganz von der modernen Welt und meinem eigenen Gedankenkarussell löste; wenn ich mich unter den Bäumen und zwischen den Sträuchern verlor. Busch-Walks gehen genau deshalb oftmals noch viel tiefer als eine Safari-Fahrt: Zu Fuß ging es nicht darum, welche großen Tiere einem begegneten, sondern welche kleinen man nicht aus Versehen niedertrampelte. Und es ging darum, in jedem Moment genau das anzunehmen, was einem gegeben wurde. Das war es, was Safaris mit der Seele anstellten und warum so viele Menschen das sogenannte »Afrika-Fieber« bekamen. Wer einmal hier war, der kam immer wieder.

Wir folgten einem Pfad mit frischen Elefantenspuren, und ich ertappte mich dabei, wie ich voller Neugier und Aufregung die Spuren las, als wären sie Worte in der Zeitung, die jemand am Morgen las. Frisch in den Sand geschrieben stand dort, was die Elefanten und die anderen Tiere in den letzten vierundzwanzig Stunden getrieben hatten.

Ein dampfender Haufen Elefantenmist ließ uns wissen, dass die Spuren frisch genug waren, um die Verfolgung aufzunehmen. Nicht immer lohnte sich der Aufwand, den Verursacher einer frischen Tierspur aufzuspüren. Vor allem Elefanten konnten sich einfach viel schneller durch den Busch bewegen als wir. Kaum überraschend, immerhin sind sie um einiges größer als wir und haben zwei Beine mehr.

Aber am frühen Morgen bewegen sich vor allem Herdentiere zumeist noch recht langsam, da sie die Morgenstunden gern beim Fressen verbringen und sich langsam von Busch zu Busch vorarbeiten.

Es mochte verrückt erscheinen, sich einer Herde Elefanten überhaupt zu Fuß nähern zu wollen, immerhin konnten diese Tiere einiges an Schaden anrichten. Aber wenn man es richtig anstellte, die Windrichtung im Auge behielt und die Spuren zu lesen verstand, war es ein unvergleichliches Erlebnis, die Tiere zu »tracken« und sie am Ende dann auch tatsächlich zu finden. Die San-Buschmänner der Kalahari-Wüste – wahrscheinlich die besten Spurenleser, die heutzutage noch auf der Welt wandeln – berichteten auf Nachfrage oft von dem Gefühl, dass sie buchstäblich zu dem Tier wurden, das sie gerade aufspürten. Sie begannen, so zu denken und zu fühlen wie das Tier, und das ermöglichte es ihnen, es schlussendlich zu finden. Interessanterweise hatten die Buschmänner aber Elefanten nie gejagt, denn die Dickhäuter waren laut der San dem Menschen zu ähnlich, was die emotionale Intelligenz anging. Tatsächlich konnten Wissenschaftler*innen diese emotionale Tiefe bei ganz vielen Tieren feststellen. Oktopusse zum Beispiel empfinden Depression und Traurigkeit auf ganz ähnliche Weise wie der Mensch. An diesem Morgen im Okavango-Delta konnten wir uns selbst davon überzeugen, dass auch Elefanten zu diesen Gefühlsregungen fähig waren.

Als wir uns durch ein Dickicht vorarbeiteten, stoppte Okwa die Gruppe und deutete auf die Lichtung, die vor uns lag. Dort, in der Mitte der offenen Ebene, stapfte eine Herde von ungefähr zwanzig Elefanten langsam durch das sonnenverbrannte Gras. Jedes einzelne Tier hielt an einer Stelle inne, und als ich Franks Fernglas ergriff und hindurchschaute, konnte ich erkennen, dass genau dort ein paar riesige weiße Knochen auf dem Boden lagen: die Überreste eines Elefanten. Sie alle erwiesen den sterblichen Überresten ihre Ehre, indem sie sie mit ihren Rüsseln küssten, beschnupperten, abtasteten. Es ist bekannt, dass Elefanten dieses Verhalten an den Tag legen, und ich hatte absolut keine Zweifel daran, dass diese Tiere Trauer empfinden konnten. Aber was würde ich dafür geben herauszufinden, was genau in ihnen vorgeht, wenn sie Elefantenknochen auf ihrem Weg vorfinden. Wonach rochen diese Knochen für sie? Wie konnten sie sie unterscheiden? Denn interessant war auch, dass sie dieses Verhalten nicht an den Tag legten, wenn sie zum Beispiel an den Knochen einer Kudu-Antilope vorbeigingen. Mir drehte sich der Magen um bei dem Gedanken daran, dass diese unfassbar intelligenten Tiere ohne Zweifel auch erkennen konnten, wenn ein Tier auf brutale Weise getötet wurde, etwa von Wilderern, die es auf die Stoßzähne abgesehen hatten.

Wir verbrachten fast eine halbe Stunde im Schatten des Dickichts und beobachteten die Elefanten, die keine Ahnung hatten, dass wir dort waren, während Okwa den Johnsons im Flüsterton mehr über diese atemberaubenden Tiere erzählte. Mich fasziniert, wie ähnlich die Dickhäuter uns Menschen sind. Sie sind zum Beispiel dafür bekannt, dass sie starke und intime Bindungen zwischen Freunden und Familienmitgliedern entwickeln können und lebenslange Freundschaften schließen. Es steckt auch viel Wahres in dem alten Sprichwort *Elefanten vergessen nie*. Ein ausgezeichnetes Gedächtnis ist in der Wildnis überlebenswichtig, um Wasserstellen, sichere Pfade und ausreichend Nahrungsquellen zu finden. Elefanten konnten in freier Wildbahn bis zu siebzig Jahre alt werden. Genau wie für uns war es daher für sie wichtig, Teil einer Gruppe zu sein, in der sie sich geborgen fühlten.

In der Elefantenwelt spielte »Frauenpower« eine große Rolle, da die Weibchen und ihre Jungen in den Herden lebten, während die Bullen oft »beiseitegeschoben« wurden, wenn das Testosteron im Teenageralter überhandnahm. In der Regel gab es ein Leittier, die Matriarchin, die oft das älteste Weibchen war, während der Rest der Herde aus ihren eigenen Nachkommen bestand. Da sie die Älteste war, hatte sie die Erfahrung und das Wissen, die der Herde in schwierigen Zeiten das Überleben sicherten. Es ist ihre Aufgabe, die Herde zu Wasser und Nahrung zu führen und den Tieren beizubringen, wie sie sich vor Gefahren schützen können. Junge Weibchen bleiben in der Regel bei der Herde, während die Männchen die Herde verlassen, um das Leben eines eher einsamen Elefantenbullen zu führen.

Nach einer Weile gab die Matriarchin auf der Lichtung ein tiefes Rumpelgeräusch von sich, und keine Minute später versammelte sich die ganze Herde um sie herum, bevor sie alle dem Leittier folgten und die Lichtung verließen. Nur ein besonders sturer Teenager verharrte noch eine ganze Weile bei den Knochen, vielleicht hatte er eine besondere Beziehung zu dem verstorbenen Tier gehabt. Aber als er bemerkte, dass seine Familie ihn zurückgelassen hatte, trompetete er einmal aufgeregt und trollte sich schnell, um zu der Herde aufzuschließen.

Als Okwa sicher war, dass sich alle Elefanten entfernt hatten, traten wir ins Freie. Der Boden rund um das Skelett war völlig platt getrampelt, und an einigen Stellen waren die Knochen geschmeidig glatt wie das Marmor eines Springbrunnens in Rom, an dem Millionen von Tourist*innen ihre Hände rieben, weil sie glaubten, dass es Glück brachte. Da der Schädel recht klein war, vermutete ich, dass es sich um einen jungen Elefanten handeln musste. Sogar die Stoßzähne waren noch intakt. Frank hob einen davon vorsichtig auf und reichte ihn herum. Als das Elfenbein mich erreichte, stellte ich erstaunt fest, wie schwer es war. Von der Größe eines Baseballschlägers, wog es bestimmt an die fünf Kilo.

»Und für dieses einfache Stück Zahn sterben jährlich Tausende von Elefanten und Dutzende Menschen, die versuchen, sie zu beschützen«, sagte Frank und schüttelte den Kopf.

»Wie viel wäre dieses Stück Elfenbein wert?«, fragte Henry.

»Schwer zu sagen.« Frank überlegte. »Die Preise ändern sich ständig. Vielleicht zehntausend US-Dollar für den ganzen Zahn? Wobei, es hat viele Risse und ist in keinem besonders guten Zustand … vielleicht weniger.«

»Was?!«, stießen Beth und Shawn gleichzeitig aus. »Wer würde denn so viel Geld für ein Stück Zahn ausgeben?«

»Chinesen«, sagten Okwa und Frank wiederum gleichzeitig. Okwa erklärte: »In China gilt es als Statussymbol, Elfenbein zu besitzen. Dort wird es zu feinen Schnitzereien und Statuen verarbeitet, die die reichen Leute sich dann ins Wohnzimmer stellen können.« Eine Runde unverständliches Kopfschütteln ging durch die Reihen.

Ich legte den Stoßzahn vorsichtig wieder dorthin, wo Frank ihn aufgehoben hatte, und fragte mich insgeheim, ob die Elefanten beim nächsten Mal würden riechen können, dass wir hier gewesen waren. Ich strich vorsichtig über den Schädel, und als Okwa unsere Gruppe weiterführte, blieb ich noch ein paar Sekunden allein zurück, tief berührt von diesem Ort. Es ließ sich schwer in Worte fassen, wie sehr ich Elefanten in mein Herz geschlossen hatte, und die Tatsache, dass diese intelligenten und feinfühligen Tiere noch immer für ihr Elfenbein gejagt und brutal abgeschlachtet wurden, machte mich unendlich traurig und wütend.

Das muss man sich einfach einmal vor Augen führen: Im Jahr 1930 streiften bis zu zehn Millionen wilde Elefanten durch riesige Gebiete des afrikanischen Kontinents. Doch jahrzehntelange Wilderei und Konflikte hatten die Elefantenpopulationen seitdem immer mehr dezimiert. 2016 schätzten Expert*innen, dass Afrikas Elefantenpopulation innerhalb eines Jahrzehnts um 111 000 Elefanten zurückgegangen war. Heute gab es nur noch knapp 400 000 Elefanten in ganz Afrika! Und obwohl die Elefantenwilderei tendenziell rückläufig ist, bewegt diese Art sich weiterhin gefährlich Richtung Aussterben. Bei dem Gedanken, dass Elefanten zu meinen Lebzeiten von dieser Erde verschwinden konnten, wurde ich noch wütender.

Hier in Botswana lebten derzeit mehr Elefanten als in jedem anderen afrikanischen Land, und das Okavango-Delta blieb die letzte Hochburg der verbleibenden afrikanischen Elefanten. Ein Ort, an den der Mensch nicht mal mit einem Geländewagen vordringen konnte. Bei all der Grausamkeit, der diese Tiere ausgesetzt waren, war zumindest das ein kleiner Trost. Das Okavango-Delta war ein letztes Stück vom Ursprung, und es zu bewahren, sollte unsere Pflicht als Erdenbewohner*innen sein.

Wir verbrachten die heißen Mittagsstunden am Ufer einer kleinen Lagune, die Okwa und seine Jungs als krokodilfreie Zone identifizierten und zum Schwimmen freigaben. Es brauchte allerdings ein bisschen Überzeugungskraft, um die Johnsons, Frank und mich ins Wasser zu bewegen. Aber als die Sonne hoch am Himmel stand, uns allen der Schweiß den Rücken runterlief und Okwa sich mitsamt all seiner Kleidung wie eine Hyäne zur Abkühlung ins Wasser setzte, taten wir es ihm schließlich alle gleich. Die Sandwiches, die Ona zum Lunch vorbereitet hatte, schmeckten noch besser, weil wir sie im kühlen Nass verspeisten. Die Johnsons legten sich schließlich zum Trocknen in die Sonne, stets bewacht von Okwas Team. Okwa, Frank und ich planschten noch eine Weile.

»Okwa, was müsste ein Ausländer anstellen, um in Botswana als Guide zu arbeiten?«, fragte Frank.

»Hm, schwierig.« Okwa goss sich mit seiner leeren Kaffeetasse etwas Wasser über den Kopf. »Ich kenne leider nicht viele internationale Guides in Botswana. Die Stellen werden alle an Einheimische vergeben.«

Frank nickte, etwas geknickt.

»Wieso? Willst du es versuchen?«, fragte Okwa.

»Ja, theoretisch schon. Ich habe alle botswanischen Qualifikationen, aber habe auch gehört, dass es fast unmöglich ist, ein Arbeitsvisum zu bekommen.«

»Hmm«, summte Okwa zustimmend. Er lächelte freundlich: »Ich würde dich einstellen, du kennst deine Vögel besser als ich.«

Während die beiden sich weiter unterhielten, zog ich mich mit der Ausrede zurück, mal kurz hinter einen Busch verschwinden zu müssen. Aber tatsächlich betrübte es mich ein wenig, dem Gespräch zu lauschen. Wenn es für Frank schon ein Ding der Unmöglichkeit war, eine Anstellung als Guide zu bekommen – wie sollte ich das dann jemals hinbekommen, als deutsche Frau, mit nichts weiter als der südafrikanischen Ausbildung in der Tasche, aber keinerlei Arbeitserfahrung? Aber gleichzeitig musste das auch so sein: Wenn ein Job ohne Probleme von einem Batswana erledigt werden konnte, sollte kein*e Ausländer*in die Stelle stattdessen besetzen dürfen. Das Letzte, was ich wollte, war, irgendjemandem etwas wegzunehmen. Und während ich hinter einem Termitenhügel hockte, kam ich wieder bei der Frage an, die mich schon seit Wochen begleitete: Wo war mein Platz in dieser neuen Umgebung, die ich so sehr lieben gelernt hatte? War es überhaupt in Ordnung, dass ich als weiße Europäerin gerne hier leben und arbeiten wollte?

Als ich zu unserem wilden Planschbecken zurückkehrte, schien Frank mal wieder meine Gedanken zu lesen, denn er fragte Okwa: »Und was ist mit Gesa? Wie stünden ihre Chancen?«

Ich spürte, wie ich rot anlief.

»Gesa hat bessere Chancen als du, Frank«, rief Okwa aus, »weil sie Deutsch spricht! Viele Lodges stellen Übersetzer an, die Seite an Seite mit den Guides arbeiten.«

»Wirklich?« Mein Herz machte einen kleinen Hüpfer, als Okwa begeistert nickte.

»Aber ohne Frank bleibe ich nicht hier!«, sagte ich.

»Na, dann musst du ihn wohl heiraten, damit er als Ehemann an deiner Seite bleiben darf!« Okwa lachte laut auf und klopfte Frank kumpelhaft auf die Schulter.

Als wir am späten Nachmittag, nach einer weiteren nervenaufreibenden Mokoro-Fahrt, in unser Camp zurückkehrten, wurde eine Tradition geboren, die Frank und ich seitdem auf Safari pflegen würden. Später fand ich heraus, dass wir sie mit meiner allergrößten Heldin teilten: Am Abend setzten wir uns mit einem schottischen Whisky vor unser Zelt und ließen den Tag Revue passieren, genau wie die Umweltaktivistin und Schimpansenforscherin Jane Goodall das tat.

Wir saßen auf zwei Klappstühlen unter dem kleinen Zeltvordach und tranken *Famous Grouse* aus den Emailletassen, die eigentlich für den Kaffee am Morgen gedacht waren. Für eine ganze Weile lauschten wir dann schweigend dem *Tu-li-kuck-*

kuck-kuck-kuck-kuck eines Kupferschwanzkuckucks im Schilf und dem scheppernden Klirren der Tassen, mit denen wir auf einen verdammt guten Tag anstießen.

»Weißt du was?«, fragte ich Frank schließlich.

»Was?«, antwortete er und nahm einen Schluck.

»Ich glaube, nachdem ich mich erst mal dran gewöhnt habe, könnte ich das hier für immer machen.«

»Was? Safaris?«

»Nee, das hier.« Und mit dem Finger deutete ich auf uns beide, irgendwo in Botswanas Wildnis, wunschlos glücklich vor einem kleinen Zelt.

KAPITEL 9

Eine denkwürdige Nacht

Nach der Safari mit den Johnsons kehrten wir nach Maun zurück und checkten wieder bei Bianca und John Clarence ein, wo wir uns für die nächsten Wochen wie zu Hause fühlten. Das hatte ich schon immer gern gemacht. Egal wo ich auf der Welt unterwegs war, ich nistete mich gern stets für ein paar Tage oder Wochen in einem Haus oder Apartment ein und testete aus, wie es sich anfühlte, dort zu leben. Solange ich denken konnte, hatte ich schon immer Fernweh gehabt, das tief sitzende Verlangen, fremde Orte zu entdecken, neue Erfahrungen zu sammeln, meinen Füßen zu folgen, die, im Gegensatz zu meinem Kopf, nie einen Plan brauchten. Es brauchte ein paar Jahre, bis ich feststellte, dass das Fernweh eigentlich gar kein Fernweh war. Vielmehr war es Heimweh. Die Sehnsucht nach einem Ort, an dem ich endlich Wurzeln in den Boden wachsen lassen konnte. Für mich war seit dem Abitur klar gewesen, dass ich gerne irgendwann auswandern würde, wenn sich die Chance ergab.

Ich erinnere mich noch genau daran, dass ich in Berlin Briefe an meinen zukünftigen Partner schrieb, die ich dann irgendwo in der Stadt liegen ließ. Darin schrieb ich, dass ich es kaum erwarten konnte, ihn endlich kennenzulernen; dass es mir ein gutes Gefühl gab zu wissen, dass er bereits irgendwo da draußen sei und dass wir uns sicher eines Tages treffen würden, wenn die Zeit reif sei. Ich schrieb diese Briefe auf Englisch, obwohl ich doch in Deutschlands Hauptstadt unterwegs war. Frank würde erst mit mir zusammen, Jahre später, zum ersten Mal nach Deutschland reisen, aber mir gefiel der Gedanke, dass ich ihn mit diesen Briefen vielleicht doch irgendwie in mein Leben geschrieben habe.

Wir verbrachten die Tage in Maun hauptsächlich mit Recherchen rund um das Thema Einwanderung nach Botswana, trafen uns mit Expats, die Maun für den Zeitraum ihres Visums vorübergehend ihr Zuhause nannten, und mit Safari-Unternehmern, die von Maun aus ihr Business führten. Von Okwa hatten wir außerdem die Telefonnummer eines Einwanderungsexperten bekommen, der in Visa-Angelegenheiten helfen konnte. Allerdings erreichten wir immer nur seine Mailbox, sodass Frank ihm schlussendlich eine Nachricht hinterließ, in der er kurz unsere Situation schilderte und um Kontaktaufnahme bat. Zu guter Letzt schickten wir einen Haufen E-Mails mit unseren Lebensläufen raus, um einmal vorsichtig vorzufühlen, wie tief das Wasser hier in Maun war. Leider mussten wir schnell feststellen, dass es *sehr* tief war. Wir hatten das zwar vorher erwartet, aber nun hatten wir die Bestätigung: Auf uns hatte hier wirklich niemand gewartet.

Als Ausländer*in eine Anstellung als Guide in einer botswanischen Lodge zu finden, war schier unmöglich. Und man musste sich natürlich auch fragen, warum das so war: Die botswanische Regierung wollte ihren eigenen Landsmännern (und Landsfrauen) die Jobs in der Tourismusbranche geben. Und dafür hatten wir natürlich volles Verständnis. Aber während unseres Aufenthalts wurde uns auch klar, dass wir uns ein Leben genau hier wirklich vorstellen konnten. Kennt nicht jeder solche Orte? Orte, an denen es sich anfühlt, als seien wir schon einmal dort gewesen? Orte, die eine unerklärliche Sehnsucht in uns hervorrufen und die uns nicht mehr loslassen, aus Gründen, die wir uns logisch nicht erklären können?

Botswana hatte uns in seinen Bann gezogen, und der Wunsch, ein bisschen länger zu bleiben, verstärkte sich nur, nachdem wir Maun verließen und Ellie wieder auf eine staubige Schotterpiste lenkten, um uns gen Norden bis in die Stadt Kasane am Chobe-Fluss vorzuarbeiten. Frank war diese Route während seines Praktikums alle zwei Wochen abgefahren. Es war die klassische Strecke, die Safari-Gäste auf einer mobilen Zeltsafari zurücklegten. Mobile Zeltsafaris waren in Botswana weit verbreitet, denn sie boten die beste Möglichkeit, die wilde Vielfalt des Landes zu erkunden. Diese Safaris führten zumeist durch zwei weltberühmte Gebiete, das Okavango-Delta und den Chobe Nationalpark. Start- und Endpunkt waren Maun im Süden und Kasane im Norden, und man konnte die Reise aus beiden Himmelsrichtungen beginnen.

Unser erster Stopp auf der Tour würde ein privat geführtes Reservat namens »Khwai« sein.

Khwai befand sich im Herzen der botswanischen Wildnis, am Rande des Okavango-Deltas. Eingekeilt zwischen dem Delta und dem Chobe-Nationalpark, wurde das riesige Gebiet vom sogenannten *Khwai Development Trust* im Namen der Be-

111

wohner*innen des Dorfes Khwai verwaltet. Khwai war ungefähr vier bis fünf Stunden Fahrt von Maun entfernt – genau konnte man aber nie sagen, wann man auf dem ausgewiesenen Campingplatz am Khwai-Fluss ankommen würde, denn unterwegs gab es allerhand Wildtiere zu sehen. Die Gegend war bekannt für hervorragende Leoparden- und Wildhund-Sichtungen. Elefanten, Büffel, Flusspferde, Krokodile, Giraffen, Zebras und Hyänen waren außerdem allgegenwärtig.

Für mich war der beste Moment auf unserem Weg gen Norden der, in dem unsere Telefone den Empfang verloren: Irgendwo hinter dem kleinen Dorf Shorobe endete die geteerte Straße, und kurz danach war es dann auch mit dem Internetsignal vorbei. Nachdem wir wochenlang an unseren Laptops recherchiert hatten, fühlte es sich gut an, die vernetzte Welt wieder hinter uns zu lassen.

Die Trennlinie zwischen Wildnis und dem Rest der Welt wurde, wie vielerorts, auch hier im Norden Botswanas durch einen Zaun markiert. Dieser wurde aber nicht in erster Linie errichtet, um die wilden Tiere aus der Menschenwelt fernzuhalten, vielmehr war er eine Auflage der Europäischen Union gewesen. Moment mal – der Europäischen Union? Was hatte die denn in Botswana zu melden? Nun, wie bereits erwähnt, ist die Rinderzucht wahnsinnig wichtig in Botswana. Nicht nur kulturell, sondern vor allem auch wirtschaftlich. Nach Diamanten und Tourismus ist sie der drittgrößte Industriezweig, Botswana gehört zu den größten Rindfleischproduzenten Afrikas und ist weltweit der fünftgrößte Exporteur für Rindfleisch.

Aber mit dem internationalen wirtschaftlichen Aufschwung kamen auch mehr Auflagen: Die Europäische Union legte in den 1970er-Jahren fest, dass Botswana die Bewegung von Wildtieren in seinen Rinderherden kontrollieren musste, um Krankheiten wie die Maul-und-Klauen-Seuche fernzuhalten. Und so begann die Regierung von Botswana mit der Errichtung von Zäunen an strategischen Stellen im ganzen Land. Leider wurden die meisten dieser Zäune aber errichtet, ohne vorher Untersuchungen durchzuführen, wie die Wildtiere des Landes von den Zäunen beeinträchtigt werden würden – mit dem Ergebnis, dass die Migrationsrouten Zehntausender Tiere einfach abgeschnitten wurden.

Die schlimmste Katastrophe ereignete sich während der großen Dürre im Jahr 1983. Ein 250 Kilometer langer Zaun versperrte den Gnu- und Zebra-Herden den Weg zu Wasser und frischen Weideflächen des Okavango-Deltas. Mehr als 60 000 Tiere verendeten allein in diesem Jahr an dem Zaun. Das alles erzählte mir Frank, während wir auf den besagten Zaun zusteuerten. Kurz darauf fällten wir die gemeinsame Entscheidung, fortan auf den Verzehr von Fleisch zu verzichten. Die Auswirkungen der Massentierhaltung auf die Wildnis waren für uns einfach nicht mehr vertretbar. Ich hatte mich bereits während der Ausbildung zum Guide oft gefragt, wo eigentlich der Unterschied lag zwischen dem Wasserbüffel, den ich auf Safari mit respektvollem Abstand fotografierte, und dem Rind, das ich später in Form eines Steaks zum Abendessen verdrückte, und hatte meinen Fleischverzehr schon drastisch eingeschränkt. Als Südafrikaner und Australier war Frank quasi im Windschatten eines Grills groß geworden und konnte sich ein Leben ohne Fleisch zunächst absolut nicht vorstellen. Heute denken wir beide überhaupt nicht mehr darüber nach und grillen unsere Auberginen und Zucchini genauso gern, wie wir noch auf diesem Trip die Steaks gegrillt hatten.

Um den Rinderzaun passieren zu können, mussten in Richtung Maun alle Fahrgäste aussteigen und in eine kleine Pfütze treten, um sich die Schuhe zu desinfizieren. Außerdem wurden die Wagenräder mit Desinfektionsmittel abgesprüht, um der Verbreitung von Keimen entgegenzuwirken. War man in die andere Richtung unterwegs, konnte die Fahrt aber ungestört weitergehen. Während die afrikanische Nachmittagssonne unsere Knochen wärmte und der Fahrtwind langsam den Großstadtmief aus den Kleidern blies, breiteten sich endlose Mopane-Wälder am Straßenrand aus, und der eine oder andere Elefantenbulle schoss immer mal wieder aus dem Dickicht. Zebras galoppierten über die Straße, und Giraffen reckten ihre Hälse, um zu sehen, wer sich da in ihr Wohnzimmer gewagt hatte.

Am östlichen Ufer des Khwai-Flusses lag Magotho (gesprochen »Machoto«) – das Gebiet, in dem Campen in der Wildnis erlaubt war. Auf der anderen Flussseite begann das sogenannte Moremi Game Reserve, das als offizielle Heimat der Wildtiere galt. Dass Magotho außerhalb der Grenzen des Reservats lag, kümmerte die Tiere natürlich wenig, sie konnten kommen und gehen, wie sie wollten. Und das taten sie auch.

So manch einer war überrascht, dass sich in Botswana (eigentlich in ganz Afrika) jeder Tourist einfach so alleine auf einen Campingplatz mitten in der Wildnis begeben konnte. Keine Vorerfahrung war nötig, und einen komplett ausgestatteten Geländewagen konnte man in den größeren Städten problemlos anmieten. Allerdings suchten viele Camper, die ohne einen lokalen Guide unterwegs waren, Magotho oft vergeblich. Frank erzählte mir, während seines Praktikums hier sei es allzu häufig vorgekommen, dass sie ein gestrandetes Fahrzeug irgendwo auf einer einsamen Sandpiste aufgabelten, weil der

Campingplatz, nach dem seine Insassen vergeblich suchten, nirgendwo ausgeschildert war. Gott sei Dank kannte Frank sich gut aus. Nachdem Ellie sich durch das verwirrende Wegenetz ins Flusstal vorgearbeitet hatte, entdeckten wir unter ein paar Kameldorn-Akazien (*Acacia erioloba*) einige Zeltlager.

In den kommenden Jahren würde Khwai sich leider stark verändern, und immer mehr Tourist*innen würden diesen Ort für sich entdecken, wie so oft: Im Zeitalter der Instagram-Traveller war es fast unmöglich, wilde Ort geheim zu halten, und je mehr Menschen kamen, desto weniger wild wurden diese Orte. Die Tiere begannen, sich an die Menschen zu gewöhnen, immer neue Straßen entstanden, Antennenmasten und neue Hotels wurden errichtet. Heute muss man seine Reisezeit geschickt wählen, um diesen magischen Ort unbesucht vorzufinden. Aber als Frank und ich vor ein paar Jahren für ein paar Nächte hier einkehrten, waren wir fast die einzigen Besucher, und für mich als Afrika-Anfängerin war Khwai damals ein ganz besonderer Schatz.

Wir hatten einen Campingplatz unweit des Flusses zugewiesen bekommen und verbrachten den Nachmittag damit, uns häuslich einzurichten. Zum Sonnenuntergang machten wir ein Feuer, in dessen Kohlen wir ein paar Folienkartoffeln legten. Dazu gab es die letzten Hähnchenflügel unseres Lebens. Hatte der Rinderzaun unsere Entschlossenheit, in Zukunft auf Fleisch zu verzichten, noch nicht genug gestärkt, so tat die folgende Nacht ihr Übriges.

Nachdem wir mit vollen Bäuchen in unser Zelt gekrochen waren, stellten sich schon bald die Geräusche der afrikanischen Nacht ein. Das Lachen der Nilpferde, das Zirpen der Zikaden, das Heulen einer Hyäne irgendwo in der Ferne … und dann war da noch das laute Rumoren von Franks Magen.

»Ich glaube, das Fleisch war schlecht«, stöhnte er und wälzte sich auf der Matratze des kleinen Dachzelts. Mir selbst ging es gut, aber Frank hatte sichtlich zu kämpfen. »Ich glaube, ich muss …« Er würde den Satz nie beenden, denn im gleichen Atemzug riss er den Reißverschluss auf und sprang mit einem großen Satz zu Boden, ohne die Stufen der Leiter überhaupt zu berühren. In mir stieg Panik auf, immerhin war es stockduster da draußen, und die Raubtiere könnten jederzeit in unserem Camp vorbeischauen. Ich hörte nur noch Brechlaute von unten und kramte in einer der Zelttaschen nach meiner Taschenlampe, um in kreisrunden Bewegungen die Grenzen unseres Campingplatzes auszuleuchten, schwer darauf bedacht, Frank in seiner Pein nicht zu blenden, der sich über einen Busch gebeugt buchstäblich die Seele aus dem Leib kotzte.

Plötzlich vernahm ich in den Pausen zwischen seinen Würgelauten ein weiteres Geräusch – das unerhört laute Geräusch brechender Äste, das nur eines bedeuten konnte.

»Frank«, flüsterte ich ihm zu und versuchte zugleich besorgt und bestimmt zu klingen, »Frank! Mach schnell! Die Elefanten kommen!«

Ich presste Gesicht und Taschenlampe gegen die Gitterfenster und spähte in die Nacht. Und tatsächlich: Während Frank noch immer kopfüber im Busch hing, schlenderte ein Elefantenbulle seelenruhig auf der anderen Seite unseres Fahrzeugs auf die Lichtung, etwa zehn Meter entfernt. Auch er schien Franks Würgelaute vernommen zu haben, ließ sich davon aber nicht sonderlich aus der Ruhe bringen.

Dann endlich war Frank fertig, und ich hörte, wie er die Beifahrertür öffnete und einstieg. Wir deponierten Zahnputzbecher und etwas Wasser immer am Fußende der Fahrerkabine, und kurz darauf hörte ich, wie Frank sich die Zähne putzte. Dann schlich er vorsichtig an der Seite des Land Rovers entlang, kletterte die Leiter hinauf und war wieder bei mir, bevor der Elefant bemerkt hatte, dass er dort war.

»Besser?«, flüsterte ich und streichelte ihm behutsam den Bauch, als er sich auf den Rücken legte.

»Ja, was immer es war, ich glaube, ich habe nichts davon drin behalten …«, flüsterte er zurück, aber dann verstummten wir ganz schnell, als der Elefant ein lautes Grummeln in die Nacht entsandte. Er schien mit seiner ganz eigenen Mission beschäftigt zu sein, denn er ignorierte unser Auto völlig und stapfte stattdessen direkt auf die Kameldorn-Akazie zu, unter der wir geparkt hatten. Dann begann er, seinen massigen Kopf mit voller Wucht gegen den Baumstamm zu schlagen. Als sei das ein geheimes Signal gewesen, folgten ihm kurz darauf drei weitere Elefantenbullen derselben Größe, die sich an den anderen Akazien in unserem Camp zu schaffen machten. Sie hatten es auf die riesigen Samenhülsen abgesehen, die zu dieser Jahreszeit im Überfluss an den Bäumen hingen und mit ein paar Stößen gegen die Stämme leicht zu Boden fielen, wo sie dann von gierigen Elefantenrüsseln aufgelesen wurden. Der Elefant, der sich den Baum neben unserem Auto vorgenommen hatte, war besonders clever: Er saugte die Samenhülsen nicht vom sandigen Boden auf, sondern trat direkt an unser Auto heran, und während wir seinem Atem lauschten (und unseren eigenen anhielten), fuhr er seinen Rüssel wie die Tentakel eines Oktopusses weit aus und schabte einen großen Haufen der gefallenen Hülsen von unserer Motorhaube.

Mehrere Stunden trieb sich diese sogenannte »Junggesellen-Herde« in unserem Camp herum. Kurz nachdem sie gegen zwei Uhr morgens endlich weitergezogen waren, wurden sie auch schon von den nächsten Besuchern abgelöst: Zwei Hyänen trotteten aus dem Gebüsch und liefen direkt auf die glühenden Kohlen des Lagerfeuers zu. Ich betete, dass keiner der Camper seine Schuhe draußen hatte stehen lassen, aber die beiden zeigten ohnehin kein großes Interesse an den Zelten. Offensichtlich hatten sie das Lehrbuch über die Angst der Tiere vor dem Feuer nicht gelesen, denn sie steckten ihre Nasen direkt in die Kohlen. Enttäuscht von der fehlenden Nahrung zwischen den Kohlen drehten sie sich um und wanderten langsam wieder davon.

Nachdem die Hyänen verschwunden waren, herrschte für etwa eine Stunde endlich Ruhe, und ich schlummerte langsam ein (Frank hatte schon seit einer ganzen Weile tief und fest geschlafen, er war völlig erschöpft). Aber gerade, als ich eine Tiefschlafphase erreichte, hörte ich plötzlich die Alarmrufe einer Herde Impalas – ganz bestimmte Grunzlaute, die diese Antilopen von sich geben, wenn sie ein Raubtier sehen oder wittern. Kurz darauf vernahm ich dann die verstörende Geräuschkulisse, die einem unmissverständlich mitteilt, dass ein Rudel Löwen ein Tier gerissen hat. Schließlich gab mir das erste Krächzen der Frankoline (eine Art Fasan) zu verstehen, dass die Nacht vorbei war.

Und so kletterte ich an diesem Morgen noch vor dem Aufgehen der Sonne mit meiner Stirnlampe bewaffnet aus dem Dachzelt, brachte das Feuer wieder in Gang und röstete ein paar Toastscheiben, die ich mit etwas Margarine bestrich und mit Salz bestreute: die beste und sicherste Mahlzeit nach einer (wenn auch ungewollt) durchzechten Nacht, wie Frank sie hinter sich hatte.

In Khwai gab es damals keinerlei Toiletten, und so mussten wir uns jeden Morgen ganz vorsichtig zu zweit mit einer kleinen Schaufel in die Wildnis wagen, um etwas abgelegene (aber nicht zu weit entfernte!) Plätze hinter einem umgestürzten Baum oder einem Busch zu finden. Man musste den Wunsch nach Privatsphäre immer mit dem Bedürfnis nach Sicherheit austarieren. Und wir mussten darauf achten, dass wir Stellen wählten, die nicht schon von anderen benutzt worden waren. Mittlerweile gibt es in Magotho zum Glück ein paar Toilettenhäuschen.

Als ich an diesem Morgen hinter einem Busch verschwand, leuchtete mir aber auf einmal ein Scheinwerfer ins Gesicht – der von einem Safari-Fahrzeug stammte, das gerade einer Leopardin folgte, die genau zu meinem Busch unterwegs war! Jackpot! Ich trollte mich geschwind, aber die Leopardin hatte mich schon längst bemerkt und selbst schon eine andere Richtung eingeschlagen. Sie hatte keinerlei Interesse an mir. Die Safari-Gäste auf dem Geländewagen allerdings schon. Es würde mich nicht überraschen, wenn mein nackter Hintern später auf einem Beweisfoto für die eine oder andere lustige Urlaubsanekdote die Runde machte …

Dass in Khwai nicht mehr Unfälle passierten, war mir ein Rätsel. Aber wie einer meiner Mentoren einmal zu mir sagte: »*The bush is very forgiving.*« Der afrikanische Busch und die Tiere, die ihn ihr Zuhause nannten, waren sehr nachsichtig. Ja, es war tatsächlich erstaunlich, wie viele Raubtiere es hier draußen *nicht* auf uns Menschen abgesehen hatten. Dies sollte wahrhaftig keine Einladung zu Nachlässigkeit sein, wir schulden den wilden Tieren Respekt, und es gibt Regeln, die stets befolgt werden müssen. Aber das wichtigste Gesetz im Busch ist zu überleben, und deshalb gehen die meisten Raubtiere einer Konfrontation lieber aus dem Weg. Das Schlimmste, was einem Tier hier draußen passieren kann, ist, sich in einem Kampf zu verletzen. Wir aufrecht gehenden Menschen gelten in der afrikanischen Tierwelt nicht als Beute-, sondern als Raubtier. Ganz anders sieht das zum Beispiel in Australien aus. Als die ersten Menschen Down Under ankamen, stellten sie erstaunt fest, dass keines der Tiere dort vor ihnen flüchtete. Diese Tiere hatten noch nie einen Menschen gesehen und wussten nicht, dass sie diese nackten Affen besser hätten fürchten sollen.

Nachdem alle möglichen Geschäfte an diesem Morgen erledigt waren, Frank seinen Toast verputzt und wir beide mehrere Tassen Kaffee geschlürft hatten, waren wir bereit, um uns auf die Suche nach den Wildtieren zu begeben, die sich an diesem Morgen ausnahmsweise mal nicht auf unserem Campingplatz herumtrieben, genau als die Sonne rot zwischen den Bäumen aufging.

Die Faszination einer Safari zu beschreiben, fällt mir nicht leicht. Denn eigentlich sitzt man dabei nur stundenlang in der brütenden Hitze, während man nach Tieren Ausschau hält. Dennoch gibt es für mich nichts, was mit dem Nervenkitzel einer afrikanischen Safari vergleichbar ist. Es ist so berauschend, in der frischen Morgenluft auf dem Rücksitz eines offenen Fahrzeugs aufzubrechen, bewaffnet mit einer Kamera und, je nach Jahreszeit, einer warmen Decke. Egal, ob man das erste Mal auf Safari ist oder das dreiundzwanzigste – die Vorfreude ist immer da, denn der Busch ist niemals derselbe.

Und so stellte sich jedes Mal erneut die spannende Frage: Was würden wir heute sehen? Unentwegt wanderten die Augen von links nach rechts, fast so wie bei einem Tennismatch, während sie versuchten, etwas auszumachen, das sich im Busch bewegte, denn das leiseste Schwanken eines Astes konnte darauf hindeuten, dass sich dahinter ein wildes Tier befand.

Tiere in ihrem natürlichen Lebensraum zu sehen, war ein wirklich bemerkenswertes Erlebnis. Die Sanftmut der Giraffen zu beobachten, wie sie an den Blättern der Bäume knabberten, die Ohren zuckend, wenn sie nach Gefahren lauschten. Die fantastischen Elefanten, mit ihrer faltigen Haut und ihren wissenden Augen, die einen immer im Blick behielten, während sie durch das Land stapften, immer darauf bedacht, die Jüngsten in der Mitte der Herde zu beschützen. Innezuhalten, um die enorme Sprungkraft der Impalas, die perfekten Streifen der Zebras und die atemberaubenden Farben der Vögel zu bestaunen: Das waren alles Farbkleckse auf der unvergesslichen Leinwand, die eine Safari ausmachten. Aber das Bild war nicht komplett, wenn nicht auch die Großkatzen die Bühne betraten. Diesen majestätischen Tieren ging immerhin ein Ruf voraus. Und an diesem Tag in Khwai wurden Frank und ich nicht enttäuscht.

KAPITEL 10

Löwen im Regen

Am Horizont braute sich ein Sturm zusammen. Riesige Gewitterwolken türmten sich in der Ferne auf wie die Tore zu einem dunklen himmlischen Königreich, und ich konnte den Regen bereits riechen. Nicht mehr lange, und wir würden pitschnass werden. Die Regenzeit war in diesem Jahr früher als sonst über Botswana gekommen, und ich war dankbar, dass unser Geländewagen ein Dach hatte.

Ein Guide hatte Frank am Vortag auf Setswana die genaue Position einer spektakulären Sichtung mitgeteilt. Das einzige Wort, das ich deutlich verstanden hatte, war »Tau« – Löwe. Nachher erklärte Frank mir: »Die Löwen haben eine Giraffe gerissen, nicht weit von hier.« Und so machten wir uns trotz drohendem Sturm auf den Weg. Im Camp würden wir ja ohnehin nur nass werden.

Die Verteilung von Löwen in der Wildnis, genau wie die von anderen Tieren auch, erfolgte alles andere als zufällig. Die stärksten und größten Rudel monopolisierten die besten Wohngebiete – in der Regel um die Einmündung von Flüssen herum, wo Beutetiere regelmäßig zum Trinken kamen. Kleinere Rudel oder Einzelgänger hingegen wurden an den Rand der Reservate gedrängt, wo die Bedingungen oftmals weniger vorteilhaft waren. Die Ufer des Khwai-Flusses waren das Filetgrundstück der Gegend, hier tummelte sich der Kern eines besonders großen Rudels.

Frank hatte Ellie gerade durch einen seichten Zweig des Flusses gelenkt, als wir auf eine der massigen Katzen stießen, die im Schatten unter einem stacheligen Busch zusammengesackt war. Es war ein dunkelmähniges Männchen, all viere von sich gestreckt lag es da, als wäre es gerade aus großer Höhe gefallen. Nur das Heben und Senken seines vollen Bauches unter schwerem Hecheln deutete darauf hin, dass er noch am Leben war. Ein klarer Fall von Fress-Koma. Männliche Löwen können drei Meter lang werden und bis zu 200 Kilogramm wiegen, und dieser hier schien an die Grenzen seiner Art zu stoßen – vor allem, weil er sich gerade den Bauch mit einer halben Giraffe vollgeschlagen hatte.

Frank fuhr etwas näher auf ihn zu. Der Löwe hob seinen Kopf. Sein hübsches Gesicht war mit Kratzspuren übersät. Löwen können an einem Riss sehr aggressiv sein; dieser hier hatte sich wohl die eine oder andere Ohrfeige abgeholt. Unbeeindruckt von unserer Ankunft drehte er sich kurzerhand um und zeigte uns sein glattes, glänzendes Hinterteil. Frank fuhr in einem großen Kreis um diesen König von Khwai herum, sodass wir ihn von vorne sehen konnten. Er gähnte und nestelte seinen gewaltigen Kopf auf seine Pfoten, dann richtete er seinen Blick zum ersten Mal auf uns. Seine Augen waren goldgelb und durchbohrten uns wie Speerspitzen. Dennoch klickte die Kamera unentwegt, mindestens so schnell wie der Herzschlag ihrer Benutzer.

Plötzlich drehte sich der Wind, und ein bestialischer Gestank stieg uns in die Nase. Erst als wir in die Windrichtung blickten, bemerkten wir die vier Löwinnen, die sich über den blutigen, offenen Bauch einer toten Giraffe im Schatten einer Fieberbeere hergemacht hatten. Das, was von der Giraffe übrig geblieben war, sah recht grausam aus. Diese graziösen Schönheiten wollten die meisten Menschen wohl lieber über die Savanne schreiten sehen anstatt von den Klauen eines Rudels Löwen zerfetzt. Doch gerade als auch ich mein Gesicht abwenden wollte, stieß Frank hervor: »Oh guck mal! Da kommen die Kleinen!«

Und tatsächlich – fünf Löwenbabys kamen hinter dem Kadaver hervorgetapst. Frank positionierte Ellie im Windschatten des Gestanks. Und dann kannten unsere Kamera-Auslöser kein Halten mehr; mit dem ratternden Geräusch eines Maschinengewehrs wurden in wenigen Sekunden Tausende Erinnerungen eingefangen.

Die Kleinen waren vielleicht drei bis vier Monate alt und gewiss erst kürzlich von ihren Müttern in die Kunst des Fleischverzehrs eingewiesen worden. Vorher hatten sie in einem Gebüsch darauf warten müssen, bis die Mütter von der Jagd wiederkehrten. Nun tollten sie ausgelassen hinter den Rücken der Muttertiere umher, deren Köpfe immer noch tief im Bauch der Giraffe steckten, während ihre Schwänze die Fliegen abwehrten. Eines der Babys traute sich doch tatsächlich, den Schwanz seiner Mutter zu packen und hineinzubeißen. Das bereute es aber sofort, denn die Mutter verpasste ihm einen ordentlichen Tritt. Das war das Risiko, dem sich die Kleinen an einem frischen Riss ausgesetzt sahen: Die Gemüter der erwachsenen Tiere waren in so einer Situation oft erregt, und so mussten die Kinder lernen, sich vorzusehen.

An einem Riss gibt es eine feste Rangordnung, an die sich jeder zu halten hat. Ein Löwenrudel setzt sich aus mehreren Weibchen zusammen, die sich ein Männchen teilen. Ihre Reviere sind erstaunlich groß und werden über Generationen von den Weibchen weitergegeben, aber der männliche Löwe ist derjenige, der das Revier verteidigt. Wenngleich es zumeist die Löwinnen sind, die die Beute erlegen, erhält das Männchen dennoch Vorrang beim Fressen. Wenn es fertig ist, dürfen die Löwinnen sich den Bauch vollschlagen, dann kommen die Jungtiere. Löwen sind die gefährlichsten Raubtiere für Giraffen und greifen sowohl Kälber als auch ausgewachsene Tiere an. Mehr als die Hälfte aller Giraffenkälber erreicht nie das Erwachsenenalter, und Löwenraub gilt als die Haupttodesursache.

Löwen sind Raubtiere, die sich auf Angriffe aus dem Hinterhalt spezialisiert haben, wenig ausdauernd sind und sich an einem erlegten Tier gütlich tun, bis jedes erwachsene Tier bis zu dreißig Kilogramm hinuntergeschlungen hat (sofern der Riss so viel Fleisch hergibt). Neben Giraffen fressen Löwen Antilopen, Wasserbüffel und Gnus, aber auch Krokodile, Pythons, Paviane, Nilpferde, Stachelschweine und Straußeneier können auf der Speisekarte landen.

Während die Muttertiere sich weiterhin am Giraffenfleisch labten, balancierten die Babys nun auf dem langen Hals der Giraffe herum, bis sie sich schließlich, wie für ein etwas makabres Familienfoto, alle in einer Reihe auf dem Hals platzierten, die winzigen Pfoten ausgestreckt.

Dann setzte der Regen ein.

Wir hatten den sich anbahnenden Gewittersturm völlig vergessen, aber jetzt brach der Regen über uns herein, als würde jemand ihn kübelweise ausschütten. Zurück ins Camp zu fahren, war keine Option. Die Löwen waren noch lange nicht fertig mit ihrer Show. Den ganzen Morgen über hatte eine schwüle Hitze alles Leben in die Knie gezwungen, nun verschaffte der monsunartige Regenguss endlich Abhilfe. Vor allem die Löwenbabys freuten sich über den Regen und tollten ausgelassen durch den Matsch. Drei der vier Löwinnen fraßen ungestört weiter, die vierte aber verzog sich unter einen Busch und verzog ihr Gesicht zu einer mies gelaunten Miene, während sie darauf wartete, dass der Spuk vorüberzog.

Tatsächlich handelte es sich eher um einen kurzen Schauer als um den noch immer am Horizont lauernden ausgewachsenen Sturm. Als die Sonne sich wieder einen Weg zurück zur Erde bahnte, legten die Löwenbabys erst richtig los. Eines von ihnen hatte einen verwachsenen Termitenhügel entdeckt, und nun entbrannte ein Wettkampf unter den Kleinen, wer den Hügel am längsten in Beschlag nehmen konnte. Wir hatten glücklicherweise ein paar Snacks an Bord und entschieden uns, den ganzen Tag bei den Löwen zu verbringen.

Löwen können unfassbar langweilig sein. Sie sind die mit Abstand faulsten aller Großkatzen, und man findet sie tagsüber normalerweise in sich zusammengesunken, so als ob sie gerade einen Marathon gelaufen wären, obwohl sie in Wirklichkeit seit zwölf Stunden keinen Muskel mehr bewegt hatten. Löwen bei Tageslicht so aktiv vorzufinden, war etwas ganz Besonderes. Wir nutzten daher das beste Licht des Tages am späten Nachmittag für weitere Bilder. Belohnt wurde diese Entscheidung dann aber mit einem Schauspiel, das sich nicht in einem Foto einfangen ließ. Gerade als die Sonne hinter den Horizont gerutscht war, hob der König von Khwai den Kopf aus dem Gras und gähnte ein paarmal mit breit aufgerissenem Maul. Dann erhob er sich, reckte und streckte seine Glieder, holte einmal tief Luft und brüllte aus vollem Leib. Und zu unserer Verzückung schlossen sich die Löwenbabys an. Nun ja, oder zumindest versuchten sie es. Während das Gebrüll ihres Vaters mit dem Klang von roher Kraft tief bis in unser Innerstes vibrierte, klang sein Nachwuchs eher wie ein Haufen Katzen, die sich um ein Wollknäuel zankten.

Kurz darauf erhob sich auch die mies gelaunte Löwin, streckte sich und verpasste ihren Schwestern und Kindern ein paar Kuscheleinheiten. Dann führte sie ihr Rudel davon, vermutlich zu einem Schluck Wasser an den Fluss, denn nach all der Fresserei waren die Mäuler sicher trocken.

»Halt ganz still«, gab Frank mir zu verstehen, denn die Löwin steuerte direkt auf einen ausgetrampelten Pfad neben Ellie zu. Plötzlich war es ganz still, keine Kamera klickte mehr, vielleicht hatte ich auch das Atmen völlig vergessen. Der beste Moment einer Safari ist, wenn dich ein Gefühl großer Ehrfurcht überkommt und du so überwältigt bist, dass du sogar vergisst, Fotos zu schießen. Als die Löwinnen direkt unter meinem offenen Fenster vorbeischritten und ihr Fell buchstäblich das Metall des Wagens streifte, blickte jede einzelne von ihnen vorsichtig hinauf ins Wageninnere, wo Frank und ich zu Stein erstarrt waren. Ich weiß nicht, ob es nur mir so geht, aber wenn ein wilder Löwe dir direkt in die Augen schaut, dann, so kam es mir jedenfalls vor, öffnete sich für einen kurzen Moment ein Portal zurück zu unserem eigenen Ursprung. Das war der Zauber einer Safari: Die Wildnis drang tief in die Seele ein und ließ jeden von uns ein kleines bisschen verändert zurück.

Afrika wäre nicht Afrika ohne Löwen. Der erste Löwe, so wie wir die Spezies heute kennen, schritt wahrscheinlich vor etwa 600 000 Jahren über die Erde. Die Löwen verbreiteten sich in ganz Afrika, mit Ausnahme der tiefsten Regenwälder des Kongobeckens und der trockensten Teile der Sahara, und auch auf jedem anderen Kontinent (mit Ausnahme von Australien und der Antarktis). In der Grotte Chauvet, der berühmten Höhle in Frankreich, deren 32 000 Jahre alte Malereien zu den ältesten Kunstwerken der Welt zählen, gibt es mehr als siebzig Darstellungen von Löwen. Und auch in Deutschland soll es einst Löwen gegeben haben, das stelle man sich einmal vor! Aber die Population befindet sich im freien Fall und ist seit Mitte der 1990er-Jahre auf weniger als 20 000 Tiere gesunken. In ganz Afrika sind in etwas mehr als einem Jahrzehnt bis zu einem Viertel der wilden Löwen der Welt verschwunden!

Der Grund für den Rückgang des Königs der Tiere lässt sich einfach benennen: Menschen. Da immer mehr von uns Landwirtschaft und Viehzucht betrieben, drangen wir immer weiter in das Löwenland vor. Es ist kein neues Problem, dieser Wettbewerb zwischen den Arten um eine immer knapper werdende Ressource, aber es ist auch kein einfaches. Und die Abneigung, die die Menschen den Löwen entgegenbrachten, ist verständlich. Diese riesigen Raubkatzen auf Safari zu sehen, war eine Sache, aber würden wir sie gerne in unserem Alltag treffen? Wie würden wir es finden, wenn Löwen regelmäßig auf unseren Veranden herumlungern, durch Strohdächer brechen, Rinder stehlen, Kinder aus den Armen ihrer Mütter reißen, alte Menschen aus dem Bett zerren und Frauen auf dem Weg zu den Latrinen packen? In unserer Welt haben die Bedürfnisse der Menschen Vorrang gegenüber denen der Wildtiere. Nahm die Zahl der Menschen zu, nahmen wir das Land, das für die Wildtiere zur Verfügung gestanden hätte, und nutzten es für uns. Afrika beheimatet knapp eine Milliarde Menschen. Was bedeutete diese fortwährend steigende Zahl für die Zukunft der Löwen?

An diesem Tag blieben Frank und ich bis nach Sonnenuntergang bei den Löwen. Als schließlich die Nacht hereinbrach, schaltete ich das Spotlight ein, und wir fuhren beseelt von einer einmaligen Begegnung zurück ins Camp. Später am Lagerfeuer bestaunten wir die Aufnahmen des Nachmittages. Wenn wir mit unseren Fotos zufrieden waren und es kaum erwarten konnten, sie zu zeigen, waren wir besonders glücklich. Denn jeder Löwe, der auf einem Bild auftauchte, war zugleich auch ein Botschafter seiner Art. Oft wurde ich gefragt, ob es die Tiere nicht störe, ständig von Autos verfolgt zu werden. Und ja, ich habe schon viele Tiere gesehen, die sich von den Menschen gestört fühlten. Darum ist es umso wichtiger, einen Safari-Urlaub entsprechend gut vorzubereiten und mit einem Guide unterwegs zu sein, der oder die sich an bestimmte Richtlinien und Etiketten hält. Wenn dies gegeben ist, so kann eine Safari in Afrika direkt dem Erhalt bedrohter Tierarten helfen, denn ein großer Teil der Einnahmen fließt direkt zurück in das Reservat. Was hätte ich dafür gegeben, wie Doktor Doolittle mit den Tieren sprechen zu können, um ihnen zu erklären, was es mit diesen komischen nackten Affen in den brummenden Gefährten auf sich hat!

Unser nächster Stopp sollte Savuti sein, eines der berühmtesten Großwildgebiete in ganz Afrika, das mit spektakulären Tiersichtungen aufwarten konnte. Savuti grenzte im Westen an das

Okavango-Delta und im Osten an den Chobe-Nationalpark und war eine wüstenähnliche Landschaft mit knüppeltrockenen Kameldornen und einer harschen Busch-Savanne unter sengender Sonne. Loser heißer Sand machte das Fahren schwierig, und die Wildtiere entflohen der Hitze, indem sie sich an den wenigen verfügbaren Schattenplätzen zusammenrotteten. Die Elefanten drängelten sich hier vor allem in den heißesten Monaten zwischen September und November rund um die Wasserlöcher, um ihren Durst zu stillen. Die Wasserlöcher in Savuti waren von Menschenhand gegraben worden, nachdem der Rinderzaun den Tieren den Zugang zu natürlichen Wasserquellen versperrt hatte.

Unbeeinträchtigt von dem Zaun floss durch die karge Landschaft Savutis noch ein Wasserkanal, aber auf den war wenig Verlass. Der Savuti-Kanal verlief über eine Strecke von 100 Kilometern vom Chobe-Fluss im Norden bis kurz vor Khwai im Süden, wo er einen kleinen Sumpf bildete. Der Kanal war ein wenig mysteriös: Er führte nicht immer, aber immer öfter Wasser. Zu Livingstones Zeiten floss der Kanal, im Jahr 1880 trocknete er aus und blieb etwa 70 Jahre lang trocken. Im Jahr 1957 wurde er dann wieder überflutet. Wann immer der Kanal sich dazu entschied, Wasser zu führen, wurde das in Botswana als große Neuigkeit verbreitet. In einem Land, in dem Wasser immer knapp war, war so eine Meldung immer etwas Besonderes.

Ich steuerte Ellie über den heißen Wüstensand und sagte mir im Kopf immer wieder den Leitspruch auf, den Frank mir beigebracht hatte. *Second gear, low – go, go, go!* Wir waren am Morgen von Khwai aufgebrochen, jetzt brütete die Mittagssonne über uns, und das Letzte, was ich wollte, war, in dieser Hitze den Wagen aus dem Sand freizuschaufeln, weil ich stecken geblieben war.

Riesige Sekretärvögel und Kori-Trappen stolzierten gemächlich über die weite Landschaft, durch die wir uns mit kämpfendem Motor vorarbeiteten. Kleine Quelea-Finken boten uns ein Spektakel, während sie sich zu Tausenden versammelten und dann mit einem lauten »Wusch« allesamt in den Himmel schossen, wo sie beeindruckende Formationen an den Himmel malten.

Die Campingplätze in Savuti lagen unter ein paar vereinzelten Kameldornen auf dem sandigen Boden und waren mit alten, aus Zement gegossenen Feuerstellen versehen. Im Zentrum des Platzes gab es außerdem Dusch- und Toilettenräume. Sie waren von einer riesigen Mauer umgeben, die mich an ein Hochsicherheitsgefängnis erinnerte.

»Damit die Elefanten den Wasserrohren fernbleiben«, erklärte Frank, der meinen verwunderten Blick aufgefangen hatte. »In der Trockenzeit können die Tiere schon mal verzweifelt werden.«

Die Tiersichtungen in Savuti enttäuschten uns über die nächsten Tage nicht. Ein Rudel Wildhunde erlegte eine Impala, die ihnen kurze Zeit später von zwei Löwinnen gestohlen wurde – und das alles direkt zwischen unserem Schlafplatz und den Duschräumen! Ein Leopard scheuchte am Rande eines Felsens eine Leopardin auf einen Baum und hielt sie dort für die vollen drei Tage, die wir in Savuti verbrachten, gefangen. Wir vermuteten, dass er das neue Männchen im Revier war und sie irgendwo auf dem Felsen ein Jungtier des alten Alphamännchens versteckt hielt, das sie nicht hergeben wollte. So grausam konnte die Natur auch sein: Viele der Großkatzen, vor allem

Leoparden und Löwen, töteten die Jungen eines anderen Männchens. Sie taten das aus zwei Gründen: Erstens, sobald das Jungtier fort war, würde das Weibchen wieder bereit zur Paarung sein. Zweitens war dies das darwinsche Prinzip von *Survival of the fittest* – auf diese Weise wurde gewährleistet, dass sich immer nur die stärksten Gene einer Art durchsetzten.

Wir beobachteten Geparden bei der Antilopenjagd auf offener Steppe und verbrachten die Mittagsstunden zumeist im Schatten einer der wenigen Bäume an einem Wasserloch, wo die Elefanten zum Baden und Trinken in großen Herden vorbeikamen. Und am späten Nachmittag versuchten wir, die zwei hier ansässigen Löwenrudel aufzuspüren, die seit jeher in einem unerbittlichen Wettkampf um das Territorium standen. Zu Zeiten einer besonders lang andauernden Dürre, die ein Großteil der hier ansässigen Antilopen das Leben kostete, lernten diese Löwen zu überleben, indem sie sich auf die Jagd von ausgewachsenen Elefanten spezialisierten. Die bahnbrechende Dokumentation *Eternal Enemies* von Beverly und Derek Joubert wurde zu dieser Zeit gefilmt. Aktuell gibt es die National-Geographic-Fernsehshow »Savage Kingdom«, die sich um die legendären großen Katzen dieser Gegend dreht.

In Savuti wurden über die Jahre viele Dokumentarfilme gedreht, und auch als wir dort waren, begegnete uns ein Fahrzeug einer Filmcrew mit dem Sticker »DO NOT FOLLOW« hinten am Heck. Denn die Filmfahrzeuge hatten von der Regierung die Erlaubnis bekommen, abseits der ausgewiesenen Pfade zu fahren, um die Tiere uneingeschränkt mit der Kamera begleiten zu können. Wir konnten nur vermuten, welche Geheimnisse diese Kameraleute auf Savutis weiter Ebene entdecken würden.

Nach vier Tagen in Savuti waren Frank und ich zwar froh, die trockene Hitze hinter uns zu lassen, aber gleichzeitig wurde mir das Herz etwas schwer, denn dies bedeutete auch den Abschied von Botswana. Am Abend würden wir in Kasane am Chobe-Fluss ankommen, und am nächsten Tag erwartete uns in Namibia *noch* mehr Sand.

An den Ufern des Chobe-Flusses ließ sich unsere Safari aber zumindest gebührend beenden. Nachdem wir die letzten Tage ordentlich eingestaubt wurden, war allein der Anblick des dunkelblauen Wassers ein erfrischendes Erlebnis, und eine kühle Brise wehte durch Ellies offene Fenster, während sich ihre Wagenräder durch den roten Sand des Chobe-Nationalparks gruben. Der Chobe-Fluss hatte in Botswana – eigentlich in ganz Afrika – fast schon Kultstatus. Ein malerisches blaues Band zieht sich durch das ausgedörrte Land, in dem sich die Tierherden nur so tummeln. Von einer Reihe üppiger grüner Inseln durchsetzt, bildet der lebensspendende Fluss die nördliche Grenze des Chobe-Nationalparks und damit auch Botswanas. Wenn er die Grenze Sambias passiert, wird er irgendwann zum mächtigen Sambesi und stürzt als solcher über den Abgrund der Victoriafälle, einem der größten Naturschauspiele dieser Welt.

Chobe ist auch der Ort in Botswana, an dem sich ein Großteil der Wasserbüffel dauerhaft niedergelassen hat. Alle paar Minuten fuhren wir wieder an einer Herde vorbei oder sahen die alten Männchen, die sogenannten Dagga-Boys, sich in einer der vielen Matschpfützen suhlend. Umso schockierter waren wir, als wir kurze Zeit später eine blonde Frau mit ihren zwei Kindern im Schatten eines ausladenden Sambesi-Teakbaumes sitzen sahen. Aussteigen war im Chobe-Nationalpark nur an aus-

133

gewiesenen Stellen, wie zum Beispiel den Campingplätzen, erlaubt, und das hier war keine davon.

»*Do you need help?*« Ich fragte die Frau, ob sie Hilfe bräuchte.

Sie wedelte sich unentwegt etwas Luft mit einem Fächer zu.

»Nein, danke. Unser Wagen ist ein paar Meter weiter im Sand stecken geblieben, und mein Mann versucht gerade, ihn freizuschaufeln. Das hier war der einzige schattige Platz, den ich für die Kinder finden konnte.« Sie sprach mit einem starken nordeuropäischen Akzent. War sie aus Schweden? Norwegen? Schwer zu sagen.

Frank lehnte sich über mich hinweg aus meinem Fenster und sagte vorsichtig: »Ich glaube, es wäre besser, wenn Sie zurück zu Ihrem Wagen gehen.«

»Ach, das geht schon. In der Hitze ist doch bestimmt kein Tier in Bewegung …«, sagte sie. Frank und ich wechselten kurz Blicke. Wahrscheinlich überlegte er, genau wie ich, ob es nötig war, ihr zu erklären, dass Elefanten- und auch Büffelherden gerade zur heißen Mittagsstunde genauso verzweifelt wie sie nach ausreichend Schatten für ihren Nachwuchs suchten und dass sie sich unter den einzigen Baum weit und breit gesetzt hatte, der dieses Kriterium erfüllte. Wir wollten sie nicht belehren. Womöglich lebte sie seit über zwanzig Jahren in Botswana und war sich der Gefahren bewusst. Wenn ich eines im Umgang mit Menschen versuchte, dann war es, zunächst immer anzunehmen, dass mein Gegenüber mehr wusste als ich. Selbst wenn es am Ende anders war, so konnte ich der Person im ersten Moment mit Respekt begegnen und verletzte kein Ego.

»Wir schauen mal, ob wir Ihrem Mann helfen können«, rief Frank der Frau zu.

Und ich ergänzte: »Und wenn ein Tier vorbeikommt, klettern Sie einfach alle schnell nach oben!«

Das war als Scherz gemeint, aber ich war mir nicht ganz sicher, ob sie den Rat nicht würden umsetzen müssen, wenn am Ende doch noch ein mies gelaunter Dagga-Boy vorbeischaute. Mir wurde noch etwas unwohler, als wir erst an die zweihundert Meter weiter den Toyota Hilux und den dazugehörigen Mann auf der Sandpiste vorfanden. Es waren schon Menschen auf kürzerer Strecke von einem Wasserbüffel auf die Hörner genommen worden …

Der typische Geruch einer heiß gelaufenen Kupplung lag in der Luft, ein bisschen so wie verbranntes Gummi, und der Mann schaufelte in brütender Hitze Sand, um die Wagenräder freizulegen. Alle vier waren tief eingegraben. Von Franks Spruch »*second gear low*« hatte er gewiss noch nie gehört! Er winkte uns zu und wirbelte dabei einen Haufen roten Sand auf, der auf seinem Kopf landete, aber das schien ihn jetzt auch nicht weiter zu stören. Er war sichtlich genervt. Als ob Familienurlaube nicht schon stressig genug wären.

Frank sprang aus dem Wagen und half mit bloßen Händen dabei, den Wagen freizuschaufeln, während ich seinen Anweisungen folgte und mit dem Druckmesser den Reifendruck des Hilux überprüfte. Wir hatten es beide eilig, die Mutter und ihre Kinder zurück in den Wagen zu bekommen. Alle vier Reifen waren steinhart, so wie man es auf einer Schnellstraße gebraucht hätte. Und die Mittagshitze hatte noch ihr Übriges getan, um die Luft in den Reifen weiter auszudehnen. Ich maß an jedem Reifen Werte zwischen 2,5 und 3 Bar. In tiefem Sand wie diesem hier in Chobe waren 1,5 bis 1,8 Bar der *sweet spot*. Ich senkte also den Reifendruck, indem ich ein kleines Stöckchen

135

gegen das Ventil drückte, damit die Luft mit einem Zischen entweichen konnte.

Beim Anblick des Wagens war ich mir nun doch recht sicher, dass es sich bei der Familie um gewöhnliche Tourist*innen mit wenig Vorerfahrung handelte, und mein Gefühl wurde bestätigt, als ich dem Small Talk der beiden schaufelnden Männer lauschte: Es war ihr erstes Mal in Afrika.

»Gesa, wir müssen den Wagen anschieben, während er aufs Gaspedal tritt.« Frank winkte mich zu sich herüber. »Und wenn sich der Wagen bewegt, dürfen Sie nicht mehr anhalten«, rief er dem Familienvater zu. »Ich kenne diese Straße, etwas weiter unten kommt die Einfahrt zu einer Lodge – da können Sie wenden. Aber Achtung, bergauf wird es noch mal schwieriger!«

»Alles klar«, rief uns der Mann zu, startete den Motor und trat mit voller Wucht aufs Gaspedal, während Frank und ich von hinten schoben. Mit dem gesenkten Reifendruck lief es jetzt geschmiert wie Butter, und in null Komma nichts setzte sich der Hilux in Bewegung. Nur hatten Frank und ich auf den billigen Plätzen leider den Kürzeren gezogen, während der Wagen vorwärtsrollte, bekamen wir eine große Ladung roten Sand ins Gesicht, der ganz herrlich auf unserer schwitzigen Haut kleben blieb.

»Thank you!«, konnten wir den Vater rufen hören und sahen, wie er die Hand aus dem Fenster streckte und den Daumen hochhielt. Als Frank Ellies Motor wieder angelassen hatte, kam der Hilux mit einem Affentempo wieder den Hügel hinaufgeschossen – die Angst, noch mal stecken zu bleiben, saß scheinbar so tief wie die Wagenreifen bis vor ein paar Minuten.

Später würden wir genau diese Familie auf dem Campingplatz am Ufer des krokodilverseuchten Wassers des Chobes

136

wiederfinden, wo die Mutter mit ihren zwei Kindern im Gras für ein Foto posierte. Im Hintergrund ein Kuhreiher-Pärchen, das auf dem Rücken eines Dagga-Boys saß … Manche Menschen lernten vielleicht doch nie dazu.

Am nächsten Tag verabschiedeten wir uns von Botswana auf gebührende Art und Weise: mit einer Bootsfahrt auf dem Chobe-Fluss. Der Chobe-Nationalpark war zugleich Fluch und Segen. Zweifelsohne ein Magnet für haufenweise Tiere, zog er ebenso viele Tourist*innen aus aller Welt an. Der Grund für die überfüllten Geländewagen war, dass die Stadt Kasane direkt an den Park grenzte, wo sich viele große Hotels angesiedelt hatten. Leider bewahrheitete sich auch hier das Klischee der typisch asiatischen Tourist*innen, die mit einer Kamera um den Hals in zwei Wochen einmal um die ganze Welt reisten und nicht länger als vierundzwanzig Stunden an einem Ort blieben, sodass gerade mal genug Zeit blieb, um die Kult-Sehenswürdigkeiten eines jeden Landes abzudecken: den Eiffelturm in Paris, die Freiheitsstatue in New York und so weiter. Wer sich in Kasane niederließ, konnte am Morgen die berühmten Victoriafälle besuchen und am Nachmittag auf Safari gehen, denn die Stadt lag direkt am botswanischen Zipfel des Vierländerecks zwischen Namibia, Botswana, Simbabwe und Sambia.

Bootsfahrten auf dem Chobe-Fluss waren besonders beliebt, denn da er die einzige Wasserquelle war, konnte man sich darauf verlassen, dass früher oder später alle Tiere zum Trinken am Ufer vorbeischauen würden. Besonders am Nachmittag starteten Dutzende, wenn nicht Hunderte von Booten von den Stegen in Kasane, um den Sonnenuntergang vom Wasser aus zu beobachten. Gott sei Dank hatte Frank eine bessere Idee.

»Ich würde vorschlagen, wir opfern den Sonnenuntergang und machen stattdessen eine Fahrt um die Mittagszeit. Dann ist es zwar heißer, aber genau darum sind so gut wie keine anderen Tourist*innen unterwegs.«

Klang nach einem guten Plan – und stellte sich auch als solcher heraus. Wir buchten uns auf einem überdachten Boot ein, das sogar ein Mittagessen anbot, und so schlemmten wir etwas später inmitten einer der sumpfigen Inseln des Chobes, wo sich Hunderte von Elefanten und Wasserbüffel tummelten, die keinerlei Furcht vor unserem Boot zeigten und so nah an uns herankamen, dass ich ihnen über den Rücken hätte streichen können.

Besonders beeindruckend war es zu beobachten, wenn sich eine Elefantenherde mitsamt den Jungtieren dazu entschied, den Fluss zu überqueren. Das Wasser war so tief, dass selbst eine ausgewachsene Leitkuh dort nicht mehr stehen konnte. Die Rüssel aus dem Wasser ragend, schwammen die Elefanten hintereinander her, die Kleinen in der Mitte, um sie vor den Krokodilen zu schützen. Gerade als eine Herde auf der anderen Seite aus dem Wasser stieg, klingelte es plötzlich in Franks Hosentasche.

»Oh wow – Telefonempfang!«, stellte er erstaunt fest und zog sein Smartphone aus der Tasche. »Eine Sprachnachricht von Goziame – Okwas Kontakt für die Einwanderung!«

Frank hielt das Telefon zwischen sein und mein Ohr, sodass wir beide die Nachricht hören konnten. In Maun hatten wir täglich versucht, ihn zu erreichen, aber in den letzten Tagen hatten wir ihn dann völlig vergessen.

Es war eine lange, sehr ausführliche Nachricht, aber was Goziame uns an diesem Nachmittag mitteilte, war in etwa Folgendes: Es gab theoretisch einen Weg nach Botswana für uns beide, aber es würde nicht einfach werden. Die beste und die dauerhafteste Lösung wäre, laut Goziame, in Botswana eine eigene Firma zu gründen und so Arbeitsplätze zu schaffen – nicht nur für uns selbst, sondern auch für die Einheimischen. Auf diese Weise würden wir uns hier nicht einfach »breitmachen«, sondern tatsächlich etwas an das Land und seine Leute zurückgeben, die Wirtschaft ankurbeln und Botswana so weiter voranbringen. Aber dann kam der Haken: Ein solches Unterfangen würde nicht nur viel Zeit und bürokratischen Aufwand voraussetzen, sondern auch ein gewisses Eigenkapital. Dennoch gefiel uns diese Lösung auf Anhieb. Natürlich hatten wir an diesem Tag auf dem Chobe-Fluss noch keinerlei Vorstellung davon, wie wir das alles überhaupt anstellen würden, aber wir waren uns einig, dass wir es versuchen wollten.

Wenn wir allerdings im Voraus gewusst hätten, wie schwierig es werden würde, hätten wir vielleicht niemals mit der Planung begonnen. Aber war das nicht so mit jedem Ziel, von dem man zu träumen beginnt? Am Anfang ist da nichts als eine Schnapsidee. So war ich schließlich hier in Afrika gelandet. Und wenn mich meine Schnapsideen eines gelehrt haben, dann dass ich auf sie bauen kann, ganz egal, wie wackelig das Fundament zunächst erscheint, und ganz egal, ob mich andere für verrückt halten würden. Wenigstens war ich dieses Mal nicht die einzige Verrückte.

KAPITEL II

Strandwolf

U nd, können die was?«, fragte ich Frank, als er sich auf den Beifahrersitz schwang. Er hatte die letzte halbe Stunde in einem Meeting mit dem Geschäftsführer eines namibischen Safari-Unternehmens verbracht, mit dem er in Zukunft gern zusammenarbeiten wollte. Frank war noch nie in Namibia gewesen und hatte deshalb einen ganzen Haufen dieser Meetings in der Hauptstadt Windhoek vereinbart, um ein Gefühl für die Art von Safaris zu bekommen, die hier möglich waren. Ich hatte lieber mit einem guten Buch im Auto gewartet. Das war mir lieber, aber es war auch einfach sicherer. Unser ganzes Hab und Gut befand sich in dem alten Land Rover, dessen Rückfenster man einfach aufschieben konnte. Wir konnten Ellie in einer großen Stadt wie Windhoek nicht unbeaufsichtigt lassen.

»Ja, nicht schlecht. Supernett, der Besitzer«, sagte Frank, während ich den Motor startete. »Hat mir eine Menge Fotos und Videos von seinen Touren gezeigt – jetzt habe ich natürlich total Lust, das alles selbst zu entdecken!«

»Sehr gut, dafür sind wir schließlich hier! Aber jetzt navigier mich erst mal nach Hause, Copilot. Ich habe Hunger!«

»Zuhause« war für unseren Aufenthalt in Windhoek ein kleines Gästehaus mit einem noch kleineren Campingplatz im Garten am Stadtrand. Nichts Besonderes, aber immerhin konnten wir am Abend ein Feuer machen und die Sterne sehen. Windhoek lag im Zentrum Namibias, und obwohl es die Hauptstadt des Landes war, fühlte sie sich mit ihrer kolonialen Architektur, den Straßencafés und schattigen Parks entspannter an als so manch andere geschäftige Welt-Metropole. Es war eine gepflegte Stadt, in der Büroangestellte in der Mittagspause im Zoo-Park faulenzten, Tourist*innen durch die Post Street Mall strömten und Kuriositäten bewunderten, und Taxifahrer unentwegt hupten, um neue Kunden anzulocken. Ein paar scheinbar deplatzierte deutsche Schlösser ergänzten die moderne Skyline aus Stahl und Glas und erinnerten an die Geschichte des Landes. Namibia war einst eine deutsche Kolonie gewesen.

Frank schaltete sein Smartphone ein und startete die Navigation. Wir benutzen auf unseren Trips immer die App *Maps.me.*, die sich auch im Offline-Modus nutzen lässt, und wenn wir in besonders einsamen Gegenden unterwegs sind, haben wir noch eine weitere Karten-App, *Tracks4Africa*, die ständig von einer sehr engagierten Reise-Community gefüttert wird. In jedem Land, in dem wir uns bewegen, besorgen wir uns außerdem eine lokale Prepaid-Sim-Karte, über die wir Anrufe tätigen, vor allem aber das 3G-Netzwerk nutzen können. Ich besaß eine kleine Schatulle, in der sich über die Jahre eine bunte Sammlung dieser Karten angesammelt hatte, und wann immer wir wieder in ein bestimmtes Land reisten, ging das Rätselraten los, welche Karte wir nun einlegen mussten.

Ich folgte Franks Anweisungen und steuerte Ellie auf eine stark befahrene Straße. Es war früher Nachmittag, die Gehwege waren überfüllt mit Kindern in Schuluniformen auf dem Weg nach Hause, und die Straßen platzten wegen des Feierabendverkehrs aus allen Nähten.

Wir standen ewig an einer Ampel, und als sie endlich auf Grün sprang, rief ich »Na endlich!«, drückte das Gaspedal durch, aber hatte völlig vergessen, vorher vom zweiten zurück in den ersten Gang zu schalten. Das gefiel Ellie leider überhaupt nicht, und so soff sie abrupt ab. Dass hinter ihr Dutzende anderer Autos hupten, war ihr scheinbar völlig egal.

»*Oh shit!*«, zischte ich nervös, legte schnell den ersten Gang ein und startete den Motor. Nur dass der leider nicht starten wollte.

»*Shit, shit, shit!* Sie springt nicht an!«

»Okay. Das passiert manchmal mit dem Auto. Versuch's noch mal!«

Hinter uns hatte jetzt ein regelrechtes Hupkonzert begonnen, und die ersten Autos fuhren mit brummenden Motoren an uns vorbei, während ihre Fahrer wütende Gesten aus dem Fenster warfen.

Ich drehte den Schlüssel erneut im Schloss. Ellie spuckte und prustete, aber sonst tat sich nichts.

»*SHIT!*«, rief jetzt auch Frank aus. »Wenn wir das noch lange machen, geben wir der Batterie den Rest. *Shit, shit, shit!*«

»Ich versuch's noch einmal, okay?«

»Okay.« Frank strich sich mit beiden Händen die Haare aus dem Gesicht. Und dann, Gott sei Dank, sprang die alte Dame an!

Der Rest der Heimfahrt war purer Stress, aber wir schafften

es bis zu unserem Campingplatz zurück, ohne dass mir der Wagen noch einmal absoff. Den Abend verbrachte Frank damit, im Internet zu recherchieren, was bloß das Problem sein könnte. Wir wollten am kommenden Tag Windhoek verlassen und für mehrere Wochen durch die Wüstenlandschaft Namibias reisen. Da draußen, im Nirgendwo, war es unfassbar wichtig, ein Auto zu haben, auf das wir uns verlassen konnten.

»Alles klar, ich glaube, ich weiß, was das Problem ist!«

»Schieß los«, sagte ich, während ich in einer gusseisernen Pfanne auf dem Feuer ein paar Fladenbrote aufwärmte.

Daraufhin erklärte Frank mir in feinstem Fachchinesisch, was das Problem mit unserer Ellie war. Wenn ich es richtig verstanden habe, könnte das Problem das sogenannte Solenoid sein, eine Art Spule, die die Zugabe von Diesel in den Motor reguliert (für die Richtigkeit dieser Aussage übernehme ich aber absolut keine Gewähr). Die Spule musste kaputt oder fehlerhaft sein, darum schnitt sie dem Motor manchmal die Benzinversorgung ab.

»Und kannst du das reparieren?«, fragte ich.

Frank kratzte sich am Kopf. »Wenn ich ein neues Solenoid bekommen kann, vielleicht. Also, ich kanns auf jeden Fall versuchen, und wenn es nicht klappt, bringen wir sie eben doch in eine Werkstatt.«

»… Wenn sie jemals wieder anspringt«, gab ich zu bedenken.

Aber am nächsten Morgen sprang Ellie an, als wäre nichts gewesen, und so waren wir guter Dinge und fest entschlossen, Windhoek noch am gleichen Tag zu verlassen, um ins Abenteuer Wüste zu starten. Vorher klapperten wir allerdings mehrere Auto-Zubehör-Läden ab, auf der Suche nach dem mysteriösen Solenoid. Aus dem dritten Laden kam Frank schließlich triumphierend mit erhobenen Armen wieder heraus und hielt eine winzige Packung in die Höhe, in der sich drei der Spulen befanden.

»Ich schau mir das gleich mal an.«

»Alles klar«, sagte ich und zog an dem Hebel unterhalb des Lenkrads, der die Motorhaube aufschnappen ließ.

Frank beugte sich über den Motor und untersuchte ihn für eine Weile, aber er schien nicht sehr zuversichtlich, als er schließlich den Kopf durchs Fenster steckte.

»Puh, ich bin nicht sicher, ob wir das jetzt versuchen sollten. Ich brauche Werkzeug und so. Aber ganz ehrlich? Ich glaube nicht, dass das Problem sehr ernst ist. Seitdem wir das Auto gekauft haben, ist es vielleicht dreimal vorgekommen. Mein Vorschlag wäre, dass wir erst mal bis nach Swakopmund weiterfahren und das Solenoid dort in einer Werkstatt austauschen lassen.«

Ich zuckte mit den Achseln, aber ich war froh über seinen Vorschlag. Wir hatten es beide eilig, die große Stadt hinter uns zu lassen. Und so bogen wir nach einer kurzen Strecke auf dem Highway endlich wieder auf unsere geliebten Schotterpisten ab, wo Ellie Wolken von rostrotem Wüstenstaub aufwirbelte und weit und breit das einzige Fahrzeug in einer kargen Mondlandschaft war. Wir wollten es eigentlich in einem Rutsch bis in die Küstenstadt Swakopmund schaffen, aber da wir den Morgen mit Solenoid-Suche verbracht hatten und nicht im Dunkeln fahren wollten, hielten wir am späten Nachmittag nach einem Platz zum Campen Ausschau. Wir campten so gut wie nie einfach so in freier Wildbahn, sondern steuerten stets offizielle Campingplätze an. Das kostete zwar Geld, aber wir fühlten uns damit sicherer. An diesem Nachmittag fanden wir Unterschlupf bei einem Bauern, dessen Farm sich im tiefen Tal zweier Hügelketten befand. Die Silhouetten von ein paar Flaschenbäumen (*Pachypodium lealii*) auf den Hügelkämmen zeichneten sich gegen den Himmel ab, und kurz nach unserer Ankunft kletterten wir zur Spitze, um von dort den Sonnenuntergang zu beobachten. Es war beinah Winter in Namibia, die Luft war herrlich klar, und so blieben wir auf dem Hügel, bis die ersten Sterne am Himmel zu sehen waren.

Zum Abendessen gab es später Spaghetti Aglio e Olio mit frischem Knoblauch und einer Prise Chiliflocken. An diesem Abend führten wir außerdem den besten Trick 17 in unsere Safariroutine ein: Wir kochten das Wasser für den Kaffee bereits am Vorabend auf dem Feuer und füllten es dann in eine Thermoskanne, die wir zusammen mit dem Kaffeepulver und zwei Tassen in einer kleinen Nische im Dachzelt verstauten. So konnten wir am Morgen einen Kaffee schlürfen, ohne uns vorher aus den Schlafsäcken schälen zu müssen. Den Trick hatten wir so ähnlich schon in unserer Ausbildung angewandt. Als Back-up Guides war es unsere Aufgabe gewesen, am frühen Morgen das Frühstück vorzubereiten. Dafür mussten wir knapp eine Stunde früher aufstehen als alle anderen Schüler*innen – also schon um vier Uhr morgens. Aber wenn wir das Wasser für Kaffee und Tee bereits am Vorabend kochten und dann in Thermoskannen füllten, konnten wir ganze dreißig Minuten länger schlafen, und das war so früh am Morgen eine kleine Ewigkeit!

Am kommenden Morgen bibberten wir ein wenig, die Sonne würde noch eine ganze Weile brauchen, bis sie sich in das tiefe Tal vorgearbeitet hatte. Aber immerhin hatten wir schon ein warmes Getränk in den Händen. Zu unserer Überraschung und Freude stellten wir außerdem fest, dass der Bauer bereits im Morgengrauen ein Feuer für uns unter dem sogenannten »Donkey« gelegt hatte. Der »Donkey Boiler« oder Eselskessel ist eine geniale Erfindung, die soweit ich weiß aus der Schifffahrt kommt. Es handelt sich dabei um einen Trommelofen, der in seiner ursprünglichen Form wohl wie ein Esel aussah. Donkeys gibt es auf vielen Campingplätzen im südlichen Afrika, wo kein Gasanschluss oder Strom vorhanden ist, um das Duschwasser zu erhitzen. Die Trommel (oder das Maul des Esels) wird mit Wasser gefüllt, dann legt man Brennholz darunter und macht ein Feuer, um das Wasser zu erhitzen. Zum Duschen legt man einfach einen Hebel um, und kaltes Wasser fließt in den Trichter (das Eselsohr) zu einem Auslassrohr (Eselsschwanz). Bei den ersten Donkeys stellte man einen Eimer neben den Eselshintern, um das warme Wasser aufzufangen, moderne Versionen wie wir sie an diesem kalten Morgen in Namibia nutzten, waren bereits an eine einfache Outdoor-Dusche angeschlossen.

Nachdem wir uns beide gewaschen hatten, suchten wir den Bauern auf, der auf einem Quad-Bike über sein Land knatterte, bedankten und verabschiedeten uns und steuerten Ellie zurück auf die Schotterpiste. Die würde uns heute an einen Ort bringen, der für mich fast eine kleine Heimkehr bereithielt.

Schon von Weitem konnte ich den Nebelschleier sehen, der das verschlafene Swakopmund meist bis zum Mittag einhüllte. Erst wenn die Sonne hoch am Himmel stand, war sie stark genug, um den Nebel aufzulösen. Hier hatte ich vergangenes Jahr sehr viel Zeit verbracht, als ich in die Arbeit einer Naturschutzorganisation reingeschnuppert hatte, die im nahe gelegenen Damaraland den Konflikt zwischen Elefanten und Farmern zu entspannen versuchte. Swakopmund, oder kurz »Swakop«, war auf drei Seiten von der Namib-Wüste umgeben und von hoch aufragenden goldenen Dünen, die dramatisch in das tiefblaue Meer des Atlantiks eintauchten. Die Stadt war außerdem das Tor zur berühmt-berüchtigten Skelettküste, was sie zu einem Zufluchtsort für Abenteurer und Adrenalinjunkies, Rucksacktouristinnen und Überlandreisende machte. Swakop selbst war von der deutschen Kolonialkultur vollkommen durchdrungen, von der Küche bis hin zu markanten Wahrzeichen wie dem *Wörmannhaus* oder dem Kaiserlichen Bezirksgericht. Reisende kamen, um die Atmosphäre aufzusaugen, echten deutschen Käsekuchen im *Café Anton* zu schlemmen oder an halsbrecherischen Aktivitäten teilzunehmen, die von Sandboarding bis Fallschirmspringen reichen. Wir waren an diesem Vormittag aber nur auf der Durchreise. Nachdem wir im Supermarkt unsere Vorräte aufgestockt und Ellie vollgetankt hatten, stellten wir sie bei einer Autowerkstatt ab, wo das Solenoid ausgetauscht wurde, während wir zu einem zweiten Frühstück bei *Cordes & Co* vorbeischauten, einem gemütlichen, aber gut versteckten Café unweit des *Hansa-Hotels*.

Nachdem wir uns gestärkt hatten und Ellie für die Wüste bereit war, fühlten wir uns gut gerüstet, um für mehrere Wochen keine größere Stadt mehr anzusteuern. Wer von Swakopmund gen Norden aufbricht, kann zwei unterschiedliche Routen ansteuern. Kurz hinter Henties Bay, das ungefähr eine Stunde nördlich von Swakop liegt, biegt man scharf ins Landesinnere ab, um direkt nach Damaraland zu gelangen, so wie ich das während meines Praktikums gemacht hatte. Nur allzu gut konnte ich mich noch an diese Route erinnern. Den ersten Vorgeschmack auf die fremdartigen Felsformationen des Damaralandes bekommt man, wenn das flache, trockene Buschland auf beiden Seiten der Straße ohne Vorwarnung den atemberaubenden Granitgipfeln der Spitzkoppe weicht. Oft als das Matterhorn Namibias bezeichnet, ist die Spitzkoppe mehr als 120 Millionen Jahre alt.

Nach der Spitzkoppe findet man auf der Schotterpiste ins Herz der Region nur noch wenige Lebenszeichen, abgesehen von den gelegentlichen behelfsmäßigen Hütten am Straßenrand. Hier sitzen Frauen von den Himba-Stämmen des Damaralandes im Schatten und warten darauf, Perlenarbeiten und Andenken aus geformtem Blech an vorbeifahrende Tourist*innen zu verkaufen. Die Himba sind ein indigenes Volk, dessen Kultur seit Hunderten von Jahren weitgehend unverändert geblieben ist. Ihre traditionelle Kleidung ist da keine Ausnahme, und die Himba-Frauen am Straßenrand sind barbusig, Haut und Haare sind mit einer Ocker-Fett-Paste bestrichen, die sowohl als Schmuck als auch als Schutz vor der Sonne dient.

Frank und ich würden heute die andere Route ansteuern, auf der ich mich noch nicht auskannte. Hinter Henties Bay bogen wir nicht rechts ab, sondern fuhren weiter geradeaus – zur Skelettküste. Diese Küste war genauso, wie ich sie mir vorgestellt hatte: einsam, trist und karg. Das plötzliche Zusammentreffen von kaltem Wasser und heißer Wüste ließ die Küstenlinie oft unter einer dichten Nebeldecke verschwinden und diese tückischen Bedingungen hatten schon viele vorbeifahrende Schiffe als Opfer gefordert: Die Skelettküste war mit den Wracks von mehr als 1000 Schiffen übersät. Ihren Namen hatte sie allerdings von den gebleichten Knochen längst verstorbener südlicher Glattwale erhalten. Von den San-Buschmännern war diese Gegend einst »Das Land, das Gott im Zorn erschuf« getauft worden, und das Einfahrtstor, mit zwei riesigen Schädeln versehen und mit Knochen verziert, stimmte uns auf die kommende Einöde ein.

Frank erhoffte sich von der tristen Gegend vor allem eines: Es war Jahre her, dass er zum letzten Mal eine Schabrackenhyäne gesehen hatte, und diese struppigen Raubtiere waren an der Skelettküste zu Hause. Über weite Strecken streiften sie zwischen den hoch aufragenden, graubraunen Dünen umher und hatten gelernt, sich an die harschen Gegebenheiten anzupassen. Ich hatte nur ein einziges Mal eine gesehen, und zwar im Mashatu Game Reserve in Botswana. Allerdings nur von hinten. Und nur für einen kurzen Moment, denn Schabrackenhyänen sind in der Regel sehr scheu.

Der Wind pustete so stark, dass wir Angst hatten, er würde den Lack vom Auto abziehen. Während das Dünenmeer westlich von uns in den Atlantik stürzte, der sich gewaltsam an das verlassene Ufer warf, steuerte Frank gegen den Küstenwind an und ich kramte ein Buch aus dem Handschuhfach hervor. Wir reisten von Anfang an immer mit einer kleinen mobilen Bibliothek, hatten stets allerhand Bestimmungsbücher dabei, um Baumarten zu erkennen, Vogelvorkommen nachzuschlagen oder eine frische Spur im Handbuch abzugleichen. Während Frank sich gerne mit nerdigen Details beschäftigte (»Kannst du mal eben nachschlagen, ob es beim Namibschwätzer eine Unterart gibt, die eine hellere Farbe hat als die Hauptart?«), befasste ich mich mit simpleren Dingen. Heute zum Beispiel mit der Frage, wovon sich die Schabrackenhyänen an der Skelettküste eigentlich ernähren. Denn, soweit ich das beurteilen konnte, schien diese Gegend nicht gerade vor Beutetieren zu wimmeln. Im Gegenteil. Nach ungefähr zwei Stunden Fahrt hatten wir nicht mal eine Möwe gesehen.

Schabrackenhyänen kommen nur im südlichen Afrika vor, also in Südafrika, Namibia, Simbabwe, Botswana und Angola. Und obwohl man sie meist allein auf Nahrungssuche antrifft, sind sie sehr soziale Tiere. Sie gelten in erster Linie als Aasfresser und können auf der Suche nach Nahrung bis zu vierzig Kilometer pro Nacht zurücklegen. Bei der Ernährung sind sie sehr flexibel. Wenngleich sie Fleisch – egal ob frisch oder verdorben – von anderen Säugetieren vorziehen, begnügen sie sich zur Not auch mit Insekten, Reptilien, Wildfrüchten und Vogeleiern. Hier allerdings, entlang der Küste der Namib-Wüste, so lernte ich an diesem Nachmittag, jagen sie aktiv selbst, anstatt nur von anderen Raubtieren zu stehlen oder das zu verzehren, was die Konkurrenz übrig lässt: Während der Paarungszeit der Kap-Robben erbeuten sie die hilflosen Welpen. Außerhalb dieser Zeit der Fülle ernähren sie sich vom Aas, das an die Küste gespült wird.

In der Ferne erblickten wir eine Ansammlung heruntergekommener Häuser, die vom Wüstensand völlig überschüttet worden waren. Wir konnten nicht recht herausfinden, welchen Zweck diese Siedlung einst gehabt hatte. Vielleicht war es ein alter Militärstützpunkt oder eine Mine. Frank kurbelte das Fenster herunter und spähte auf den sandigen Boden.

»Aha!«, rief er aus, »Spuren! Und gar nicht mal so alt.«

Wir hüpften beide aus dem Wagen und untersuchten die Fußabdrücke. Hier war unverkennbar eine Hyäne vorbeigekommen, die Spur war sehr asymmetrisch, mit zwei Ballen am Hacken und den Zehen, die aussahen wie vier Kidneybohnen und sich eng aneinanderschmiegten. Den einzigen Unterschied, den ich zur Tüpfelhyäne erkennen konnte, war, dass die Spur etwas ausgefranst wirkte. Als ich Frank darauf aufmerksam machte, nickte er. »Hmhm, Schabrackenhyänen haben langes Fell an den Vorderbeinen. Das erkennt man an der Spur. Und guck, die hinteren zwei Füße sind deutlich kleiner als die vorderen, noch viel deutlicher als bei einer Tüpfelhyäne.«

Wir folgten der frischen Spur mit unserem Wagen bis zu einem von Sand überschütteten Haus, wo sie in einem der Löcher verschwand, die einmal Fenster gewesen waren.

Frank drehte den Schlüssel im Schloss und Ellies Motor verstummte. Wir stiegen aus und lugten vorsichtig zu einem der Fenster hinein, aber natürlich war die Schabrackenhyäne schlauer, als ihren Kopf herauszustrecken und uns zu einer Tasse Kaffee einzuladen.

»Schau mal hier, Frank!« Ich rief ihn aufgeregt zu mir herüber, denn ich hatte etwas entdeckt: Noch mehr Spuren, nur waren diese winzig klein. »Meinst du, das hier ist ihr Bau?«

»Ja, ich glaube, da hast du absolut recht«, stimmte Frank mir zu, während er die winzigen Fußabdrücke in Augenschein nahm.

Wir schlichen vorsichtig zum Auto und parkten ein paar Meter entfernt. Falls das Muttertier zu Hause war, würde es nur herauskommen, wenn wir auf Abstand blieben – wenn es sich überhaupt hervorwagen würde. Die Tiere der Skelettküste waren nicht an Autos und Menschen gewöhnt, wir machten uns also keine großen Hoffnungen. Frank nutzte die Zeit für ein kleines Nickerchen, ich las weiter in meinem Tierbestimmungsbuch. Was ich an diesem Tag außerdem lernte, war, dass Schabrackenhyänen auch als »Strandwölfe« bezeichnet werden, und wenngleich Schabrackenhyänen irgendwie witzig klingt, gefiel mir der andere Name dann doch besser. Tatsächlich ist der Name einer Art heutzutage für ihren Erhalt von großer Bedeutung. Auch den afrikanischen Wildhunden hatte der Mensch erst vor Kurzem einen neuen Namen gegeben: *Painted Wolf*. Bunter Wolf. Diese neuen Namen sollten den bedrohten Tierarten mehr Respekt in der Menschenwelt verschaffen. Denn sowohl vom Strand- als auch vom bunten Wolf waren insgesamt nur noch weniger als zehntausend Tiere übrig. Und seien wir einmal ehrlich: Für wen würde Mensch eher spenden: Schabrackenhyäne oder Strandwolf?

Wir blieben fast eine Stunde vor dem Bau – eine kleine Ewigkeit für uns, unsere Spezies war nicht gerade für Geduld bekannt. Aber für die Tiere war das natürlich gar nichts. Im Krüger Nationalpark hatten wir mal ganze drei Stunden in der Dunkelheit ausgeharrt, während ein Leopard in einem Dickicht auf eine Impala lauerte – mit dem ungewöhnlichen Ergebnis, dass schließlich ein Stachelschwein auf den gleichen Busch zusteuerte und dem Leoparden einen irrsinnigen Schrecken einjagte, sodass die Impala gewarnt war und davonhüpfte.

Heute allerdings hatten wir mehr Glück. Während Frank weiter vor sich hin döste, den Kopf an die Fensterscheibe gelehnt, nahm ich plötzlich eine Bewegung am Rande meines Sichtfeldes wahr. Da, aus dem Fenster der alten Ruine steckte tatsächlich das Muttertier seine herzförmige Schnauze hervor!

Mein Fenster war offen, und so wagte ich nicht, Franks Namen laut zu sagen, um ihn aufzuwecken. Stattdessen strich ich ihm vorsichtig über den Arm, und als er die Augen aufschlug, signalisierte ich ihm mit dem Zeigefinger auf meinen Lippen, leise zu sein. Die Strandwölfin stellte vorsichtig ihre Ohren auf und kräuselte die Nase, um die Gegend abzuchecken. Das Fell im Gesicht der Strandwölfin war ein paar Millimeter kurz, und ihre braunen Knopfaugen beäugten uns neugierig, aber nicht angstvoll. Hinter den Ohren stellte sich ein Kranz aus blondem Fell auf, und als sie schließlich ganz ins Freie kletterte, konnten wir ihren von langem, struppigem Fell überzogenen Körper sehen, dessen rostbraune Farbe im Licht der Nachmittagssonne fast zu glühen schien. An den Beinen hatte sie ein wunderschönes Zebramuster. Sie kam ein paar vorsichtige Schritte auf Ellie zu, schnüffelte mit hoch erhobener Nase und nahm uns ganz genau in Augenschein.

Frank streckte seinen Arm langsam hinter meinen Sitz, wo die Kamera bereitlag, aber gerade da hörten wir ein magisches Geräusch aus dem Inneren des Baus: Gequengel und Gewinsel, das mir fast das Herz brach, so süß klang es. Der Nachwuchs rief nach seiner Mutter. Als Frank die Kamera endlich griffbereit hatte, machte die Strandwölfin auf dem Absatz kehrt und verschwand in ihrem Strandhäuschen.

Wir warteten noch etwas, in der Hoffnung, dass sie sich uns erneut zeigen würde, aber sie blieb in ihren vier Wänden versteckt, und das schwindende Licht des Tages erinnerte uns daran, dass wir besser weiterfuhren, um unseren Campingplatz für die Nacht zu erreichen. Und so gaben wir schließlich auf und reisten trotzdem beschwingt weiter. Der Spur eines wilden Tieres zu folgen und es dann auch noch zu finden, ist auch ohne Fotobeweis Erfüllung genug.

Kurz vor Torros Bay bogen wir schließlich nach Osten ab und ließen damit die raue Gegend der Skelettküste hinter uns. Weiter nördlich konnte man nur mit einer besonderen Genehmigung fahren, und obwohl uns das durchaus reizte, gewann am Ende die Aussicht auf mehr Tiersichtungen im Landesinneren. Für diesen harten Abschnitt der Skelettküste hätten wir

außerdem etwas mehr Vorbereitung gebraucht. Aber aufge-
schoben war ja nicht aufgehoben.

Mit der untergehenden Sonne im Rücken steuerten wir an
diesem Nachmittag nun direkt in das Streifgebiet einer Tier-
gruppe, die nicht minder »Hardcore« war: die Wüstenelefanten.

KAPITEL 12

Elefanten-Glück

Wann immer Frank und ich gerade nicht auf dem afrikanischen Kontinent unterwegs sind, träumen wir uns zurück an die Orte, die wir besucht haben, während wir *Famous Grouse* Whiskey aus einer Emailletasse trinken. Der Ort, an den wir uns am häufigsten zurückträumen ist Damaraland. Nicht gerade die offensichtliche Wahl, aber irgendetwas führte uns immer wieder hierher zurück.

Nachdem die kalte, feuchte Brise der Skelettküste durch heiße Wüstenluft ersetzt wurde, erstreckte sich im Landesinneren dieses unvergleichliche Wüstenland mit seinen weiten, trockenen Ebenen, die von plötzlich aufragenden rostfarbenen Granitfelsen durchschnitten wurden. Als wir die Küste hinter uns ließen, konnte ich es kaum erwarten, Frank zu zeigen, warum ich diese Gegend während meines Praktikums so lieben gelernt hatte.

Namibia war vielleicht am berühmtesten für seine weitläufigen Sanddünen und herrlichen Wildreservate, vor allem der

Etosha Nationalpark war weltberühmt. Mir aber lag dieser weniger bekannte Schatz am Herzen – die wilden, ungezähmten Landschaften des nordwestlichen Damaralandes. Hier streiften Elefanten und Nashörner frei umher und die Sterne in der Nacht waren wie tausend Feuer, die vor dem schwarzen Hintergrund des Samthimmels brannten. Klassische Wüstenarten wie Hartmanns Bergzebra, Gemsbock, Springbock und Steinböckchen schritten auf den Hügelketten umher, und dann waren da noch die besonderen Bewohner dieser Gegend: Raubtiere wie Leoparden, Schakale, noch mehr Strandwölfe und Löwen, die unfassbar scheuen Spitzmaulnashörner und die Wüstenelefanten. Mit all diesen Tieren lebten die Farmer dieser Gegend Tür an Tür, denn im Gegensatz zu den meisten anderen afrikanischen Reisezielen konnten sich die Tiere in diesem Gebiet Namibias frei bewegen und wurden nicht durch Wildparkzäune behindert. Und das war sowohl Fluch als auch Segen für alle Beteiligten. Denn die Tiere konnten so ungehindert in den Lebensraum der Menschen vordringen. Und das sorgte regelmäßig für Konflikte.

Wir verbrachten unsere erste Nacht in Damaraland auf einem Campingplatz am Ufer eines ausgetrockneten Flusses in Twyfelfontein, einer Gegend, die seit über 6000 Jahren von Menschen besiedelt war. Zuerst von San-Buschmännern und -frauen, die hier als Jäger*innen und Sammler*innen während der späten Steinzeit unterwegs waren, und etwa 4000 Jahre später von Khoikhoi-Hirten (das Wort Khoikhoi sprach man mit einem Klicken der Zunge aus). Die Khoikhoi gaben dem Tal seinen Namen: Ui-Ais, was grob übersetzt »springendes Wasserloch« bedeutet. Sandstein-Tafelberge flankieren das Tal auf beiden Seiten und die Landschaft wird von runden Granitfelsen dominiert, die besonders zum Sonnenuntergang feuerrot leuchten. Die ersten Bewohner der Gegend nutzten die Oberfläche dieser Steine als dauerhafte Leinwand, indem sie sich mit Quarzwerkzeugen in Felsenmalereien verewigten. Namibia konnte wirklich mit vielem aufwarten: Neben wilden Tieren und spektakulären Wüstenlandschaften war das Land auch die Heimat einer der größten Konzentrationen von Felsenkunst in Afrika.

Wir hatten uns etwas mit der Zeit verschätzt, und so kamen wir erst weit nach Sonnenuntergang auf dem Campingplatz an. Aber glücklicherweise war die Rezeption gleichzeitig die Bar und nach wie vor besetzt. Wir wollten hier für zwei Nächte bleiben und bezahlten für einen Platz, den wir frei wählen konnten, sowie zwei lauwarme Dosenbier und ein Bündel Feuerholz. Damaraland war zwar kein Nationalpark und demnach hätten wir uns hier auch selbst ein paar Scheite zusammensuchen können (in Nationalparks war das Sammeln – oder gar Hacken – von Holz strengstens verboten), aber für ein paar namibische Rand erhielten wir ein perfektes Bündel, das wir auch zum nächsten Platz mitnehmen konnten. Damaraland war eine steinige Wüste, nicht immer konnte man darauf hoffen, hier gutes Feuerholz zu finden. Es ging in der Gegend das gruselige Gerücht über eine Gruppe Reisender um, die auf einem Roadtrip eines Nachts, während sie in der Wildnis campten, kein Feuerholz finden konnten, weshalb sie kurzerhand auf ein anderes Gewächs auswichen: den afrikanischen Milchbusch.

Nur war der Milchbusch die mit Abstand giftigste Pflanze Namibias. Obwohl er von Kudu-Antilopen, Spitzmaulnashörnern und Steinböcken ohne schädliche Auswirkungen abge-

Elefantenbulle in Südluangwa, Sambia

Löwenjunge in Khwai, Botswana

Unterm Sternenhimmel in Botswana

Kapishya Hotsprings, Sambia

Giraffe in Südluangwa

Der Schuhschnabel in Bangweulu, Sambia

Nilpferd in Südluangwa, Sambia

Okwa Sarefo, unser Freund und
Guide, auf einem Mokorro

Mokorro fahren im
Okavango-Delta

Am Ufer des Tanganyikasees, Sambia

Frank in Palmwag, Namibia

Kaffeepause in Damaraland, Namibia

Ein typischer Campingplatz

Sonnenaufgang in den
Bangweulu-Sümpfen, Sambia

Frank und Gesa in Luambe, Sambia

Frühstück mit Ellie in Damaraland, Namibia

Ein stattlicher Elefantenbulle in Palmwag, Namibia

Löwen bei der Brautwerbung

weidet wurde, war er für den Menschen tödlich. Der Name leitete sich von der milchigen Flüssigkeit ab, die austrat, wenn die Zweige abgebrochen wurden, und die von Menschen um jeden Preis gemieden werden musste. Die unwissenden Tourist*innen entzündeten an diesem Abend aber den Busch, um ein Feuer zu machen, und erlitten schwere Vergiftungen. Mir wurde diese Geschichte allerdings nur mündlich vorgetragen, und ich konnte keinerlei Beweise für ihre Richtigkeit finden. Unwiderrufliche Tatsache blieb aber, dass der Milchbusch für Menschen tödlich sein konnte. Die Pflanze sieht wie eine Art weit gefächerter Kaktus aus und findet sich buchstäblich *überall*.

Während Frank und ich also unser (sicheres) Feuerholz an diesem Abend entzündeten, erzählte ich ihm diese Geschichte und er hörte aufmerksam zu. Er war wie ein Schwamm, wenn es um neues Wissen über die Natur des südlichen Afrikas ging. Hier war er einfach in seinem Element, und das Lernen fiel ihm leicht.

Zum Abendessen stellte er mir alle möglichen weiteren Fragen über Namibias Pflanzen- und Tierwelt. Ich kramte daraufhin mein Notizbuch vom letzten Jahr hervor und zeigte es ihm. Darin hatte ich mit viel Liebe alle Pflanzen dokumentiert, die ich kennengelernt hatte, mit jeweils einer kleinen Zeichnung, einer kurzen Beschreibung und medizinischem Nutzen. Vor allem Letzteres fand ich besonders spannend, und ich fühlte mich immer wie eine kleine Hexe, wenn ich diese Informationen in Referenzbüchern oder im Internet nachschlug.

Frank studierte mein kleines Heftchen mit Begeisterung im Schein seiner Kopflampe, und je mehr ich ihm berichtete, an um so mehr Details aus dieser Gegend konnte ich mich erinnern. Auf einmal hatten sich unsere Rollen umgekehrt: In Namibia kannte ich mich plötzlich besser aus als er, und ich war froh, etwas von dem Wissen, das ich mir hier angeeignet hatte, an ihn weitergeben zu können.

Das war etwas, woran ich mich mit Frank erst gewöhnen musste: Es war für mich eine völlig neue Erfahrung, dass ein Mann sich nicht bedroht fühlte, wenn ich mehr über eine bestimmte Sache wusste oder etwas besser konnte. An diesem Abend unter dem namibischen Sternhimmel sprach ich ihn darauf an, woraufhin er nur mit den Achseln zuckte und sagte: »*We're in this together. Your success is my success, too.*« Dein Erfolg ist auch mein Erfolg. So einfach konnte das also sein. Und wenn ich mal etwas nicht wusste oder konnte, war es ihm eine Freude, es mir beizubringen, bis ich es mindestens genauso gut konnte wie er. Das war mir zum ersten Mal aufgefallen, als wir nach der monatelangen Trennung, während der ich in Deutschland *Frühstück mit Elefanten* schrieb, ein paar Wochen gemeinsam im Ferienhaus seiner Familie am Rande des Krüger Nationalparks verbracht hatten. Es war Sommer und die Chamäleons hingen zahlreich in den Bäumen, sie waren jedoch so gut getarnt, dass man sie am Tag so gut wie nie zu Gesicht bekam. Nach Sonnenuntergang allerdings, wenn wir mit dem Spotlight durch die Wildnis fuhren, um nach nachtaktiven Tieren Ausschau zu halten, konnte man die knallgrünen Echsen mit dem aufgerollten Schwanz und der langen Zunge leichter finden – oder zumindest konnte Frank das. Er erspähte die Chamäleons inmitten dichter Büsche aus mehreren Metern Entfernung, wenn er mit dem Spotlight die Gegend ableuchtete. Bestimmt drei oder vier fand er auf jeder Nachtfahrt.

»Wie machst du das bloß?«, fragte ich ihn, als er gerade wieder eines entdeckt hatte. Und dann lüftete er das Geheimnis, das auf einer südafrikanischen Safari schon so manchen Gast in verblüfftes Staunen versetzt hatte.

»Der Trick ist die leuchtend grüne Farbe«, erklärte er. »Wenn man mit dem Spotlight über die Blätter strahlt, dann leuchten die Chamäleons fast weiß auf, schau!« Er zeigte mit der Lampe vorsichtig auf das Tier, und tatsächlich: Die Farbe stach ganz klar aus der Umgebung hervor.

»Hier, probier du es mal«, sagte Frank und reichte mir das Spotlight. Und für den Rest des Abends gondelten wir durch die rabenschwarze Nacht, bis ich den Trick genauso gut draufhatte wie er.

Ich werde nie den Blick auf dem Gesicht meines Papas vergessen, als wir meine ganze Familie Jahre später zum ersten Mal auf Safari mitnahmen und ich für ihn eines fand. Chamäleons sind wahnsinnig entspannte Tiere und wohl die einzige wilde Spezies, die ich anfassen würde, um sie Gästen zu zeigen (vielleicht mal abgesehen von einer Gottesanbeterin oder einer Stabheuschrecke). Viele Guides machten das, es gehörte fast schon zum Standard auf einer Nachtfahrt, da die Tiere zumeist sehr weit weg in irgendeinem Baum hingen, und in der Nacht sollte natürlich kein Gast aus dem Wagen steigen müssen. Um das Tier trotzdem nicht zu stören, konnte man als Guide zweierlei machen:

Man konnte den ganzen Ast, auf dem das Chamäleon saß, mit dem Taschenmesser absägen (keine Sorge, Elefanten brechen so viele Äste oder gar ganze Bäume um, dagegen ist ein einzelner Ast zu verschmerzen), den Ast zum Wagen bringen und anschließend wieder zurückbringen. Oder wenn man noch eine weitere Fahrt mit denselben Gästen vor sich hatte, konnte man sich den Standort des Baumes merken und am kommenden Morgen bei Tageslicht zurückkehren, aussteigen, und das Tier aus nächster Nähe bewundern. Letzteres würden Frank und ich häufig machen, allerdings dann ohne den Gästen am Abend zu verraten, dass wir mit dem Spotlight ein Chamäleon gefunden hatten – die Verblüffung war dann umso größer, denn natürlich waren die Echsen am Tag quasi unsichtbar. Guide-Tricks oder kleine Scherze dieser Art gibt es reichlich, aber es gibt natürlich den ungeschriebenen Kodex, dass diese kleinen Geheimnisse auch solche bleiben … Na gut, eine kleine Anekdote darf ich vielleicht doch enthüllen – ohne Namen zu nennen, natürlich.

Ein Safari Guide der alten Schule, nennen wir ihn Egon, erzählte Frank einst die Geschichte, wie er nach einer morgendlichen Fahrt den mit Gästen prall gefüllten Geländewagen in der Einfahrt seines Camps parkte. Während alle seine Gäste ihre Siebensachen zusammensuchten, flüsterte er plötzlich ganz verheißungsvoll: »Riecht ihr das?«, woraufhin natürlich alle sofort innehielten und ihre Nasen in die Luft reckten, um einen Hauch von dem zu erschnüffeln, was Egon gerochen hatte.

»Wa- was riechst du?«, fragte schließlich ein Gast, der die Spannung nicht mehr aushielt.

»Shhhhhh … Eine Zwergeule«, flüsterte Egon. Nein, er hatte nicht nur irgendeine Eule erschnüffelt, sondern eine *Zwerg*eule. Dazu muss an dieser Stelle erwähnt werden, dass erstens Eulen keinen besonderen Geruch haben – zumindest keinen, den wir Menschen einfach in der Luft riechen könnten – und zweitens afrikanische Zwergeulen wahnsinnig gut getarnt sind. Diesen Vogel bei Tageslicht in einer Baumkrone zu finden, ist fast ein Ding der Unmöglichkeit. Aber Egon schaffte an diesem Tag das

Unmögliche: Er streckte seinen Zeigefinger nach oben aus und deutete auf die winzige Zwergeule, die mit aufgeplusterten Federn hoch oben auf einem Ast saß. Seine Gäste konnten es nicht fassen.

Aber natürlich hatte Egon die kleine Eule an diesem Tag nicht entdeckt, indem er seiner Nase gefolgt war. Wenngleich seine Gäste das wahrscheinlich bis heute noch glauben und den Daheimgebliebenen nach dem Urlaub von ihrem unfassbar talentierten Guide erzählten, der Eulen riechen konnte. Nein, Egon hatte auf vergangenen Nachtfahrten mit dem Spotlight einfach nur beobachtet, dass diese Zwergeule immer wieder auf den gleichen Ast zurückkehrte, und sich einfach einen kleinen Scherz mit seinen Gästen erlaubt.

Wir verbrachten unseren ersten Morgen in Damaraland damit, bei mehreren Lodges und Camps für eine sogenannte *Sight Inspection* vorbeizuschauen. Wenngleich Twyfelfontein wesentlich weniger Tourist*innen anzog als zum Beispiel Etosha weiter oben im Norden, gab es hier dennoch ein paar interessante Unterkünfte, die Frank ins Portfolio des Reisebüros mit aufnehmen wollte. An den Berghang geschmiegt, fügten sich diese Camps mit den typisch namibischen Strohdächern und den aus Naturstein gefertigten Mauern wunderschön in die Umgebung ein, und allesamt boten herrliche Blicke über das Huab-Tal, die Wüstenebenen und die fernen Berge.

Die Mittagssonne stand hoch am Himmel, als wir mit den Besichtigungen fertig waren, und mein Magen knurrte. Zum Frühstück hatten wir nur ein paar trockene Zwieback mit einer Tasse Kaffee heruntergespült. An einer rostigen Zapfsäule unweit der Twyfelfontein Country Lodge tankten wir Ellie voll.

Wir hatten zwar extra Kanister mit Diesel dabei, aber wenn mich diese harsche Gegend drei Dinge gelernt hatte, dann diese:

1. Wann immer es Benzin gibt – volltanken.
2. Wann immer es Essen gibt – zuschlagen.
3. Wann immer es ein Klo gibt – gehen.

Wir parkten Ellie im Schatten eines Mopane-Baumes und öffneten ihre Hintertür, an deren Innenseite sich ein kleiner Klapptisch befand, auf dem man im Stehen gut eine schnelle Mahlzeit zubereiten konnte. Ellie war ein Zweisitzer und kam ursprünglich aus England. Im Kofferraum mussten einst zwei sich gegenüber liegende Sitzbänke gewesen sein. Wir hatten sie aber von einem anderen Reisenden gekauft, der diese bereits entfernt und durch eine große Kühltruhe ersetzt hatte, die den Kofferraum zu einem Drittel ausfüllte. Darin hatten wir all unsere frischen Lebensmittel verstaut. Obwohl wir damals noch nicht vegan lebten, kauften wir nie frisches Fleisch oder Eier. Ersteres lief immer Gefahr, schlecht zu werden, und die Eier gingen auf den Schotterpisten ja doch nur kaputt. Außerdem gab es sowohl im Norden Namibias, vor allem aber in Botswana, die Veterinärzäune zur Bekämpfung der Maul-und Klauenseuche. Mal abgesehen von den dramatischen Folgen für die Wildtiere, hatten diese auch große Auswirkungen auf das Reisen mit dem Auto in diesen Gebieten: Es war generell nicht erlaubt, Tierprodukte wie frisches Fleisch, Trockenfleisch (sogenanntes Biltong), Milch oder Felle über diese Zäune zu bringen. Innerhalb Namibias war es erlaubt, diese Produkte von Süden nach Norden zu bringen, aber nicht umgekehrt. An speziellen Kontrollpunkten wurde jedes Fahrzeug (und vor allem die Kühltruhe) auf verbotene Waren über-

166

prüft, und wenn etwas gefunden wurde, wurde es beschlagnahmt.

Das war besonders bei der Einreise von Namibia nach Botswana der Fall. Die Vorschriften für die Einfuhr von Tierprodukten änderten sich häufig, da sie sich an Krankheitsausbrüchen in verschiedenen Ländern orientierten. Wir hatten auch schon erlebt, dass die Kontrolleure an den Checkpoints die Regeln munter selbst abänderten, um ihre privaten Speisekammern zu füllen. Uns war das alles zu lästig, und so war unsere Kühltruhe größtenteils mit Gemüse und Obst gefüllt. In einer weiteren Box bewahrten wir außerdem allerhand Konservendosen und Trockenprodukte wie Pasta und Reis auf.

Heute machten wir uns schnell ein paar Sandwiches und setzten uns unter den Mopane-Baum, um sie zu verputzen. Ein Safari Guide fuhr mit seinem Land Cruiser vor und tankte den Wagen voll. Er war noch recht jung und trug eine große Piloten-Sonnenbrille, die Ärmel seiner Uniform hatte er lässig hochgekrempelt und den Kragen aufgestellt. Er wollte wohl sichergehen, dass man sein aufgeblasenes Ego schon von Weitem erkennen konnte. Er hob seine Hand zum Gruß, als er uns sah und ging ein paar Schritte auf uns zu.

»Südafrika, eh?«, fragte er, und wir nickten beide freundlich. Wir hatten sowohl in Botswana als auch in Namibia schon öfter erlebt, dass die lokalen Guides nicht sehr angetan von unserem Autokennzeichen schienen. Frank erklärte mir das damit, dass viele Südafrikaner*innen mit ihren Geländewagen über die Grenzen fuhren, um in den Nachbarländern zu campen. Diese sogenannten »Self-Driver« steuerten jedoch, abgesehen vom Benzin, wenig bis gar nichts zur örtlichen Wirtschaft bei. Sie erledigten all ihre Einkäufe vorab in Südafrika, campten in der

Wildnis und nahmen nicht an den Aktivitäten der Safari-Lodges teil. Viele von ihnen hatten jedoch herausgefunden, dass es sich durchaus lohnen konnte, dem Geländewagen eines Safari Guides hinterherzufahren, um so die Wildtiere ohne großen Eigenaufwand zu finden. Die Guides waren immerhin tagtäglich in derselben Gegend unterwegs, und noch dazu über Funk miteinander verbunden. Das Problem war auch, dass viele der Selbstfahrer*innen keine »Busch-Etikette« pflegten. Zum Beispiel gehörte es sich während einer Tiersichtung, den Automotor abzuschalten, zu flüstern, und einen gewissen Abstand zu den wilden Tieren einzuhalten. Eigentlich alles Dinge, die mit gesundem Menschenverstand klar sein sollten, aber auch wir hatten schon einige davon selbst erlebt. Kein Wunder also, dass Safari Guides von Selbstfahrer*innen nicht sonderlich angetan waren.

Umso überraschter war ich, als der junge Mann mit der Sonnenbrille uns freundlich angrinste und fragte: »Wollt ihr die Wüstenelefanten sehen?«

In der Tat hatten wir genau das für den Nachmittag geplant.

»Ja, darum sind wir hier«, rief Frank dem Guide zu.

»Die sind schwer zu finden in dieser Gegend«, er deutete auf die Zuckerhut-förmigen Granithügel um uns herum, die die Sicht stark einschränkten, »wenn man sich hier nicht auskennt.«

»Ja, bestimmt«, sagte ich und wischte ein paar Brotkrumen von meinen Beinen.

»Für zweihundert Dollar [200 namibische Dollar sind ungefähr zwölf Euro, Anm. der Autorin] könnt ihr mir hinterherfahren, und ich zeige euch, wo sie sind.«

Aha. Da hatte jemand wohl eine clevere Möglichkeit gefunden, um sich ein extra Trinkgeld dazuzuverdienen. Ich konnte es ihm nicht verübeln.

»Oh, nein danke. Ich glaube, wir schaffen das auch allein«, sagte ich freundlich, aber bestimmt.

Der Guide stieß beim Ausatmen scharf die Luft aus und hob skeptisch die Augenbrauen. »Viel Glück dabei«, knurrte er und schwang sich hinter sein Lenkrad, bevor er den Motor aufheulen ließ und davonfuhr.

»Schaffen wir das wirklich allein?«, fragte Frank, der aufgestanden war und mir jetzt die Hand reichte, um mich hochzuziehen.

»Keine Ahnung«, grinste ich, »aber wo bleibt denn da der Spaß, wenn er uns die Elefanten einfach so auf dem Präsentierteller serviert?«

Wir verbrachten also den frühen Nachmittag damit, nach frischen Spuren im Wüstensand Ausschau zu halten. Damaraland vermittelte ein wenig ein Gefühl von wildem Westen. Da es kein Nationalpark war, in dem man sich an gewisse Regeln halten musste, tat hier so mancher Besucher, was er oder sie wollte. Das fiel uns vor allem an den vielen Autospuren auf, die sich weitgefächert durch die Landschaft zogen. Wir versuchten uns stets an die Wege zu halten, oder wenn wir doch einmal *offroad* fuhren (was hier erlaubt war), dann folgten wir stets älteren Autospuren.

In Twyfelfontein waren eigentlich immer irgendwelche Fußabdrücke zu finden. Das Tal war gesäumt mit Mopane-Wäldern, und die Blätter dieser Bäume waren das absolute Leibgericht der Elefanten. Die Schwierigkeit bestand darin, Spuren zu finden, die frisch genug waren, damit es sich lohnte, die Verfolgung aufzunehmen.

Aber wonach hielten wir überhaupt Ausschau, wenn wir versuchten, die Spur eines Elefanten zu untersuchen? Ich hatte mir dafür ein Drei-Schritte-Modell angewöhnt.

1. Die Form der Spur untersuchen.

Elefanten haben große, runde Vorderfüße, die je nach Alter des Tieres so groß wie Mülleimerdeckel sein können oder so winzig klein wie eine Untertasse. Die Hinterfüße haben ungefähr die gleiche Größe, sind aber oval. Der Unterschied in der Form zwischen Vorder- und Hinterfuß liegt darin begründet, dass die beiden Vorderfüße den unfassbar schweren Kopf mitsamt Rüssel und Stoßzähnen tragen müssen und für diese Schwerstlast ist die kreisrunde Form besser geeignet, um das Gewicht gleichmäßig zu verteilen. Innerhalb der Spuren findet sich ein zufälliges Muster aus Rissen unter der Fußsohle, das so individuell ist wie der menschliche Fingerabdruck. Erfahrene Tracker, die schon lange in der gleichen Gegend leben, können anhand dieser feinen Linien im Sand individuelle Tiere identifizieren. Besonders gut gelingt das, wenn ein Elefant in der Vergangenheit zum Beispiel mal in einen Dorn getreten war, dessen Abdruck sich fortan auch in seiner Spur abbilden würde. Obwohl sie nicht leicht zu sehen sind, haben Elefanten fünf Zehen am Vorderfuß und vier am Hinterfuß.

2. Die Richtung bestimmen.

Die Rückseite einer Elefantenspur erscheint oft glatt an der Ferse und sieht aus wie ein Halbmond. Wenn der Elefant auf sandigem Boden läuft, wie hier in Damaraland, kann man diesen abgeflachten, glatten Bereich in der Fährte leicht erkennen, was einem Fährtenleser auf einen Blick die Bewegungsrichtung verraten kann. Ein anderes hilfreiches Zeichen in dieser Hinsicht ist ein markantes Sandhäufchen, das von den Zehen an der Vorderseite der Spur erzeugt wird. Wenn ein Elefant sich vorwärtsbewegt, »kickt« er immer ein wenig Sand. Dieses Häufchen liegt also an der Vorderseite der Spur. Ein*e Fährtenleser*in muss genau auf diese Abdrücke achten, sonst kann es passieren, dass sie oder er die Spur in die falsche Richtung verfolgt.

3. Das Alter der Spur feststellen.
Wenn ich eine Elefantenspur auf ihr Alter untersuche, halte ich immer zuerst nach den Spuren anderer Tiere Ausschau, die über der des Elefanten liegen. Wenn andere Tiere bereits die Zeit hatten, über die Spur zu laufen, dann kann sie nicht sonderlich frisch sein. Außerdem schenke ich den Linien innerhalb der Spur besondere Beachtung: Wenn der Fußabdruck frisch ist, erscheinen die Linien sehr klar und scharf, wohingegen sie bei einer älteren Spur durch Wind und Sonnenlicht verwischen oder austrocknen. Der beste Trick ist, die eigene Handfläche in den Sand zu drücken, um so zu vergleichen, wie scharf die Linien aussehen.

Festzustellen, wie alt eine Spur ist, hat schlussendlich viel mit Erfahrungswerten zu tun: je mehr Spuren man untersucht, desto größer wird die Bibliothek im Kopf, auf die man zugreifen kann.

Abgesehen von diesen drei Dingen ist es (vor allem zu Fuß im Busch) unbedingt ratsam, auch auf Zeichen eines Bullen in der sogenannten »Musth« zu achten (ein Zustand mit erhöhtem Testosteronspiegel, der mit der Fortpflanzung zusammenhängt und durch aggressives Verhalten gekennzeichnet ist) – hier kann man oft eine Linie aus Tropfen zwischen den Fußabdrücken entdecken. Die stammen von einem Sekret, das sie in der Musth kontinuierlich mit dem Urin ausstoßen. Wenn die Spur frisch ist, geht oft auch ein ätzender Gestank von diesen Tropfen aufs. Spätestens dann ist es eine gute Idee, in die entgegengesetzte Richtung zu gehen, mit Elefantenbullen in der Musth ist nicht zu spaßen.

Insbesondere die Bullen schleifen außerdem gern ihre Rüssel über kurze Strecken auf dem Boden. Diese Spuren sind knapp zehn Zentimeter breit und werden in einem schlangenförmigen Muster gezogen. Bei der Verfolgung von Elefanten ist nicht zuletzt der Gehörsinn des Spurenlesers unersetzbar. Das knackende Geräusch von Ästen, die in der Ferne brechen, ist sehr häufig zu hören, während man Elefanten zu Fuß verfolgt.

All dieses Wissen machten wir uns auch an diesem Nachmittag in Damaraland zunutze, während wir Ellie durch die trockenen Ausläufer des Huab-Flusses lenkten, immer wieder anhielten, ausstiegen und die Spuren untersuchten. Wir hatten es nicht eilig und einfach Spaß daran, in der Natur unterwegs zu sein, unsere Augen zu schulen und gemeinsam den Boden zu untersuchen. Tatsächlich fanden wir schließlich aber einen Haufen Spuren, der uns nach Anwendung des Drei-Schritte-Modells frisch genug erschien, um die Verfolgung aufzunehmen. Wir fuhren in nördliche Richtung durch den tiefen Sand und behielten die Spuren so gut es ging im Auge, als mir plötzlich etwas einfiel.

»Weißt du was? Ich glaube, etwas weiter westlich von hier ist eine Art Staudamm. Da war ich letztes Jahr während meines Praktikums. Vielleicht ist die Herde dorthin unterwegs, um zu trinken.«

»Einen Versuch ist es auf jeden Fall wert«, sagte Frank, und ich steuerte den Wagen auf einen Sandpfad, der aus den Mopane-Bäumen auf eine offene Steppe führte, Richtung Nord-West. Hier grasten ein paar Springböcke, eine Giraffe schritt in der Ferne über die offene Ebene, und ein paar männliche Strauße stellten einem Weibchen nach. Mir kam die Gegend bekannt vor, aber so ganz genau wusste ich ehrlich gesagt nicht, wohin ich Ellie nun als Nächstes lenken musste, und die Spuren waren im Gras wesentlich schwieriger zu erkennen. Da half nur noch eins: Das gute alte Bauchgefühl musste das Steuer übernehmen, vielleicht hatte ich den Weg ja noch irgendwo in meinem Unterbewusstsein abgespeichert. Es war mittlerweile später Nachmittag und die Temperaturen fielen langsam mit der untergehenden Sonne. Wie eine Oase tauchte da plötzlich der Staudamm in der Ferne auf, gesäumt von sattgrünen Büschen, inmitten des feurigroten Sands.

Wir positionierten Ellie auf der westlichen Seite des Damms, die etwas erhöht war, schalteten den Motor ab und öffneten das Dachfenster über der Fahrerkabine. Nacheinander kletterten wir hindurch und setzen uns auf das Gestell, das das Dachzelt hielt, immer darauf bedacht, nicht aus Versehen auf der Solarzelle Platz zu nehmen. Bewaffnet mit unseren Kameras blickten wir in Richtung der Mopane-Bäume, die nun mehrere hundert Meter weit weg lagen. Ich vermutete, dass sich die Herde immer noch zwischen den Bäumen bewegte. Indem wir über die weite Steppe gefahren waren, hatten wir eine Abkürzung zum Staudamm genommen, und ich hoffte, dass wir die Elefanten überholt hatten.

Frank beobachtete den Waldrand mit seinem Fernglas, bis er schließlich ausrief: »Japp, da kommen sie!«

Ich drückte aufgeregt Franks Schulter, als auch ich immer mehr graue Riesen ausmachte, die auf die freie Steppe traten. Es war eine recht große Herde, zumindest für Damaraland-Verhältnisse. Wir zählten etwa zehn Kühe mit ein paar Jungtieren. Und sie bewegten sich direkt auf den Staudamm zu, bis sie schließlich allesamt ihren Rüssel ins kühle Nass steckten, das Wasser mit gierigen Schlucken hinaufsaugten und dann spielerisch in ihr Maul sprühten. Sie standen uns direkt gegenüber, aber dank der tiefstehenden Sonne und dem Wasser, das zwischen uns und ihnen lag, hatten sie keine Ahnung, dass wir dort waren. Wir konnten sie beobachten, ohne sie zu stören, und das Beste war, dass wir sie ganz für uns allein hatten.

»Ich bin Elefanten-glücklich«, sagte ich zu Frank, während wir unsere Fotos schossen.

»Elefanten-glücklich, ja?«, grinste Frank und stupste mich spielerisch in die Seite.

»Jawohl. Ich glaube, es gibt verschiedene Arten von Glück. Und Elefantenglück ist ganz bestimmt eine davon.«

»Also, dann gibt es aber bestimmt auch Löwenglück.«

»Aber ganz bestimmt!«

«… und Sonnenuntergangsglück!«

»Unbedingt. Und Lagerfeuerglück ist definitiv auch dabei …«

Und während wir die Herde beobachteten, die sich langsam vom Wasser weg und einen kleinen Hang hinaufbewegte, sammelten Frank und ich noch allerhand andere Formen von Glück: Pizzaglück, Baumkletterglück, Campingglück, Hundeglück, Meerglück, Guter-Kaffee-Glück … Als schließlich auch die letzten Nachzügler der Herde verschwunden waren und die Sonne sich hinter den Bergen verabschiedet hatte, kletterten wir wieder zurück in die Fahrerkabine.

»Heute war ein guter Tag«, stellte Frank fest und steckte den Schlüssel ins Schloss.

»Ein Elefanten-glücklicher, guter Tag!«, stimmte ich ihm zu.

Dann drehte er den Schlüssel im Schloss und Ellie brummte laut auf, stotterte und spuckte. Nur anspringen wollte sie leider nicht.

KAPITEL 13

Löwenherzen

Ich dachte, die hätten den Solenoid ausgetauscht!« Frank fluchte ungehalten, als er die Fahrertür wieder aufstieß.

»Haben sie auch. Ich habe das alte Dings in meiner Tasche«, sagte ich und wünschte, ich könnte mehr beitragen, als nur den Hebel zu ziehen, der die Motorhaube aufschnappen ließ. Aber mit Autos kannte ich mich wenig bis gar nicht aus. Gott sei Dank sah das bei Frank anders aus. Seitdem wir uns dazu entschlossen hatten, gemeinsam einen Land Rover zu kaufen, war sein Wissensdurst entbrannt, und er hatte so ziemlich alles gelesen, was er über diese Autos finden konnte. Wir hatten uns für einen 110 Defender Tdi entschieden, da dieser Wagen so gut wie keine Elektronik besaß. Auch wenn man mit so einem älteren Modell also auf automatische Fensterheber verzichten musste, hatte es den großen Vorteil, dass man es überall in Afrika (und auf der Welt) reparieren konnte – und das mit sehr simplen Werkzeugen oder Ersatzteilen. Die neueren Defender-Modelle hatten allesamt reichlich Elektronik unter der Haube, und wenn man mit so einem Fahrzeug Probleme hatte, konnte man es nicht überall reparieren lassen. Ellie kam mit dem absoluten Minimum an Elektronik aus und das war ihr großer Pluspunkt.

»Kletter du auf die Fahrerseite, und wenn ich *jetzt* rufe, versuchst du, den Motor anzulassen«, hielt Frank mich an, und ich war dankbar für die Aufgabe. Aber allzu häufig konnten wir das Spiel mit dem Anlassen nicht wiederholen, denn dann würde die Batterie aufgeben. Das hatte sogar ich mittlerweile verstanden.

»*Shit*, ich hab keine Ahnung, was mit ihr los ist. Es ergibt irgendwie alles keinen Sinn!« Frank schüttelte den Kopf. »Wenn es nicht das Solenoid war – was dann?!«

Er verbrachte die nächsten Minuten damit, wahllos an irgendwelchen Kabeln auf der Fahrerseite zu rütteln. Die Dunkelheit war über uns hereingebrochen, als er sagte: »Komm, versuch es noch einmal.«

Und dann sprang Ellie endlich doch wieder an!

Ich fuhr furchtbar langsam zu unserem Campingplatz zurück, aus Sorge, ich könnte in der Dunkelheit ein Wildtier anfahren. Die erodierte Sandstraße, die dank zu schnellem Fahren mit zu hohem Reifendruck vieler Verkehrsteilnehmer zu einem Acker aus feinrilligen Sandhügeln verkommen war, schüttelte und ruckelte uns ordentlich durch.

Zurück im Camp waren wir beide nicht in Stimmung für ein Lagerfeuer, und so kochte ich auf dem Gaskocher schnell ein paar Nudeln, während Frank mit der Stirnlampe auf dem Kopf schon wieder unter der Motorhaube hing.

»Vielleicht liegt es am Verbindungskabel und nicht am Solenoid selbst«, überlegte er, nachdem er das besagte Kabel etwas fester gezurrt hatte. Dann startete er den Motor noch mehrere

Male, und Ellie sprang jedes Mal ohne Murren und Knurren an. Das Problem war zwar nervig, aber dennoch beunruhigte es uns nicht allzu sehr. Jedes Mal, wenn Ellie sich querstellte, hatte sie sich kurz darauf wieder eingekriegt. Und so entschieden wir uns dazu, die Reise durch die namibische Wüste trotzdem fortzusetzen, aber sofort eine Autowerkstatt anzusteuern, sobald wir wieder ein Stückchen Zivilisation erreichen würden. Bis dahin hofften wir einfach, dass Ellie nicht noch weitere Macken an den Tag legen würde.

Am nächsten Morgen erwachten wir in aller Früh. So schön Twyfelfontein auch war, uns zog es tiefer in die Wildnis: Wir wollten an diesem Tag die ausgetretenen Touristenpfade hinter uns lassen und eine Gegend namens Desolation Valley ansteuern. Doch gerade, als wir die Einfahrt unseres Campingplatzes hinter uns ließen, stießen wir auf eine Reihe frischer Elefantenspuren im Sand, die von einem erstaunlich großen Bullen stammten. Die Fußabdrücke waren beinahe so groß wie Ellies Wagenräder, und sie schienen frisch genug zu sein, um die Verfolgung aufzunehmen.

Mein Herz klopfte ein bisschen schneller in meiner Brust. Ein ganz besonderer Wüstenelefant war gestern nicht am Staudamm gewesen und ich konnte die Hoffnung nicht abschütteln, dass die Spuren von ihm stammten. Ich hatte Frank viel von diesem legendären Tier erzählt, das auf der ganzen Welt bekannt war, und so war er genauso fest dazu entschlossen, die Spur an diesem Morgen zu verfolgen. Der Elefant hieß Voortrekker.

Voortrekker bedeutete »Pionier«, »Anführer« oder auch »derjenige, der den Weg zeigt« und niemals zuvor hatte es einen treffenderen Namen für ein Tier gegeben. Seine Geschichte begann mit einer traurigen Wahrheit: In den 1980er-Jahren gab es im nordwestlichen Teil von Namibias Kunene-Region (darunter fiel auch Damaraland) aufgrund von zu viel Trophäenjagd und Wilderei überhaupt keine Elefanten mehr. Aber 1989 besuchte Voortrekker das Gebiet, kundschaftete es ein paar Wochen lang aus, prüfte geduldig jeden möglichen Standort, hielt nach möglichen Gefahren, Schutz, Verstecken, Wasserlöchern und geheimen saftigen Nahrungsvorräten Ausschau. Ein paar weitere Wochen vergingen, und eines Tages kehrte Voortrekker zurück, mit seiner ganzen Familie im Schlepptau, die sich daraufhin in dem Gebiet um den Ugab-Fluß niederließ. Die kleine Gruppe von Elefanten muss über das waghalsige Vorhaben ihres Anführers überrascht gewesen sein, vertraute ihm aber bedingungslos, da sich seine Instinkte bisher scheinbar immer als richtig erwiesen hatten. Die Herde, bestehend aus etwa zwanzig Elefanten, war angekommen. Die Damaraland-Wüste war nun ihr Zuhause und sie musste fortan zusehen, wie sie hier überleben konnte. Ungewöhnlich an dieser Herde war, dass sie sich von einem Bullen führen ließ, denn normalerweise folgten Elefantenherden der weisesten Elefantenkuh.

Voortrekker brachte seinen Familienmitgliedern fortan bei, wie sie mit ihren Rüsseln Brunnen im trockenen Flussbett graben konnten und welche Sträucher die beste Nahrung bereithielten. Er zeigte ihnen, wie sie Wasser in einem Beutel in ihrer Kehle speichern konnten, um es dann ein paar Stunden später zu trinken, wenn sie nicht mehr in der Nähe der wenigen Wasserstellen waren. Und er führte sie zu den schmackhaften Samenhülsen der Anna-Bäume.

Die ursprüngliche Gruppe von zwanzig Elefanten teilte sich

schließlich in drei verschiedene Familieneinheiten auf, die jeweils bestimmte Bereiche der Wüste bevorzugten. Im Laufe der Jahre legten sie viele Meilen zurück, wobei sich ihre Füße breiter entwickelten als die anderer Elefanten. Sie wurden dünner als normale Elefanten und sie begannen, ihre Babys doppelt so lange zu säugen, um sie an die harten Bedingungen anzupassen.

Im Jahr 2008 beschloss die namibische Regierung, Genehmigungen für die Jagd auf diese Elefanten zu erteilen. Sechs Genehmigungen wurden ausgestellt, eine davon für Voortrekker. Daraufhin gab es Proteste und Versuche, die Jagd zu stoppen, aber fünf Elefanten wurden trotzdem getötet. Eine Gruppe von zehn engagierten Frauen nahm sich Voortrekkers Sache persönlich an und wanderte einhundertvierzig Kilometer durch die Wüste, um die nötigen Gelder für den Kauf des Elefantenbullen zu sammeln. Ihre gute Tat gelang, und Voortrekkers Jagdschein wurde daraufhin erfolgreich für 12 000 US-Dollar erstanden und der Elefantenbulle als *lebende* Trophäe und Legende gekauft.

Ich hatte das Glück gehabt, Vortrekker im vergangenen Jahr mehrere Male zu begegnen.

Er hatte – viele Menschen aus der Gegend bestätigen das – eine ganz eigene Persönlichkeit, und mit seinem unendlichen Wissen hatte seine Weisheit dazu beigetragen, die Elefanten der Namib-Wüste auf die heutige Populationszahl zu bringen. Er war stämmig und stark, oft fotografiert mit seinem Rüssel, der über einem der Stoßzähne hing, die recht kurz waren, aber dafür umso dicker, und die wie zwei liegende Halbmonde in die Höhe ragten. Voortrekker konnte schelmisch sein, aber nie bösartig oder gar zerstörerisch.

Diesen legendären Elefantenbullen wollten Frank und ich

also an diesem Morgen finden, und wir folgten seiner Spur bis weit zurück in den Süden Damaralandes, obwohl wir eigentlich gar nicht in diese Richtung wollten. Aber da wir an die Hauptstraßen gebunden waren und Voortrekker (wenn er es denn war) natürlich munter querfeldein marschieren konnte, mussten wir ein paar große Umwege fahren, bis die Straße wieder das trockene Flussbett umarmte. Schlussendlich waren wir so weit gefahren, dass wir fast in dem winzigen Wüstenort Uis westlich der Spitzkoppe angelangt waren. Da die Sonne mittlerweile brennend heiß am Himmel stand, entschieden wir uns dazu, die Suche schweren Herzens aufzugeben und im sogenannten »Brandberg Rest Camp« für ein Mittagessen einzukehren.

»Vielleicht finden wir ihn ja am Nachmittag doch noch«, sagte ich hoffnungsvoll, während ich eine eiskalte Apfelschorle trank.

»Und wenn nicht, ist es auch nicht schlimm«, sagte Frank, »man braucht doch immer einen guten Grund, um in eine bestimmte Gegend zurückzukehren. Dann ist Voortrekker eben meiner für Damaraland.«

Leider würde Frank Voortrekker nie zu sehen bekommen. Am Dienstag, den 25. Juni 2019, wurde Namibias berühmtester Elefantenbulle – geliebt von Tausenden von Tourist*innen und Einheimischen – von einem Trophäenjäger erschossen. Zehn Jahre nachdem er zum ersten Mal der Kugel eines Jägers entkommen war.

Er wurde mit einer sogenannten »Problem-Elefanten«-Erlaubnis zum Abschuss freigegeben. Problem-Elefanten waren Tiere, die für »schlechte« Angewohnheiten bekannt geworden waren, zum Beispiel nächtliche Überfälle auf Farmhäuser und

Menschen oder die Zerstörung von Hab und Gut. Es war allerdings absurd, zu denken, dass dieser entspannte Pionier, der so vielen seiner Art das friedliche Zusammenleben mit den Menschen in dieser harschen Wüstengegend beigebracht hatte, zu solchem Verhalten fähig gewesen sein sollte. Seine Anwesenheit hatte oft andere unerfahrene Elefanten in seiner Nähe beruhigt. Er hatte den Spitznamen »Alter Mann« erhalten und war, wenn man die Menschen in der Gegend nach ihm fragte, immer willkommen, weil er nie irgendwelche Probleme verursachte. Es schien, dass beim Abschuss des legendären Elefanten eine Verwechslung vorgelegen hatte. Was für ein kolossaler Fehler.

Voortrekkers Tod war nicht nur ein Schlag für diejenigen, die den Elefanten liebten, mit seinem Abschuss wurden obendrein lebenswichtige Gene des großen Elefanten aus der ohnehin schon angeschlagenen Wüsten-Population entfernt. Auch heute noch werden die Elefanten Namibias für ihre Trophäen gejagt, damit sich jemand wie ein großer Held fühlen kann. Viele Elfenbein-Wilderer handeln aus Verzweiflung, weil sie nicht wissen, wie sie andernfalls ihre Familie ernähren sollen, und gibt man ihnen die Chance auf einen anständigen Job, ergreifen sie diese mit Dankbarkeit. Das Verhalten von Trophäenjägern hingegen ist nicht zu entschuldigen. Oft höre ich das Argument, die Jagd auf ein so majestätisches Tier wie den Elefanten sei gut für das Ökosystem, in dem er sich bewegt. So fließt das Geld, das ein Trophäenjäger für eine Genehmigung bezahlt, direkt zurück ins Land, in das Reservat, in die leeren Taschen der Menschen, die mit den Wildtieren Tür an Tür leben. »Erschieße einen Elefanten, aber rette mit seinem Tod Hunderte andere.« Ich tue mich mit diesem Guten-Samaritertum unfassbar schwer. Wenn den Jägern das Wohlergehen der Natur und der Tiere tatsächlich am Herzen liegen würde, könnten sie das Geld doch auch einfach spenden.

Da uns die riesigen Elefantenspuren so weit in den Süden geführt hatten, beschlossen wir, das Beste aus unserer neuen Situation zu machen und, anstatt den gleichen Weg via Twyfelfontein wieder gen Norden zu gurken, stattdessen über die *White Lady Lodge* und den Brandberg zu fahren. Der Brandberg war ein spiritueller Ort für viele der San, die in dieser Gegend lebten. Der Berg bestand aus Granit, der ein rötlich gefärbtes Mineral enthielt, daher auch der Name – »Feuerberg«.

Die *White Lady Lodge* hat einen Campingplatz mit guten Duschen und Campingplätze, die weit genug voneinander entfernt liegen, aber wir waren nach wie vor entschlossen, die Einsamkeit zu finden. Dafür war die Lodge zu gut besucht. Wir lenkten Ellie stattdessen direkt ins trockene Flussbett des Ugabs und tuckerten in gemächlichem Tempo vorbei an den immergrünen Senfbüschen (warum auch immer die so hießen), den Anabäumen, und je weiter wir fuhren, desto mehr Tamarisken säumten die Ufer. Während wir so dahintuckerten und der Fahrtwind uns munter in die Gesichter blies, fragten wir uns gegenseitig unser Wissen ab. Das hatten wir uns schließlich in Botswana so vorgenommen. Und wir würden diese kleinen Lerneinheiten auch auf künftigen Fahrten beibehalten, wann immer uns langweilig wurde.

Je weiter wir fuhren, desto enger wurde das Flussbett, bis wir Ellies breiten Hintern schließlich nur noch geradeso durch einen Engpass zwischen zwei Felswänden schieben konnten. Auf der anderen Seite wartete hohes Schilf, und der Boden wurde etwas matschig. Irgendwo hier in der Nähe musste eine Quelle mit Frischwasser sein. Wir bahnten uns einen Weg durch das Schilf, nur um auf der anderen Seite eine steile Böschung hinaufzufahren, wo feiner Sand wie Puderzucker an Ellies nassem Metall kleben blieb. Ein anderes Auto hatten wir schon seit Stunden nicht mehr gesehen, und das war auch gut so: Der Pfad war viel zu eng, als dass wir hätten ausweichen können. Nachdem wir den Puderzucker hinter uns gelassen hatten, wurde der Untergrund plötzlich arg steinig, aber wir hatten den Reifendruck vorher stark herabgelassen, damit Ellies Reifen sich durch den Sand im Flussbett graben konnten. Wir mussten also anhalten. Als hätten wir beide das Gleiche gedacht, warfen wir uns einen verstohlenen Seitenblick zu, bevor Frank sagte: »Wir lassen den Motor besser die ganze Zeit laufen.«

Noch immer trauten wir Ellies Macken beim Starten nicht recht über den Weg. Um die Reifen mit dem Luftkompressor aufzupumpen, mussten wir den Motor aber sowieso laufen lassen.

Der Luftkompressor versteckte sich auf der Beifahrerseite unter der Motorhaube, und nachdem Frank einen Luftschlauch hinter seinem Sitz freigegraben hatte, verschraubte er selbigen mit dem Kompressor. Ich hüpfte derweil aus dem Wagen, um mich zu strecken.

Da entdeckten wir die Spuren am Boden fast zur gleichen Zeit. Aber dieses Mal stammten sie nicht von einem Elefanten, nein, wir hatten frische Fußabdrücke eines Löwen gefunden. Auf einmal erschien mir die Gegend alles andere als ideal, um die Reifen aufzupumpen; noch immer waren wir von dichten Senfbüschen umgeben und hinter uns erstreckte sich das baumhohe Schilf. Der Löwe hätte direkt hinter dem nächsten Busch im Schatten liegen können, ohne dass wir es mitbekamen. Ich war mir nicht sicher, ob die Geräusche, die wir verursachten, in diesem Fall gut oder schlecht waren. Laute Geräusche konnten ein wildes Tier, das nicht an Menschen gewöhnt war, verschrecken, aber nur zu gut erinnerte ich mich noch an meine erste Begegnung mit diesen Wüstenlöwen; sie waren alles andere als scheu gewesen. Im Gegenteil, sobald sie Menschenstimmen oder Motorengeräusche in dieser gottverlassenen Wildnis vernahmen, schienen sie eher neugierig zu werden. Aber um die Reifen aufzupumpen, musste einer von uns den Luftschlauch an alle vier Räder anschließen, und dann kniend darauf warten, dass der gewünschte Druck erreicht war.

Gott sei Dank meldete Frank sich nun freiwillig für die Aufgabe. Das ließ mich allerdings mit der ganzen Verantwortung zurück: Ich sollte auf dem Autodach sitzen und nach Löwen Ausschau halten, während der Luftkompressor lautstark von den Felswänden widerhallte und Frank eifrig ums Auto herumhüpfte.

Eigentlich rechnet man in einer solchen Situation nicht damit, das Tier, nach dem man Ausschau hält, tatsächlich zu Gesicht zu bekommen. So funktioniert das in der Natur eigentlich nicht. *Eigentlich.* Aber ausgerechnet heute hatte es sich die Natur anders überlegt.

»FRANK – *there is one!*«, rief ich panisch aus und deutete mit dem Finger auf eine goldene Mähne, die hinter einem Senfbusch hervorspähte.

Ach du Scheiße, da war wirklich ein Löwe.

»*WHAT?*«, brüllte Frank über den Lärm des Kompressors und des Wagenmotors. Die Situation war alles andere als ideal.

»LÖWE! DA IST EIN –«, rief ich, glitt vom Dach und landete neben dem Vorderreifen auf der Beifahrerseite, um den Kompressor auszuschalten, »- LÖWE!« Das letzte Wort schallte durch die plötzliche Stille, in der nur noch das sanfte Motorenrauschen zu hören war. Frank guckte gar nicht erst in die Richtung, in die ich gezeigt hatte, sondern war schneller auf die andere Seite der Fahrertür geeilt, als ich gucken konnte.

»Wo ...?«, fragte er und lugte durch die offene Fensterscheibe. Der besagte Senfbusch lag gute zwanzig Meter vor uns entfernt auf der Fahrerseite, und noch immer ging der Löwenblick direkt durch die Zweige zu uns herüber.

»Oh wow«, staunte Frank. Er hatte die Wüstenlöwen unbedingt sehen wollen, aber ich hatte ihm vorab gesagt, dass die Chancen dafür wahnsinnig schlecht standen. Es waren nicht mehr viele von ihnen übrig und die Gegend war sehr weitläufig. Umso mehr freute ich mich nun, dass wir einen gefunden hatten, wenn wir schon mit Voortrekker kein Glück gehabt hatten.

Ich kletterte vorsichtig zurück aufs Dach, dann durch das Dachfenster in die Fahrerkabine. Meine Bewegungen schienen das Signal zu sein, auf das das Tier gewartet hatte, denn plötzlich duckte es den Kopf und verschwand im Senfbusch.

Nun sahen wir uns mit einem kleinen Dilemma konfrontiert, denn die Motorhaube stand immer noch klaffend weit offen, wie das Maul eines Wals bei der Fütterung, der Kompressorschlauch lag im Sand und nur anderthalb von vier Wagenreifen waren aufgepumpt. Aber Letzteres sollte in diesem Moment mal nicht unsere größte Sorge sein.

»Der Löwe ist auf deiner Seite. Wenn du aussteigst, dann sieht er dich«, flüsterte ich, »ich geh.«

»Traust du dich das?«

»Ja, wenn ich mich bücke, dann kann er mich nicht sehen.

Und ich bin lang genug, um unter der Motorhaube durchzufassen und das Standbein zu lösen.«

»Aber nicht, dass dir die ganze Haube dann noch auf den Kopf knallt! Die ist schwer!«

»Alles klar.« Ich schob vorsichtig die Wagentür auf.

»*Be safe out there*«, hörte ich Frank noch sagen.

Wenigstens musste ich mir keine Mühe geben, besonders leise zu sein, Ellies Motor brummte schließlich immer noch. Aber in dem Moment, als ich mit beiden Beinen auf den frischen Löwenspuren stand, kam mir plötzlich der Gedanke, dass das dort im Senf nicht unbedingt der einzige Löwe hier war, und plötzlich schienen die Büsche in meinem Rücken viel zu nahe. Mit drei flinken Schritten war ich an Ellies Schulter angekommen, schraubte den Luftschlauch vom Kompressor los und wand mich dann unter der Haube durch, um das Standbein mit der linken Hand zu lösen, während ich mit dem ganzen rechten Arm die Haube hochhielt. Frank hatte recht gehabt, das Ding war unerhört schwer!

Aber ich schaffte es, meinen Oberkörper rechtzeitig aus der Gefahrenzone zu ziehen. Dann ließ ich die Haube mit einem Knallen nach unten sausen, haute sie mir dabei ordentlich gegen den Ellenbogen und kletterte fluchend wieder in die Fahrerkabine.

»Gut gemacht«, sagte Frank und gab mir einen Kuss. »So, und jetzt noch der Schlauch. Und dann lass uns versuchen, etwas näher ranzufahren. Ich habe ihn kaum sehen können.«

Er öffnete die Fahrertür, die ihm als Sichtschutz diente, während er den Schlauch vom Hinterrad losschraubte, zusammenrollte und dann wieder hinter seinem Sitz verstaute.

Frank blieb in dieser Situation wesentlich entspannter als ich.

Für ihn war diese Begegnung einfach nur aufregend. Für mich war sie aufregend, aber auch nervenaufreibend und ein bisschen angsteinflößend. Ich hatte mittlerweile einige Löwen gesehen, aber hier draußen, ganz allein, weit entfernt von jeglicher Zivilisation war es doch noch mal etwas anderes.

Als wir schließlich an dem Senfbusch vorbeifuhren, hinter dem sich der Löwe versteckt hatte, war dort nichts mehr zu finden als der Abdruck seines Körpers im sandigen Schatten und ein paar blonde Haare seiner Mähne im Busch. Dennoch beschwingt von dieser völlig unverhofften Begegnung, legten wir den Rest der Strecke zurück, die uns durch tiefe Steinschluchten und noch mehr Sand führte. Wir konnten dem Löwen dankbar sein, der Schotter hatte keine hundert Meter angedauert, wir hätten den Reifendruck andernfalls gleich wieder ablassen müssen.

Kurz nach Sonnenuntergang trafen wir im *Ugab Base Camp* des *Save The Rhino Trusts* ein, das am Südufer des Ugab-Flusses lag. Das Camp war mir noch in guter Erinnerung, wenngleich ich nie hier übernachtet hatte. Aber es unterhielt ein kleines Informationszentrum für durchreisende Tourist*innen, und die hier lebenden Forscher konnten durchaus eine Hilfe beim Aufspüren einer Elefantenherde sein, falls sich eine bis hierher vorgewagt haben sollte. Das Camp hatte außerdem einen Selbstversorger-Campingplatz mit Donkey-Duschen und Plumpsklos, rostige Blechkunst in Form von Wüstentieren schmückte das Grundstück und einfache aus Schilf gesteckte Wände trennten die einzelnen Plätze voneinander. Um auf Nummer sicher zu gehen, buchte man diesen Campingplatz am besten vorab, aber wir hatten Glück und fanden einen schönen Stellplatz unter einem Akazienbaum. Die Campinggebühren bezahlten wir umgehend. Sie dienten als Spende für den Trust, der die Bewegungen der scheuen Spitzmaulnashörner der Gegend beobachtet.

Nur ein anderer Platz war mit Campern belegt. Zwei der typischen Toyota Hilux Geländewagen mit Dachzelten standen nebeneinander an der Felswand und eine Gruppe junger Reisender, Engländer*innen dem Akzent nach, hatten sich um ihr Lagerfeuer versammelt.

Der Abend klang entspannt und ereignislos aus, bis auf die Tatsache, dass ich meine Kopflampe nicht finden konnte und deswegen Franks Smartphone benutzte, um beim Brotbacken auf dem Lagerfeuer Licht zu haben. Als mir das Telefon in die Flammen fiel, wäre der Trip beinah zu Ende gewesen, aber ich fischte es blitzschnell mit der Zange aus dem Feuer. Zu unserer beider Überraschung funktioniert es noch heute.

Am Morgen wurden wir von einer altbekannten Melodie geweckt.

I hear the drums echoing tonight …

»Mach doch nicht so einen Lärm …«, grummelte Frank in sein Kissen.

… She hears only whispers of some quiet conversation …

»Hey, das kommt nicht von mir!« Ich setzte mich auf und rieb mir den Schlaf aus den Augen.

Die Morgenluft war kalt und klar und die aufgehende Sonne hatte sich gerade über die Felsen geschoben, die das *Ugab Base Camp* umrahmten.

… Frightened of this thing that I've become …

Ein Blick aus dem Dachzeltfenster verriet mir, dass die englischen Tourist*innen schon beim Frühstück saßen und *Africa* von Toto über die Autolautsprecher spielten.

189

I bless the rains down in Africa …

(Bin ich eigentlich die Einzige, die dachte, dass es »I *guess* it rains down in Africa« heißt?)

»Sind unsere Nachbarn«, sagte ich und ließ mich wieder auf die dünne Zeltmatratze plumpsen.

»Das ist wahrscheinlich das einzige Lied, das man um sechs Uhr morgens in der namibischen Wüste spielen darf«, sagte Frank.

Unsere englischen Nachbar*innen schienen das aber anders zu sehen. Nachdem Toto fertig war, hallte auch schon das nächste Lied von den Felswänden wider, nur dass dieses wenig Kult-Charakter hatte, es war irgendein Techno-Gedöns.

»Wer macht denn bitte so was?« Ich setzte mich wieder auf, da ja an Schlaf scheinbar nicht mehr zu denken war, und griff nach der Thermoskanne, um unsere erste Tasse Kaffee zuzubereiten. Nicht nur das Kaffeewasser war an diesem Morgen bereits kochend heiß – mich machte die Ignoranz und Selbstgefälligkeit dieser Leute wütend. Wie abgeschnitten war unsere Spezies bitte vom Rest der Natur, wenn wir es für nötig hielten, die süße Stille einer aufwachenden Wüste am Morgen mit Techno-Musik zu überdröhnen?

Am Ende konnten wir nur noch eines tun: Abhauen. In Windeseile packten wir Ellie zusammen, und zum Glück startete das alte Mädchen an diesem Morgen ohne Murren. Dann fuhren wir bei offenem Fenster so lange in die Wüste, bis wir den Lärm nicht mehr hören konnten – was eine ganze Weile dauerte. Während die ersten Sonnenstrahlen unsere Gesichter wärmten, aßen wir ein schnelles Motorhauben-Frühstück, bestehend aus dem Brot, das ich am Vorabend gebacken hatte, einer Avocado und ein paar Kirschtomaten mit Pfeffer und Salz.

190

Frank hatte auf dem Dach Platz genommen und studierte die Karten-App auf seinem Smartphone, während die Felswände hinter ihm im Schein der Sonne orangerot aufleuchteten.

»Hast du Lust auf ein Abenteuer?«, fragte er, als ich zu ihm aufs Dach kletterte.

»Immer.«

»Guck mal, hier um die Ecke kommt ein Steilpass: *Divorce Pass*.« Frank zeigte auf die Karte.

»Klingt gefährlich.«

»Ach Quatsch, Ellie schafft das mit links!«

»Nein, ich meine für dich. Klingt so, als müsstest du am Ende des Passes vielleicht zu Fuß weiterlaufen, während deine Geliebte mit Ellie das Weite sucht.«

»*I take my chances*«, schmunzelte Frank.

Kurz darauf grub Ellie sich den holprigen, scharfkantigen Divorce Pass hinauf. Frank saß hinterm Steuer und hatte den Spaß seines Lebens. Was mir an diesem Pass gut gefiel, war die Tatsache, dass sich nicht viele Fahrer hier hinaufwagen würden. Die meisten normalen Tourist*innen-Fahrzeuge waren dafür einfach nicht ausgestattet, und wer am Ende der Reise seine Kaution zurückhaben wollte, blieb lieber auf den weniger anspruchsvollen Straßen.

Ellie steckte schließlich den Kopf über die Steilspitze des Passes, und auf der anderen Seite erwartete uns eine Landschaft, die aus einem Science-Fiction-Film hätte stammen können. So weit das Auge reichte, war die hügelige Ebene vor uns mit kohlschwarzen Schieferplatten übersät. Ab und an hatte sich ein dünner Baumstamm oder ein Milchbusch durch die scharfkantigen Steine geschoben, aber abgesehen davon erwartete uns ein Niemandsland, das nur wenige Lebewesen ihr Zuhause nannten. Umso beeindruckender war es, dass ein riesiges Tier wie das Spitzmaulnashorn sich hier zurechtfand.

Wir arbeiteten uns in Low Range über den Pass und fuhren so langsam, dass ich manchmal ausstieg und zu Fuß neben dem Wagen her spazierte, oder vorweglief, um einen besonders spitzen Stein aus dem Weg zu schleppen. Zu Fuß entdeckte ich außerdem eine Reihe Wildblumen, frische Antilopen-Köttel und ein paar alte Nashornspuren. Diese Tiere waren so schwer, dass sie selbst in diesen steinigen Untergrund ihren Fußabdruck walzten. Sie schienen den von Menschenhand gemachten Pass zu schätzen zu wissen, denn die Fußspuren verliefen kilometerweit auf unserem Weg.

Die Strecke war gar nicht so lang, aber da wir maximal zehn Kilometer pro Stunde fahren konnten, brauchten wir den ganzen Tag, um den Pass hinter uns zu lassen, und als die Sonne am Himmel langsam auf die westliche Seite übersetzte, wurde uns klar, dass wir heute Nacht keinen ausgewiesenen Campingplatz mehr erreichen würden. Wir würden in der Wildnis campen müssen.

Als hätten wir es kommen sehen, hatten wir am Morgen ein paar Holzscheite, die wir im *Ugab Base Camp* nicht aufgebraucht hatten, auf Ellies Dach gespannt und den Sack unserer Solardusche mit Wasser gefüllt. Genug Essen und Trinken hatten wir sowieso dabei. Wir waren also vorbereitet.

Am späten Nachmittag veränderte sich die Landschaft um uns herum. Die Schieferfelsen wurden abgelöst von dem vertrauten orange-roten Granit, für das Damaraland bekannt war. Ein Paar Oryx-Antilopen galoppierten über einen Bergkamm am Horizont, und in der Ferne strahlte der Brandberg feuerrot.

Ich hatte Frank am Steuer abgelöst und parkte Ellie schließlich in einem Halbkreis aus Granithügeln, die uns Sichtschutz geben würden. Kurz vor Sonnenuntergang hievte Frank den mit Wasser gefüllten Sack der Solardusche aus dem Ersatzreifen, der auf Ellies Motorhaube verschraubt war. Wir hatten ihn den ganzen Tag lang darin liegen gelassen, damit das Wasser sich in der Sonne erwärmen konnte. Wir befestigten den Sack an Ellies Dachrahmen und wuschen uns den Wüstenstaub von der Haut. Das Wasser war herrlich warm. Es war die wahrscheinlich beste Dusche meines Lebens.

Anschließend schlüpften wir beide in kuschelige Kapuzenpullover und kraxelten auf den nächstgelegenen Hügel, von wo aus wir einen atemberaubenden Blick auf die Wüste und unser kleines Zuhause für die Nacht hatten. Zum Abendbrot legten wir ein kleines Feuer und brieten ein paar Bratkartoffeln in der gusseisernen Pfanne, während das leise Stakkato der Geckos durch die Nacht schallte und das Holz knisterte und knackte.

Ich wusste nicht, welche Art von Glück das hier war, aber es war gewiss die beste.

Was sich seit diesem Tag in der Namib-Wüste nie ändern würde, war, dass Frank und ich uns immer genug sein würden. Wenn wir uns unterhielten, ging uns nie der Gesprächsstoff aus, aber wir konnten auch genauso gut schweigend gemeinsam am Lagerfeuer sitzen. Wir stritten uns nur selten, und wenn, dann nie über Grundsätzliches, sondern nur über alltägliche Kleinigkeiten, die im Anschluss schnell vergessen waren. Wir lachten viel zusammen, aber konnten auch stundenlang über Themen diskutieren, die uns am Herzen lagen. Beide waren wir eine innige Beziehung mit der Natur eingegangen – seine war wissenschaftlicher Art, meine spiritueller, aber es bestand kein Zweifel daran, dass wir gleichermaßen von der Natur lernen wollten. Je mehr wir über die Jahre vom afrikanischen Kontinent entdeckten, und je häufiger wir einsame Orte wie diesen bewusst aufsuchten, desto weniger Platz schien der Rest der Welt in unserem Leben zu haben.

Ich erinnere mich noch genau daran, als wir zum ersten Mal *Cry of the Kalahari* lasen (ich las Frank manchmal vor, bevor wir zu Bett gingen) – die Geschichte des Forscherpaares Delia und Mark Owens, die für mehrere Jahre Raubtiere in der Kalahari-Wüste studiert hatten. Die beiden berichteten von einem ähnlichen Gefühl, von einer unglaublich intensiven Zeit zu zweit, an einem der wildesten und ursprünglichsten Orte dieser Welt. Wenngleich unsere Erlebnisse in Afrikas Wildnis bei Weitem nicht vergleichbar waren mit dem Forscherleben der Owens, war es uns doch ein kleiner Trost, dass es andere Menschen gab, die die Glückseligkeit der Einsamkeit genauso empfanden wie wir. Wir wussten, dass das ungewöhnlich war, aber wir waren einfach so verliebt – ineinander und in die Wildnis. Es fehlte uns an nichts hier draußen. Alles, was wir brauchten, befand sich in Ellies Bauch.

KAPITEL 14

Die letzten Einhörner

Am nächsten Morgen sprang Ellie mal wieder nicht an. Aber das konnte uns mittlerweile kaum noch schocken. Sie war wie ein Hund, der ab und an bellte, wenn er sich vernachlässigt fühlte. Frank ruckelte ein bisschen an dem Verbindungskabel, und dann sprang sie irgendwann wieder an. Was das Problem war, wussten wir immer noch nicht.

Wir verbrachten noch mehrere wunderbare Tage in Damaraland, bevor wir uns schließlich weiter in den Norden vorarbeiteten, in ein Schutzgebiet, die sogenannte Palmwag-Konzession. Wir vergruben die übrig gebliebenen Kohlen, verwischten unsere Spuren und achteten darauf, dass wir nicht mal eine Kartoffelscheibe zurückließen. Das machten wir auch auf jedem Campingplatz so – egal, ob wild oder nicht. Das gehörte für uns zur Busch-Etikette, wir wollten einen Platz ja schließlich auch unberührt vorfinden.

In der Palmwag-Lodge, die uns nach all der trockenen Einöde wie eine grüne Oase erschien, mit ihren sattgrünen Rasenflächen, üppig bepflanzten Beeten und einem tropisch anmutenden Pool, stoppten wir für einen Gemüseburger und ein paar Pommes. Außerdem erhielten wir hier unsere Camping-Genehmigungen für die Konzession.

»Für wie viele Nächte?«, fragte die Rezeptionistin, die hinter dem Bildschirm ihres Computers erstaunlich klein wirkte.

»Fünf«, sagte Frank.

Da hob sie ihren Kopf und beäugte uns, als wären wir von allen guten Geistern verlassen.

»Fünf Nächte Camping?« Ihre Augen waren zu der Größe von Golfbällen angeschwollen. »Die meisten Camper bleiben maximal zwei Nächte. Die Campingplätze in der Konzession haben keinerlei Infrastruktur.«

Wir nickten. Das war uns bewusst.

»Keine Toiletten, keine Duschen, keine Zäune – nichts. Nicht mal Wasser!«

»Ja, genau darum wollen wir dorthin.«

»Warum wollt ihr euch das antun?!«, fragte sie und brach in ein ungläubiges Lachen aus, während sie das Schriftstück ausfüllte.

Wir hatten gute Gründe. Wir würden die Konzession über den nördlichen Zugang betreten und uns dann gen Süden vorarbeiten. Nach fünf Tagen in Palmwag würden wir Ellie volltanken müssen, und das war nur bei der Lodge möglich, die im Süden lag. Auf dem Weg zum Nord-Gate schlitterte Ellie über die roten Schotterstraßen einer Hügellandschaft, die links und rechts mit wesentlich mehr pflanzlicher Vielfalt gesäumt war, als der Süden Damaralandes zu bieten hatte. Der Morgennebel, der hier von der Skelettküste ungehindert ins Landesinnere zog, brachte lebensspendendes Wasser für allerart seltsame Pflan-

zen – steinalte Welwitschia-Aloen, Salvadora-Büsche, Flaschen-
bäume, Bleiholzbäume, Schäferbäume und noch viele mehr.
Schnell stellten wir fest, dass diese größere Pflanzenvielfalt auch
mehr Tiere anzog – logisch: wo es mehr Pflanzen gab, konnte
das Ökosystem auch mehr Pflanzenfresser ernähren, und im
Folgeschluss auch mehr Raubtiere.

Das riesige Gebiet ist ein äußerst wichtiges Refugium für sel-
tene Tierarten, von denen einige vom Aussterben bedroht waren. Schätzungen zufolge befinden sich hier mehr als siebzig
Prozent der noch in freier Wildbahn lebenden Spitzmaulnashörner, und es ist einer der wenigen Orte, an denen die Zahl der
Nashörner dank der Schutzarbeit des *Save the Rhino Trusts* stetig
zunimmt. Wilderer haben in dieser weiten, kargen Mondlandschaft wohl auch einfach keine Chance.

Wüstenelefanten haben sich hier ebenfalls niedergelassen.
Bergzebras und Giraffen durchstreifen das Gebiet und eine ge-
sunde Antilopenpopulation lockt eine beträchtliche Anzahl
großer Raubtiere wie Leoparden, Geparden und Tüpfelhyänen
an. Darüber hinaus hat sich auch eine Gruppe von Wüstenlöwen an die trockenen Bedingungen der Palmwag-Konzession
angepasst.

Wir passierten den Zugang und ein verlassenes Dorf, das Ge-
rüchten zufolge aufgegeben wurde, weil die Löwen in der Gegend zu einer Plage geworden waren. Dann fuhren wir durch
die endlose, surreale Basaltlandschaft, die durch gewaltige Mag-
maeruptionen zu einer Zeit entstanden war, als Afrika und Süd-
amerika noch als zusammenhängende Landmasse Gondwana
existiert hatten. Die zerklüfteten Basaltfelder des sogenannten
Etendeka Plateaus gaben uns das Gefühl, uns durch eine urzeit-
liche Landschaft zu bewegen.

Hier im Norden befanden sich ein paar wenige Camps und Lodges und uns begegneten ein paar offene Geländewagen auf der Fahrt. Alle paar Meter erspähten wir lange Hälse, die sich nach den Samenhülsen der Anabäume streckten – Giraffen schienen sich hier wohlzufühlen. Auch die Elefantenpopulation war hier wesentlich gesünder als in der Gegend um Twyfelfontein, vielleicht weil in dieser Konzession keine Menschen lebten und so weniger Konfliktpotenzial bestand. Trophäenjagd war hier nicht zugelassen. Uns gefiel Palmwag auf Anhieb.

Wir verbrachten die ersten zwei Nächte im Norden, unweit des sandigen Flussbettes des Huanib-Flusses, in dem sich die Tierpopulationen konzentrierten. Wenngleich die Campingplätze nichts weiter waren als eine flache Ebene mit einer selbstgebauten Feuerstelle, konnte man im gesamten Gebiet nicht frei wählen, wo man für die Nacht sein Lager aufschlagen wollte. Dieser erste Platz befand sich recht weit weg von jedweder Vegetation, auf einem Basalt-Plateau am Fuße einer steilen Hügelwand. Vermutlich, weil dies der sicherste Ort war, um nachts nicht von Tieren überrascht zu werden. Dennoch fand ein Wüstenbewohner an diesem Abend seinen Weg zu uns: Ein Kap-Fuchs harrte an der Grenze zwischen dem Schein unseres Lagerfeuers und den Schatten der dunklen Steppe aus. Die großen Löffelohren aufgestellt und die winzige, spitze Schnauze in den Himmel gerichtet, hoffte er sicher, dass wir ihm etwas von unserem Abendessen abgaben. Aber wir aßen ja doch nur langweiliges Gemüse, das hätte ihm bestimmt nicht geschmeckt. Außerdem war es nicmals eine gute Idee, wilde Tiere zu füttern. Sonst gewöhnten sie sich nur allzu schnell an den Menschen, hörten auf, selbst nach Nahrung zu suchen und konnten obendrein noch schlechte Angewohnheiten entwickeln, die sie am

Ende manchmal mit dem Leben bezahlen mussten, wenn sie zum Beispiel einen Touristen in den Finger bissen.

Am dritten Tag in Palmwag machten wir Strecke und bekamen ein Gefühl dafür, wie riesig dieses Gebiet wirklich war. Wir campten auf einer offenen Hochebene, die zu allen Seiten freistand, aber weit und breit war kein Auto zu sehen, kein Tier, nicht mal ein Baum. Nachts war es so still, dass das einzige Geräusch das Schlagen unserer Herzen war. Umso überraschter waren wir, als wir am Morgen von einem kontinuierlichen Summen geweckt wurden.

»Was ist das denn?«, fragte ich Frank.

»Klingt wie Bienen …«, antwortete er, und sollte recht behalten: Wir hatten am vorherigen Nachmittag unsere Solardusche an Ellies Rahmen gehängt, um uns zu waschen. Wir nutzten das Wasser manchmal auch für den Abwasch. Scheinbar hatten wir das Ventil nicht ganz zugedreht, denn der Schlauch war übersät mit einem Schwarm durstiger Bienen, die keinen Tropfen entkommen ließen. Sie taten uns leid, darum bauten wir eine kleine Tasse aus Aluminiumfolie, die wir mit Wasser füllten und auf dem Boden abstellten. Dann brachten wir das Feuer wieder in Gang, und ich nahm einen glühenden Scheit, hielt ihn unter die Solardusche, und es dauerte nicht lang, bis die Bienen davonsummten und stattdessen das Wasser in der Aluminiumtasse fanden.

Am vierten Tag änderte sich die Vegetation dramatisch: Feuerrote Granitkiesel bedeckten die endlose Landschaft, die von grünen Oasen durchbrochen wurde. Diese Inseln, in einem ansonsten kargen Wüstenmeer, erschienen uns die perfekten Anhaltspunkte, um die Fährte der Spitzmaulnashörner aufzunehmen. Wir wussten, dass der Süden wesentlich stärker von ihnen besiedelt war, und da wir beide noch nie eines aus der Nähe gesehen hatten, wollten wir den heutigen Tag nutzen, um diese scheuen Wüstenbewohner zu suchen.

Auf jeder der grünen Inseln befand sich in der Mitte ein baumhohes Gebüsch – das perfekte Versteck für ein riesiges Tier wie das Nashorn. Und tatsächlich fanden wir reichlich Spuren und frische Haufen, die sie hinterlassen hatten. Der Untergrund auf diesen Inseln war sandig, sodass es recht einfach war, die Spuren zu finden und zu untersuchen, aber sobald ein Tier hinaus in die Kieselwüste trat, verloren sich die Fußabdrücke schnell wieder. Wir mussten uns also von Insel zu Insel vorarbeiten.

Kurz vor Sonnenuntergang gewöhnte ich mich an den Gedanken, dass wir heute kein Glück haben würden. Mein Magen knurrte und mein Rücken schmerzte vom vielen Sitzen im Auto.

»Vielleicht wollen wir es einfach zu sehr«, sagte ich zu Frank, als wir eine weitere der Inseln ansteuerten.

»Okay. Das hier ist unser letzter Versuch, dann suchen wir uns einen Platz für die Nacht.«

Wir umkreisten die Insel, aber hier konnten wir nicht mal Spuren entdecken. Etwas geknickt navigierten wir mithilfe unserer App zu dem einzigen ausgewiesenen Schlafplatz dieser Gegend. Das war die letzten Abende immer etwas nervenaufreibend gewesen, denn obwohl die Gegend nicht gerade von Selbstfahrern wimmelte (wir hatten in den vier Tagen nur zwei andere Autos gesehen), so wusste man dennoch nie, ob der Platz schon belegt sein würde. In dem Fall hätte man ihn sich notgedrungen teilen müssen, was an sich kein Problem gewesen wäre, aber die fehlende Privatsphäre konnte spätestens beim Toilettengang hinter den Busch etwas peinlich werden … Und tatsächlich, als wir mit den letzten Strahlen der Sonne den Platz erreichten, war schon jemand dort!

Aber es war kein anderes Fahrzeug. Es war ein Nashorn.

»Frank!«, stieß ich atemlos hervor und packte ihn am Arm.

»No way …!« Frank schüttelte ungläubig den Kopf.

Ich bekomme noch immer eine Gänsehaut, wenn ich an diesen Moment zurückdenke. Wir hatten das riesige Tier aus der Ferne nicht sehen können, weil wir uns über eine Anhöhe genähert hatten. Das Nashorn stand am Fuß einer steilen, knapp fünf Meter hohen Klippe, auf der sich der Campingplatz befand und wo wir Ellie gerade gestoppt hatten.

Vorsichtig fuhren wir ein paar Meter zurück, aber natürlich hatte sich das Nashorn erschreckt und war ein paar Schritte in die entgegengesetzte Richtung gelaufen. Aber es hielt schließlich doch an und beäugte uns argwöhnisch aus sicherer Entfernung, schnaubte kraftvoll durch die Nase und hob seinen schweren Kopf. Es war ein Männchen. Ein stattliches großes Horn, und ein kleineres dahinter zierten sein Gesicht. Es schien sich mehr und mehr zu beruhigen, vor allem nachdem wir den Motor abschalteten. Wir hatten sogar die Gelegenheit, ein paar Fotos von ihm zu schießen, bevor das Tageslicht sich ganz verabschiedete. Während die blaue Stunde langsam fortschritt, konnten wir sehen, wie es sich gemächlich auf den Weg tief in die Wüste machte.

Es ist vielleicht nicht ganz einfach zu erklären, wie viel uns solche Momente bedeuten. Einem der wenigen Tiere einer vom Aussterben bedrohten Art leibhaftig gegenüberzustehen, ist aber ganz gewiss etwas Besonderes. Es fühlt sich fast so an, als würde man einem Dinosaurier in die Augen schauen. Das Zusammentreffen mit dem Spitzmaulnashorn an diesem Abend erfüllte uns im ersten Augenblick mit ungeahnter Freude. Aber später am Lagerfeuer, als wir an unserem *Famous Grouse* nippten, breitete sich immer mehr Traurigkeit in uns aus.

Die Population der Spitzmaulnashörner war im 20. Jahrhundert durch die Jagd dramatisch zurückgegangen, zwischen 1960 und 1995 sank die Zahl um ernüchternde 98 Prozent auf weniger als 2500 Individuen.

Seitdem haben diese Tiere eine Art Comeback vom Rande der Ausrottung geschafft. Dank anhaltender Schutzbemühungen in ganz Afrika hat sich die Zahl der Spitzmaulnashörner von ihrem historischen Tiefstand vor zwanzig Jahren auf heute rund fünfeinhalb Tausend verdoppelt. Trotzdem gilt das Spitzmaulnashorn immer noch als stark gefährdet, und es bleibt noch viel zu tun, um den Bestand auch nur auf einen Bruchteil dessen zu bringen, was er einmal war – und um sicherzustellen, dass er dort bleibt. Wilderei und der Schwarzmarkthandel mit Nashorn-Horn plagen die Art weiterhin und bedrohen ihre Existenz.

Für die Breitmaulnashörner sieht es ähnlich schlecht aus: Um die letzten ihrer Art wird im Krüger Nationalpark in Südafrika ein wahrer Krieg geführt zwischen den Rangern, die diese Tiere zu schützen versuchen, und den weltweit vernetzten Wilderer-Ringen, die Nashörner brutal abschlachten, damit ihr Horn in pulverisierter Form in China und Vietnam als Allheilmittel für horrende Summen verkauft werden kann.

Was kann man nun tun, um dieser Grausamkeit ein Ende zu setzen? Spenden an Tierschutz-Organisationen sind unendlich wichtig (am Ende des Buches steht eine Liste mit Organisationen, denen ich vertraue). Darüber hinaus hilft vor allem eines: Laut werden. Petitionen unterschreiben. Beiträge in den sozialen Medien teilen. Und: Auf Safari kommen. Das Schlimmste, was diesen fantastischen Tieren passieren kann, ist, dass sie in Vergessenheit geraten. Wenn sich niemand mehr um die Existenz der Nashörner schert, dann haben sie verloren.

KAPITEL 15

Ständig krank, niemals tot

Unser letzter Morgen in der Palmwag-Konzession bot zwei
Überraschungen:

Erstens war unser Camp übersät mit frischen Löwenspuren.
Vielleicht waren wir etwas naiv gewesen, aber der Süden der
Konzession war uns so leblos und karg erschienen, dass wir
noch am Vorabend gescherzt hatten, dass kein Löwe bei rech-
tem Verstand in dieser Gegend abhängen würde. Den Spuren
nach zu urteilen war es ein einsames Männchen. Wahrscheinlich hatte die Großkatze uns belauscht und uns, während wir
schliefen, eine gehörige Lektion erteilen wollen. Waren wir
noch am Vortag völlig selbstsicher mit dem Spaten für die morgendliche Toilette losgezogen, so hatten wir heute in der Früh
gehörig die Hosen voll.

Die zweite Überraschung hielt Ellie für uns bereit. Zur Abwechslung sprang sie ohne Probleme an, aber schon nach wenigen Metern vernahmen wir ein lautes Geräusch, als würde
jemand mit einem Kochlöffel gegen einen Blecheimer trom-

meln, wann immer wir über eine Erhebung fuhren (und das tat man in Palmwag ständig).

»Was ist denn jetzt schon wieder los, Ellie?«, seufzte Frank und stoppte den Wagen. Das Geräusch kam vom hinteren Rad auf der Beifahrerseite, und Frank krabbelte unter den Wagen, um der Sache auf den Grund zu gehen.

»Ich glaube, es ist der Stoßdämpfer«, sagte er nach einer Weile.

»Und ist das schlimm?«, fragte ich, noch immer ahnungslos in Mechanikerdingen.

»Ist nicht lebensbedrohlich, aber solange wir auf diesem Acker unterwegs sind, sollten wir langsam fahren. Sonst geht da am Ende nur noch mehr kaputt. Und wenn es wirklich der Stoßdämpfer ist, sollten wir alle vier ersetzen, bevor wir rüber nach Sambia fahren.«

Auf der Weiterfahrt erzählte er mir, dass er die Stoßdämpfer vor dem Trip eigentlich noch hatte ersetzen wollen, aber dass das zu teuer gewesen wäre. Nun sah es so aus, als müssten wir dennoch tief in die Tasche greifen. Wir hatten keinerlei Erfahrungswerte, wie viele gute Autowerkstätten wir in Sambia finden würden, und wollten das Problem noch in Namibia beheben.

Auf der restlichen Strecke durch die Palmwag-Konzession stellte sich plötzlich ein neues Gefühl ein: Unruhe, gefolgt von Genervtheit. Nach fünf Nächten ohne Klo und Dusche waren wir allmählich bereit für einen Campingplatz mit sanitären Anlagen, vielleicht sogar mal einem Gästehaus zur Abwechslung, und hatten geplant, am Nachmittag in Okaukuejo am Etosha Nationalpark einzutreffen. Da die Grenzüberquerung nach Sambia näher rückte, waren wir nicht mehr so frei in unserer

Zeiteinteilung – wir hatten noch knapp zwei Wochen in Namibia, bevor wir zu neuen Ufern aufbrechen mussten, denn wir hatten im nächsten Land bereits feste Pläne gemacht. Aber wir hatten uns sehr auf Etosha gefreut. Wir waren beide noch nie dort gewesen, und dies war immerhin der Ort, der in den berühmten David Attenborough Dokumentationen immer wieder auftauchte. Aber es half alles nichts, wir waren gezwungen, die Sache nun langsam anzugehen. Rund um Etosha würden wir außerdem wahrscheinlich keine Autowerkstatt finden. Auf der Karte fanden wir einen relativ großen Ort namens Outjo und beschlossen, den kleinen Umweg in Kauf zu nehmen, um Ellies neue Macke zu beseitigen.

Wir erreichten die staubige, kleine Stadt spät am Nachmittag. Auf dem Weg hatte ich übers Telefon eine Buchung in einem kleinen Gästehaus vorgenommen und freute mich auf eine heiße Dusche. Es war zu spät, um zur Autowerkstatt zu fahren, außerdem war es ein Sonntag. Wir würden bis zum Morgengrauen warten müssen.

»Land Rover?! Ach du Scheiße – geh mir bloß weg!« Der bierbauchige Automechaniker mit blondem Schopf und öligen Händen winkte ab, als er uns am nächsten Morgen in seine Werkstatt fahren sah. Dann grinste er breit und zeigte dabei eine Reihe Zähne, die so gelb war wie ein gerösteter Maiskolben, stellte sich als Pat vor und sagte dann: »Spaß beiseite. Was kann ich für euch tun?«

»Wir hören hinten rechts am Wagen ein merkwürdiges Klopfen. Ich glaube, es sind die Stoßdämpfer«, erklärte Frank.

»Was, gar kein Öl-Leck?« Pat stemmte die Hände in die Hüften. Er sprach mit dem typischen Afrikaans-Akzent, der die

Worte im Satz abgehackt und hart klingen und das »R« rollen
ließ.

»Nein, mit dem Öl ist so weit alles in Ordnung.«

»Ha! Ein Land Rover, der kein Öl verliert?! Noch nie gehört!
Wahrscheinlich ist gar kein Öl mehr drin, darum!« Er prustete
los und schlug sich auf die Oberschenkel vor Lachen. Wir
stimmten höflich in das Gelächter mit ein. Wer im südlichen
Afrika einen Land Rover besaß, konnte den üblichen Witzen
nicht entgehen.

»Tja, so ist das eben mit diesen Kisten. Sind ständig krank,
aber niemals tot!« Er klopfte Ellie kumpelhaft auf die Haube.
»Alles klar, ich schau's mir an. Kommt in einer Stunde wieder,
dann kann ich euch mehr sagen.«

Wir ließen die alte Dame in der Werkstatt zurück und gönn-
ten uns ein ausgedehntes Frühstück in einem Café im Stadt-
kern, das von Tourist*innen stark frequentiert zu sein schien.
Aber wir waren schließlich auch welche, und so mischten wir
uns unter unseresgleichen und ich genoss es, zur Abwechslung
mal nicht selbst kochen zu müssen, während Frank dankbar
war, dass er heute mal nicht den Tellerwäscher spielen musste.
Unsere Rollen in der Küche waren klar aufgeteilt: Ich kochte – er
spülte. Er hatte zum Kochen keine Lust, und ich war froh, wenn
ich nicht spülen musste.

Mit vollen Bäuchen schauten wir eine Stunde später wieder
bei der Werkstatt vorbei.

»Jepp, sind die Stoßdämpfer«, bestätigte der Mechaniker
Franks Verdacht. »Der hinten rechts ist völlig verloren, aber
auch alle anderen werden nicht mehr lange halten.«

Frank nickte.

»Ich kann euch die austauschen, aber ich hab keine Passenden. Muss ich aus Windhoek bestellen. Dann sind sie am Mittwoch hier.«

Ich zog etwas besorgt die Augenbrauen hoch. Heute war Montag. Wir hatten bereits zwei ganze Tage verloren, jetzt würden noch mindestens zwei weitere hinzukommen, sodass uns nur noch knapp sechs Tage für Etosha und den Caprivi-Streifen im Nordosten Namibias blieben. Aber es half nichts: Wenn Ellie neue Schuhe wollte, bekam Ellie eben neue Schuhe.

»Ja, dann warten wir, oder?« Frank sah in meine Richtung, und ich nickte.

Dann berichtete Frank dem Mechaniker noch von unserem altbekannten Problem beim Anlassen und Pat versprach, dass er sich auch das anschauen würde.

Die nächsten Tage stellten sich als willkommene Auszeit heraus, die wir zu großen Teilen mit dem Abarbeiten von E-Mails verbrachten. Während unseres Aufenthalts in Damaraland hatten wir so gut wie gar keinen Empfang gehabt, und unsere Postfächer quollen über. Ellie konnte außerdem mal eine ordentliche Reinigung vertragen. Wir räumten sie einmal komplett leer und verstauten dann all unser Hab und Gut wieder an seinem ursprünglichen Platz. Am Mittwochmorgen erhielten wir einen Anruf von Pat, dass die Stoßdämpfer eingetroffen seien, und so übergaben wir Ellie für den Vormittag in seine Obhut. Mittags war der Wagen wieder fit, aber auf die Probleme beim Anlassen konnte auch Pat sich keinen Reim machen. Das Solenoid sei in Ordnung, teilte er uns mit, und auch das Verbindungskabel schien top zu sein. Es war wie verhext. Aber er beruhigte uns und sagte, dass auch er nicht glaubte, es sei etwas Ernstes. Das Auto sei ansonsten in einem tadellosen Zustand.

»Äußerst selten, für einen Land Rover«, zwinkerte er, während ich ihn bezahlte. Dann hüpften wir wieder in die Fahrerkabine, aber einen hatte Pat noch auf Lager.

»Hier, einen hab ich noch – zum Abschied«, rief er uns zu. »Man bekommt jetzt beim Kauf eines Land Rovers immer einen gratis Jack Russell mit dazu – wisst ihr, warum?«

»Warum?«, fragten Frank und ich gleichzeitig.

»Damit man nicht alleine nach Hause laufen muss!«

Und dieses Mal lachten wir aus vollem Herzen. Den hatten wir noch nicht gehört.

Ich hätte es vorab nicht für möglich gehalten, aber von Etosha waren wir beide schwer enttäuscht. Nach unseren wunderbaren Tagen in der Wüstenstille fühlte sich der berühmte Nationalpark für uns an, als hätte jemand einen Eimer mit Eiswasser über unseren Köpfen entleert. Zwar waren wir schon während unseres Zwischenstopps in Outjo zurück in die Zivilisation eingetaucht und hatten uns wieder etwas an andere Menschen um uns herum gewöhnt, aber das Campen auf den öffentlichen Plätzen in Etosha war etwas anderes. Jedes laute Auflachen vom benachbarten Lagerfeuer, jedes Motorenbrummen und jede Klospülung erschienen uns auf einmal zu laut. Vielleicht hatten wir einfach falsche Erwartungen gehabt. Camping im südlichen Afrika hatte für uns bis zu diesem Zeitpunkt mit wenigen Ausnahmen immer bedeutet, dass wir viel Privatsphäre, Stille und Wildnis erlebten. Die Tiersichtungen hier ließen jedoch kaum Wünsche offen, der Etosha-Nationalpark, der sich über mehr als 20 000 Quadratkilometer erstreckte, war einer der vielversprechendsten Orte der Welt, um Wildtiere zu beobachten. Im Gegensatz zu anderen Parks in Afrika, in denen man manchmal tagelang nach Tieren suchen musste, ohne welche zu finden, lag der Charme von Etosha für Tourist*innen gewiss in der Tatsache, dass die Tiere quasi zu einem gebracht wurden. Man musste einfach nur das Auto neben einem der vielen Wasserlöcher parken, warten und beobachten, während eine Vielzahl von Tieren – Löwen, Elefanten, Springböcke, Gemsböcke, Giraffen – in großer Zahl zum Trinken vorbeischauten.

Das Herzstück von Etosha war die Etosha-Pfanne, eine riesige, flache Salzwüste, die sich für ein paar Tage im Jahr durch Regen in eine seichte Lagune verwandelte, in der es von Flamingos und Pelikanen nur so wimmelte. Im Gegensatz dazu schien in der späten Trockenzeit alles, von den Elefanten bis zu den einst goldenen Graslandschaften, gespenstisch in Etoshas weißen Kreidestaub gehüllt zu sein. Ich kann die Faszination verstehen, und würde jedem, der absolut sichergehen möchte, so viele Wildtiere wie möglich in einer kurzen Zeitspanne zu sehen, einen Besuch in Etosha empfehlen. Wir entschieden uns aber dafür, Etosha einen Tag früher zu verlassen und stattdessen ganz entspannt den Caprivi-Streifen bis in die Stadt Katima Mulilo im Osten abzufahren, von wo aus wir die Grenze nach Sambia überqueren würden.

Zu unserer eigenen Überraschung gefiel es uns hier wiederum besser, als wir angenommen hatten. Nach den Wochen auf Namibias staubigen Wüstenstraßen war es ein wahrer Segen, im Osten des Landes auf den Cubango-Fluss zu stoßen, der das lebensspendende Wasser ins botswanische Okavango-Delta beförderte. Wir verbrachten ein paar entspannte Tage hier und im unscheinbaren Babwata Nationalpark, der vor Elefanten fast zu platzen drohte. Am Ufer des Cubangos fanden wir einen ausgezeichneten Campingplatz im Garten einer Lodge, wo immer eine frische Brise vom Fluss wehte und wir mit dem Gedanken spielten, uns einfach mit dem Wasser zurück nach Botswana treiben zu lassen. Aber das stetige Lachen der Nilpferde hielt uns schlussendlich doch davon ab. Außerdem wartete ja ein neuer weißer Fleck auf unserer Landkarte bereits um die nächste Ecke, der mit neuen Erfahrungen und Erinnerungen gefüllt werden wollte.

Kurz vor einer Ländergrenze überkam mich immer ein ganz besonderes Gefühl: Wehmut, gemischt mit Aufregung. Wehmut, da ein Stück der Reise nun vorbei war; Aufregung, weil ein neuer Abschnitt schon bald beginnen würde. Und dieses Gefühl würde ich wohl für immer mit dem unscheinbaren Ort Katima Mulilo verbinden. Es gibt ein paar Plätze, an die wir über die kommenden Jahre im südlichen Afrika immer wieder zurückkehren würden und die wir recht gut kennenlernten. Katima würde einer davon werden.

Hier, am Ufer des mächtigen Sambesi-Flusses, wurde uns zum ersten Mal klar, dass wir einen Plan B ausarbeiten mussten. Eine ausführliche E-Mail von Goziame, unserem Einwanderungsagenten aus Botswana, war der Auslöser. Die einzelnen Schritte auf dem Weg zu einer eigenen Firma in Botswana würden ein eigenes Buch füllen, aber ich übertreibe nicht, wenn ich sage, dass wir mit unserer Idee sehr schnell ins Schwimmen geraten waren. Der große Traum Botswana würde uns mehr Planung, Geld und Geduld abverlangen, als uns vorab klar gewesen war. Wir hatten nicht die geringste Ahnung, wie wir das alles anstellen sollten. Alles, was wir hatten, war unsere Schnapsidee und eine Art naive Entschlossenheit, die uns über die kommenden Jahre noch weit bringen sollte.

Wir mussten aber hier in Katima einen Plan für die unmittelbare Zukunft machen, um so viel Zeit wie möglich auf afrikanischem Boden verbringen zu können, während wir auf Botswana hinarbeiteten.

Wir fanden die Lösung in einer glücklichen Fügung, an der Franks Familienunternehmen und mein erstes Buch *Frühstück mit Elefanten* beteiligt waren.

TANSANIA

KONGO

NORTH LUANGWA N.P. ◉

BANGWEULU ◉

ANGOLA

LUAMBE N.P. ◉

KASANKA N.P.

SOUTH LUANGWA N.P. ◉

MFUWE ◉

CHIPATA

LIUWA N.P. ◉

KAFUE ◉

LUSAKA ★

TEIL III - SAMBIA -

MOSAMBIK

SIMBABWE

NAMIBIA

LIVINGSTONE

BOTSWANA

KAPITEL 16

Lunch mit Krokodilen

Es gibt nichts Besseres als den Anblick eines frischen Stempels im Reisepass. Im April 2019 fand der sambische Stempel bereits zum vierten Mal seinen Weg in mein kleines dunkelrotes Heftchen. Dieses Jahr würden wir aber zum ersten Mal für mehrere Monate bleiben.

Drei Jahre waren vergangen, seitdem wir auf unserem ersten Roadtrip in Katima Mulilo die namibisch-sambische Grenze überquert hatten. Drei Jahre, in denen Frank und ich als sogenannte Private Guides unterwegs gewesen waren, auf Safaris, die wir selbst zusammenstellten. Das war die Idee, die wir ausgearbeitet hatten, nachdem Goziame uns klar gemacht hatte, dass der Traum von Botswana nicht so einfach zu realisieren sein würde.

Als Private Guides waren wir die Gastgeber oder Tour-Leader auf ein paar wenigen, ausgewählten Reisen pro Jahr. Das erlaubte uns zwar nicht, selbst die Safarifahrzeuge zu fahren oder die Busch-Walks anzuführen, aber wir hatten unseren ersten

Trip genutzt, um starke Partner vor Ort zu finden, mit denen wir zusammenarbeiten konnten. Wir machten also genau das, was Frank schon auf der Safari mit den australischen Johnsons im Okavango-Delta gemacht hatte. Wir boten ein paar dieser Reisen über Franks Webseite an, und mein Buch half uns dabei, Menschen zu finden, die gerne mit uns gemeinsam den afrikanischen Busch entdecken wollten.

Sambia mit seiner vielfältigen Landschaft, seinen unfassbar freundlichen Menschen und seiner atemberaubenden Wildnis ließ uns wenig Zeit, über vage Zukunftspläne nachzudenken. Aufgrund der starken Regenzeit hatte das Land eine recht kurze Safarisaison. Sie dauerte nur knapp sechs Monate, etwa von Mai bis Oktober, und im Jahr 2019 hatten wir all unsere Safaris im berühmten South Luangwa Nationalpark im Osten des Landes geplant. Dank einer Arbeitserlaubnis würden wir den Großteil der Saison im Land verbringen. Ellie war immer noch mit dabei und leider machte sie auch immer noch Zicken beim Anlassen. Wann immer wir sie für eine Inspektion in eine Autowerkstatt gebracht hatten, hatten wir auch dieses Problem prüfen lassen, aber jedes Mal ließ sich Ellies Motor dort wie geschmiert an. Und so hatte nie jemand eine Antwort darauf finden können, was das Problem verursachte. Selbst mit ihren gelegentlichen Schwierigkeiten hatte Ellie Sambia jedoch bereits dreimal hintereinander erobert und sich von Katima im Süd-Westen bis zu den fernen Ufern des Tanganjika-Sees im Nord-Osten gewagt.

Sambia ist je nach Region und Saison ganz unterschiedlich und es gibt zu verschiedenen Zeiten des Jahres verschiedene Dinge zu entdecken – was fantastisch ist, aber man kann so unmöglich das Beste von Sambia auf nur einem Trip allein erkunden. Um dieses Land in all seiner Pracht zu erleben, muss man in ihm zu verschiedenen Jahreszeiten reisen. Und genau das haben wir getan. Um die Dinge aber beim Lesen zu vereinfachen, habe ich unsere Abenteuer in Sambia in geografischer Reihenfolge niedergeschrieben, beginnend genau hier, in Katima.

*

Ich werde wohl nie unseren ersten Aufenthalt in Sambia vergessen, als wir zum ersten Mal auf die furchterregenden Krokodile des Sambesi-Flusses trafen. Nachdem wir die Grenze erfolgreich überquert hatten, verbrachten wir zwei Nächte auf einem Campingplatz im Schatten ausladender Baumkronen am Ufer des Sambesis. Ein paar einfache, aber gemütliche Reet-Hütten verteilten sich auf der Böschung, und wenn die Strahlen der Nachmittagssonne auf die Wasseroberfläche des Flusses trafen, malten sie wellenförmige Reflexionen und Schattenspiele an die Hüttenwände und Baumstämme. Alte Fischerboote und Kanus lagen vergessen im Sand, und an einer kleinen Bar gab es kühles sambisches Mosi-Bier zu trinken, benannt nach *Mosi-Oa-Tunya* – dem donnernden Rauch der weltberühmten Viktoriafälle. Im hinteren Bereich lagen eine Handvoll Stellplätze auf grünem Rasen und ein reetgedecktes Outdoor-Badezimmer.

Der Manager dieses naturbelassenen Resorts stellte sich uns als Matthew vor und hätte problemlos auf einem Piratenschiff anheuern können. Er war Sambier und seine Familie hatte schon seit Generationen in einem der Dörfer gelebt, die wir auf dem Weg hierher am Straßenrand gesehen hatten. Dort schien die Zeit stehen geblieben zu sein. Wir mochten Matt auf Anhieb. Darum stimmten wir begeistert zu, als er uns an unserem ersten Abend fragte, ob wir am kommenden Morgen eine Bootsfahrt mit ihm buchen wollten. Der Sambesi übte eine magische Anziehungskraft aus, und wir hatten große Lust, mehr über diesen legendären Fluss zu lernen und gleichzeitig die Ufer flussaufwärts zu entdecken.

Am nächsten Morgen trafen wir Matt am Ende eines kleinen Stegs, wo er damit beschäftigt war, das kleine Boot mit Benzin aus einem Kanister zu befüllen. Das Boot war nicht viel größer als ein Reisekoffer.

»Behaltet eure Hände immer im Boot und steht während der Fahrt nicht auf«, wies uns Matt an, während wir über den niedrigen Rand einstiegen und er den Motor anließ, der kurz spuckte und dann monoton vor sich hin dröhnte. Matt fuhr geradeaus ins warme Licht der aufgehenden Sonne. Es waren auch ein paar Kanus zu dieser frühen Stunde unterwegs, von denen Männer Netze auswarfen. Ein Riesenfischer saß geduldig auf seinem Ast und spähte ins Azurblau, in der Hoffnung, dass ein Fisch vorbeischwamm, und eine Frau lehnte über dem seichten Wasser und wusch ihre Wäsche.

»Hat sie denn keine Angst vor Krokodilen?«, fragte ich Matt.

»Da wo sie wäscht, ist das Wasser klar. Sie kann die Krokodile sehen, bevor sie ihr zu nahe kommen.«

Ich hob die Augenbrauen und warf Frank einen besorgten Blick zu. Das schien mir alles andere als sicher zu sein. Aus Botswana wusste ich, dass die meisten Angriffe von Krokodilen auf Menschen nicht den Tourist*innen widerfahren, sondern den Einheimischen, denn sie sind es, die Tag ein Tag aus, Jahr ein Jahr aus, den Lebensraum mit diesen Tieren teilen. Ich bezweifelte, dass es hier in Sambia anders aussah. Krokodile sind Raubtiere, die im Hinterhalt darauf warten, dass ihre Beute in

Reichweite kommt, sodass sie sich darauf stürzen und ihre kräftigen Zähne darin versenken können, um sie ins Wasser zu zerren, wo die Beute entweder ertrinkt, durch plötzliche Stoßbewegungen stirbt oder mit Hilfe anderer Krokodile zerrissen wird. Nachts können Krokodile sogar das Wasser verlassen und ihrer Beute an Land auflauern.

Ich versuchte, all diese Bilder mit dem Fahrtwind ziehen zu lassen, der mir ins Gesicht blies, während wir in unserer Nussschale flussaufwärts schipperten und Matt uns von seinem Fluss erzählte. Sambesi bedeutet im lokalen Tonga-Dialekt »Großer Fluss«. Er ist der viertlängste Fluss in Afrika, nach Nil, Kongo und Niger, und der längste östlich fließende Fluss in Afrika. Er durchfließt sechs Länder auf seiner Reise von der Quelle im Nordwesten Sambias bis zum Indischen Ozean, eine erstaunliche Strecke von 2700 Kilometern.

Eine sambische Legende besagt, dass der Sambesi einen Geist namens Nyami Nyami beherbergte – dieser Geist brachte den Menschen Wasser zum Anbau ihrer Pflanzen und Fisch zum Essen – und sie nannten den Fluss »den Fluss des Lebens«. Nyami Nyami war ein riesiges, schlangenartiges Geschöpf, und es heißt, dass sich das Wasser rot färbte, wenn er vorbeischwamm. Heutzutage glaubt man, dass der Nyami Nyami tatsächlich der Vundu-Wels war, eine riesige Welsart, die bis zu 45 Kilogramm wiegen kann und dafür bekannt ist, dass sie so ziemlich alles frisst, was ihr ins Maul gerät, darunter Vögel, Schnecken, andere Fische, kleine Krokodile, Kadaver, und angeblich macht sie sogar vor dem Menschen nicht halt. Die Vundus stehen unter strengem Schutz, und sollte ein Angler mal einen an den Haken bekommen, muss er ihn wieder freilassen, denn die Fische leisten einen wichtigen Beitrag zu ihrem Ökosystem, indem sie die Flüsse mit Hilfe ihres vielseitigen Geschmacks sauber halten.

Wir glitten vorbei an Sandbänken, auf denen Krokodile, so groß wie Schlachtschiffe, in der Sonne badeten. Sie tankten die Wärme auf, die ihre kaltblütigen Körper dringend brauchten, nun da die Nacht vorüber war, und hatten ihre Mäuler dabei weit aufgerissen, um eine Überhitzung zu vermeiden. Ihre schuppige, gepanzerte Haut leuchtete grün-gelblich in der Morgensonne, und ihre vier kurzen Beine schienen allzeit bereit für einen Angriff, oder vielleicht bildete ich mir das nur ein. Wann immer wir einem von ihnen zu nahe kamen, kroch es mit einer geschmeidigen Bewegung ins Wasser, ohne dabei große Wellen zu schlagen. Und dann war alles, was wir von ihm noch sehen konnten, wenn überhaupt, das Paar goldgelber Augen, das uns nie aus dem Fokus zu lassen schien.

Ich habe vor Krokodilen den allergrößten Respekt. Immerhin gehören sie einer Spezies an, die zusammen mit den Dinosauriern zur Schule gegangen ist und sich in dieser Zeit so perfekt an diese Welt angepasst hat, dass die Evolution keinerlei Veränderungsvorschläge für sie hatte.

Matt steuerte sein Boot auf eine Stromschnelle zu, die von einer Reihe spitzer Felsen eingerahmt war. Spätestens hier zeigte sich, dass er seinen Fluss wie die eigene Westentasche kannte, denn er manövrierte wie ein alter Seemann an dem Hindernis vorbei.

»Hier treiben sich die Krokodile gern rum. Warten unterhalb der Stromschnellen mit offenen Mäulern auf ein gratis Frühstück.«

Ich lugte vorsichtig über den Bootsrand, aber ich konnte kein

Krokodil erspähen. Etwas flussaufwärts stoppte Matt unweit einer Sandbank, auf der sich noch mehr Krokodile sonnten. Ich kramte meine Kamera aus dem Rucksack hervor und begann ein paar Fotos zu schießen, während Matt zwei Angelruten hervorholte, damit Frank und er das Mittagessen angeln könnten. (Obwohl wir uns zu diesem Zeitpunkt schon hauptsächlich vegetarisch ernährten, aß Frank manchmal noch selbst gefangenen Fisch oder Wild.)

»Wir angeln nur Brassen und Buntbarsche«, wies Matt Frank an, »Tigerbarsche sind nur *Catch and Release*. Wenn wir so einen am Haken haben, müssen wir ihn wieder in die Freiheit entlassen.«

Dann warfen die beiden die Angeln aus und nach kurzer Zeit hatte Matt schon eine stattliche Brasse am Haken. Frank hatte an diesem Tag kein Glück, aber wir genossen einfach die Stille auf dem Wasser. Als die Sonne schließlich höher und höher in den Himmel kletterte, schlug Matt vor, dass wir langsam zurückfahren sollten und dann musste ich kurz kichern, als er verkündete, er müsse vorher noch mal kurz »Pipi machen«. Aber das Lachen verging mir schnell, als er daraufhin direkt auf die Sandbank zusteuerte, auf der sich eben noch die Krokodile getummelt hatten. Das laute Brummen unseres Bootsmotors hatte sie schnell das Weite suchen lassen, dennoch war ich ziemlich überrascht, als Matt das Boot auf den Sand fuhr, den Motor im Leerlauf ließ und hinauskletterte. Frank folgte ihm, etwas zögerlich. Man musste sich schließlich den Landessitten anpassen. Ich musste Gott sei Dank nicht und drehte mich derweil um 180 Grad in die andere Richtung, um den beiden etwas Privatsphäre zu geben, und war schwer damit beschäftigt, ein Video von den Wellen zu machen, die sanft gegen das Bootsmetall schlugen.

»Siehst du die Blasen da im Wasser?«, fragte Matt Frank, während sie beide ihre Blasen entleerten, vielleicht um die peinliche Stille zu durchbrechen. »Das sind die Krokodile.«

Sehr beruhigend. Als ich simultan zwei Reißverschlüsse hörte, drehte ich mich wieder um und staunte nicht schlecht: Das Boot hatte sich ohne, dass ich es bemerkt hatte, vom Sand zurück ins Wasser geschoben und schwappte keinen halben Meter von der Sandbank entfernt im Wasser. Vielleicht war ich noch zu sehr an deutsche Gewässer gewöhnt, jedenfalls kam mir die Situation in dem Moment noch völlig ungefährlich vor. In Deutschland wäre man jetzt einfach die paar Schritte durchs Wasser gewatet und hätte das Boot zurückgeholt. Aber dann ging mir plötzlich auf, dass das hier natürlich keine Option war – Krokodile und so.

»*Oh, shit*«, sagte Frank, und es war seine Reaktion, die nun auch mich etwas in Panik versetzte.

»Was jetzt?«, fragte ich, bemüht, ruhig zu bleiben, während die Gedanken in meinem Kopf umher hüpften wie ein Schwarm Fische im Netz. Matt sagte, ich sollte einfach den Richtungshebel vorwärtsbewegen, Gas geben und dann vorsichtig zurück zur Sandbank fahren. Ich nickte und drehte mich zum Bootsmotor um, sodass mein Gesicht in Richtung des Flusses zeigte. (Dass ich in meinem Leben noch nie zuvor ein Boot gesteuert hatte, hatte ich erwähnt …?) Ich drückte den Hebel nach vorne und gab dann ordentlich Gas. (Das funktioniert bei einem Boot genauso wie bei einem Motorrad.) Aber ich hatte wohl zu viel Gas gegeben, denn der Motor ging völlig mit mir durch, bäumte sich auf wie ein scheuendes Pferd, und anstatt dass das Boot wieder zurück zur Sandbank fuhr, schoss es mit einem Satz gleich mehrere Meter weiter in den Fluss, der Motor hob sich aus dem Wasser, das jetzt wie verrückt umherspritzte, und ich verlor für einen kurzen Moment fast das Gleichgewicht.

Wenn ein Kind auf die Nase fällt, schreit es oft erst, wenn es den besorgten Gesichtsausdruck der Eltern auffängt. So ging es jetzt mir, als ich den Kopf drehte und in Franks panisches Gesicht sah. Ich konnte ohne Zweifel erkennen: Er hatte Angst um mich, und obwohl ich nicht schrie, so fühlte ich mich dennoch genauso unbeholfen wie ein kleines Kind. Jetzt hatte auch ich richtig Schiss. Mein Herz schlug mir bis zum Hals und ich atmete schnell und flach. Auch Matt war mittlerweile in echte Panik verfallen, und beide brüllten mir von der Sandbank Worte zu, die ich nicht verstehen konnte, weil sie wie wild durcheinanderriefen und der Motorenlärm ihre Stimmen übertönte. Plötzlich ging mir auf, dass es nicht nur ich war, die in Gefahr schwebte. Nein, ich hatte die Männer allein auf einer Krokodil-Insel zurückgelassen!

Am schlimmsten war, dass ich nach meinem ersten Versuch panische Angst hatte, die Drossel für das Gas auch nur zu berühren. Aber mir lief die Zeit davon, das Boot bewegte sich jetzt schneller und schneller flussabwärts, auch ohne mein Zutun. Es war in die Strömung getrieben und schwappte unkontrolliert wie ein Papierschiffchen den Sambesi hinunter.

Noch immer riefen Frank und Matt mir Anweisungen zu, und aus voller Kehle brüllte ich jetzt zurück: »Nur einer auf einmal! Ich kann euch nicht verstehen!«

Endlich verstummte Matt für einen Augenblick und ich konnte Franks Stimme klar und deutlich über das Motorenbrummen hören.

»Dreh dich um!«, brüllte er, »Setz dich andersherum!«

Dann begriff ich: Das war das Problem gewesen. Matt hatte

223

gesagt, ich solle den Richtungshebel vorwärtsstoßen, aber ich saß falschherum im Boot – mein vorwärts war rückwärts gewesen!

Gerade als es in meinem Hirn endlich klick gemacht hatte, tauchte vor mir (oder war es hinter mir?) die Stromschnelle auf, wo sich laut Matt die Krokodile gern zum Fressen herumtrieben. Die scharfen Felsen ragten wie Raubzähne aus dem Wasser, das jetzt wie in einer Waschmaschine rotierte. Wenn das Boot gegen die Felsen knallte, würde ich mit großer Wahrscheinlichkeit kentern.

Ich befolgte Franks Anweisung und drehte mich auf der Hinterbank des Bootes um, sodass mein Gesicht jetzt Richtung Bug zeigte.

»Gut«, rief Frank mir zu, »und jetzt gib Gas – ABER LANGSAM! Und dann schieb den Richtungshebel in MEINE Richtung.«

Meine Hände zitterten vor Angst, aber ich atmete einmal tief durch und gab schließlich Gas, so vorsichtig wie ich nur konnte. Den ersten Bootsunterricht meines Lebens wäre ich gerne entspannter angegangen. Aber jetzt hatte ich den Dreh raus, und zu meiner tiefen Erleichterung bewegte sich das Boot zurück auf die Sandbank zu. Ich war mittlerweile gut sechzig Meter flussabwärts geschippert. Matt wagte trotz einer möglichen Krokodilattacke tatsächlich einen beherzten Sprung ins Wasser und dann einen zweiten ins Boot und übernahm das Steuer.

»*Are you alright?*«, fragte Frank und schloss mich in die Arme. Ich zitterte und kam mir unglaublich dumm vor.

»*Well, now you know how to steer a boat*«, scherzte Frank, um die Situation etwas aufzulockern, und ich war ihm dankbar dafür. Ja, nun konnte ich mich problemlos um einen Motorbootschein bemühen. Matt fuhr uns nach diesem ungewollten Abenteuer so schnell er konnte zurück zum Campingplatz. Er fuhr nun so rasant, dass ich ein paar Mal dachte, wir würden doch noch kentern, vor allem, als er uns durch die Stromschnelle lenkte. Wahrscheinlich war ihm auch der Arsch auf Grundeis gegangen; das Letzte, was er gebrauchen konnte, war eine deutsche Touristin, die mit seinem Boot kenterte, während er eine Pinkelpause einlegte.

Frank und ich verbrachten den Rest des Tages sicher an Land, in unserem »Nest«, wie wir unser geliebtes Dachzelt mittlerweile nannten, und schauten *Game of Thrones* auf dem Laptop. Musste auch mal sein, zur Beruhigung. Am Abend suchten wir Matt an der Bar auf, er war als Manager des kleinen Resorts auch der Barkeeper. Wir luden ihn auf ein Mosi ein und bedankten uns für die abenteuerliche Bootsfahrt, woraufhin er in schallendes Gelächter ausbrach, und wir stimmten erleichtert mit ein. Wir würden noch oft zu Matts kleinem Paradies am Ufer des Sambesis zurückkehren.

Nur das Bootsfahren ließen wir auf diesem Fluss in Zukunft lieber bleiben.

KAPITEL 17

Von Sumpflöwen und Elefantenwaisen

F ährt man von Katima Mulilo weiter in nord-nordwestliche Richtung, erreicht man irgendwann den Liuwa Plain National Park am äußersten Zipfel des Landes, kurz vor der Grenze zu Angola. Liuwa hat eine der ältesten Naturschutzgeschichten Afrikas, die bis ins 19. Jahrhundert zurückreicht, als der König des dortigen »Barotselandes« sein Volk zu Hütern des Parks und dessen Wildtieren ernannte. Knapp 10 000 Menschen leben legal im Park, und somit ist Liuwa ein Paradebeispiel dafür geworden, wie Menschen und Wildtiere in einem Gebiet koexistieren und voneinander profitieren können. Die Menschen in Liuwa ernähren sich von traditionellem, nachhaltigem Fischfang, und der Nationalpark, der von der berühmten NGO *African Parks Network* betrieben wird, unterstützt fast dreißig Schulen der Gegend, die mehr als 11 000 Schülerinnen und Schülern eine Ausbildung ermöglichen, und finanziert jährlich über einhundert Stipendien.

Jedes Jahr im Herbst findet in Liuwa die zweitgrößte Gnu-

Wanderung des Kontinents statt (nach der berühmten Wanderung in Ostafrika) – eines der prächtigsten Naturschauspiele der Welt. Wenn saisonale Überschwemmungen das flache Grasland in ein Feuchtgebiet verwandeln, begeben sich die riesigen Gnu-Herden mit rund 30 000 Tieren auf Wanderschaft innerhalb des weitläufigen Parks. Zu Beginn der Regenzeit (etwa im November) überschwemmt der Sambesi den Norden, und die Gnus ziehen nach Süden in höher gelegene Gebiete. Zu ihnen gesellen sich Herden von Zebras, Tsessebe- und Lechwe-Antilopen sowie Raubtiere wie Wildhunde, Geparden, Löwen und Hyänen. Letztere kann man in Liuwa kaum übersehen, der Park ist bekannt für seine florierende Hyänenpopulation. Die anderen drei Raubtierarten sind seltener, aber es ist umso bereichernder, wenn man sie dann auf der weiten Ebene antrifft, ein Flüstern der Wildnis, ein Geheimnis, das man oftmals als einzige*r Tourist*in der Gegend erlebt.

Frank und ich haben Liuwa sowohl in der Trockenzeit als auch zur Gnu-Migration besucht, während der wir eine Abenteuer-Expedition mit einer Gruppe neuseeländischer Tourist*innen als Tourleader begleiten konnten. Für mich stellte dieser Job eine echte Herausforderung dar. Die berghohen Gewitterwolken, denen die Gnus folgen und die sich donnergrollend über der weiten Ebene auftürmten, zusammen mit den furchterregenden Blitzen, die mit dem geballten Jähzorn des Zeus zu Boden schossen, jagten mir eine Höllenangst ein. Ich war die gewaltige Kraft eines afrikanischen Gewittersturms nicht einmal im Ansatz gewöhnt, und wann immer ein Blitz einschlug, wimmerte ich in mich hinein und hätte mich am liebsten unter dem Autositz versteckt, wie ein Welpe unter dem Küchentisch.

Dennoch ist Liuwa ein fantastisches Abenteuer, das eine gute Alternative zur massentouristischen Migration Ostafrikas bietet. Und ich hoffe sehr, dass Orte wie Liuwa in Zukunft mehr und mehr Aufmerksamkeit bekommen. Das *African Parks Network*, dessen Präsident Prince Harry ist, verwaltet auf dem gesamten afrikanischen Kontinent fast zwanzig Nationalparks. Mit ihrer engen Partnerschaft zu Regierungen und lokalen Gemeinden ist die Organisation eines der effektivsten Schutzschilde, um wilde Gebiete und deren Artenvielfalt zu erhalten. Ihr Ziel ist es, dass alle Parks unter ihrer Flagge sich irgendwann selbst verwalten können und nicht mehr auf Spenden angewiesen sind. Liuwa ist zweifelsohne eines der Aushängeschilder der Organisation, was hier geleistet wurde, ist wirklich beeindruckend.

Liuwa zeigt, dass es sich lohnt, wilde Gebiete zu schützen, und ist damit Hoffnung für eine Gesellschaft, die nach wie vor keinen Masterplan hat, wie sie mit den natürlichen Schätzen dieser Erde umgehen soll.

Da Liuwa aber keine Raubkatzengarantie bieten kann, würde ich immer empfehlen, dieses Reiseziel mit einem anderen Nationalpark zu kombinieren, der bessere Erfolgschancen bietet, Löwen, Leoparden oder Geparden zu sehen. Aufgrund der (relativen) Nähe zu Liuwa eignet sich vor allem ein Park hierfür besonders gut: Der Kafue Nationalpark auf halber Strecke zwischen Liuwa und der sambischen Hauptstadt Lusaka, ein wildes Paradies abseits des Massentourismus und Schauplatz einer nervenaufreibenden Löwenbegegnung, die mir noch heute das Herz in die Hose rutschen lässt …

*

Das ferne Lachen eines Nilpferds holte uns sanft aus dem Schlaf, noch bevor der Weckruf des Guides an unsere Ohren drang. Es war so früh, dass wir durch die benetzten Fenster immer noch den unendlichen Sternenhimmel ausmachen konnten. Es war unser dritter Tag in Kafue. Wir hatten die ersten zwei Nächte in einer Lodge am Ufer des Kafue-Flusses verbracht und in der Gegend mehrere *Sight Inspections* durchgeführt, die uns allesamt durch dichte Miombo-Wälder führten, die wohl das lästigste aller Lebewesen beherbergten: die Tsetsefliege. Tsetses sind Bremsen, die einen sehr schmerzhaften Biss verursachen. Zwar übertragen sie heutzutage keine Krankheiten mehr, aber dennoch trieben sie uns in den Wahnsinn, denn kein Insektenspray schien sie abzuhalten, und Ellies Klimaanlage hatte irgendwo hinter Katima den Geist aufgegeben. Und so hatten wir die Wahl: Entweder wir schwitzten uns bei hochgekurbelten Fenstern zu Tode oder wir nahmen es mit den Tsetses auf. Wir entschieden uns für Letzteres und hätten das tapfere Schneiderlein vor Neid erblassen lassen. Sieben an der Zahl? Pah! Im Umkreis der Camps und Lodges brauchte man sich um die Bremsen keine Sorgen zu machen, denn dort hatte man sehr effektive Fallen aufgestellt. Die Safari-Fahrzeuge im Park fuhren außerdem mit rauchenden Blechbüchsen durch den Busch, die mit kokelndem Elefantenmist gefüllt waren. Angeblich ein exzellentes Tsetse-Abwehrmittel.

Kafue ist der älteste Park in Sambia und einer der größten in ganz Afrika. Er macht satte sechsunddreißig Prozent der gesamten Nationalparkfläche Sambias aus. Massentourismus gibt es hier nicht, der Busch erscheint so ursprünglich wie unerforscht. Mit seinen riesigen Flächen unberührten Buschlandes kann Kafue recht unwirtlich wirken, aber die Busanga-Sümpfe im hohen Norden gehören zu einem der besten Safari-Geheimnisse. Weitläufige Flächen werden hier während der Regenzeit überflutet und bieten üppiges Weideland für eine Vielzahl von Wildtieren. Das riesige Mosaik aus grasbewachsenen, saisonalen Überschwemmungsgebieten erstreckt sich bis zum Horizont. Dichter Wald rahmt die offene Sumpflandschaft aus Palmenhainen, Papyrus-Schilf und lilienbedeckten Lagunen ein, und nur dann, wenn das Wasser langsam verebbt, können Tourist*innen dieses versteckte Paradies besuchen, um riesige Herden von Büffeln, roten Lechwe- und Puku-Antilopen zu bewundern. Streifengnus, Lichtenstein's Hartebeest und Defassa-Wasserböcke streifen auch durch diese Gegend, und, angelockt von dieser reichen Beute, ist auch die Zahl der Raubtiere beträchtlich. Löwen, Leoparden, Geparden, Ginsterkatzen, und mit etwas Glück sogar Servale waren hier regelmäßig anzutreffen.

Wir waren im *Busanga Plains Camp*, einem atemberaubenden Buschcamp im Norden der Sümpfe untergekommen, und konnten unser Glück kaum fassen. Das Camp zählt bis heute zu unseren Top Drei auf dem ganzen Kontinent. Es überblickt die Weite der Ebenen, nur unterbrochen von baumbestandenen Inseln, wo Feigenbäume und wilde Dattelpalmen Nährstoffe aus den Überresten riesiger Termitenhügel saugen.

»*Knock-knock*«, – klopf-klopf, meldete sich nun unser Safari Guide Benjamin zu Wort. Da es keinerlei Holzwände gab, an die er hätte klopfen können, imitierte er das Geräusch einfach. Schlaftrunken meldete ich mich zu Wort, um ihm mitzuteilen, dass wir wach waren, wenngleich das Wort »wach« Auslegungssache war. Meine Augen waren zwar offen, aber mein Geist würde noch für eine ganze Weile weiterschlummern. Ein Blick auf mein Smartphone verriet mir, dass es 3:30 Uhr am Morgen war. Das war selbst für eine morgendliche Safarifahrt noch zu früh, aber zu einer solchen wollten wir heute auch nicht aufbrechen. In zwei von den Gästezelten war eine Gruppe von vier Italiener*innen untergekommen, die an diesem Morgen darauf hofften, dass sie eine Fahrt mit einem Heißluftballon über den Sumpf unternehmen konnten. Dies war, wie überall auf der Welt, stark wind- und wetterabhängig, und so wurde ihr Abenteuer bereits an zwei Tagen in Folge abgesagt. Heute war ihre letzte Chance. Aber der frühe Weckruf ließ darauf hoffen, dass sie Glück hatten.

Frank und ich wollten gern dabei sein, wenn der Ballon sich zum Sonnenaufgang in die Lüfte hob, um das Spektakel zu filmen. Ich schlüpfte aus dem Bett, riss den Reißverschluss auf der Rückseite des komfortablen Safarizelts nach oben und trat ins Freie. Die Luft war feucht und kalt, und jemand hatte bereits eine Petroleumlampe aufgestellt. Das Badezimmer lag unter freiem Himmel, hatte aber alle Annehmlichkeiten, die man auch in einem normalen Hotel vorgefunden hätte, und war abgezäunt, sodass sich keine wilden Tiere hineinschleichen konnten.

Während wir uns frisch machten und anzogen, vernahmen wir laute Geräusche im Camp. Es klang so, als wären alle Angestellten bereits auf den Beinen. Wir schulterten unsere Kameraausrüstung und traten durch den Vordereingang ins Freie – und dort direkt in eine frische Löwenfährte. Ich kramte mein Smartphone hervor und leuchtete damit durch die Gegend. Sobald Benjamin uns bemerkte, kam er auf uns zu. Er hatte zwar eine Taschenlampe, aber die schien ungefähr genauso viel Licht abzugeben wie mein Telefon. Geleitschutz war, trotz der unmittelbaren Wildnis, eigentlich innerhalb des Camps nicht nötig, aber hinter ihm machten wir weitere Angestellte mit Taschenlampen aus, die bereitstanden, um auf die restlichen Gäste zu warten.

»Morgen Ben, wozu die ganze Aufregung?«, fragte Frank, aber gewiss vermutete er die Antwort schon.

»Oh, die Löwen waren gerade hier«, erklärte Ben und bemühte sich, lässig zu klingen, »das Rudel kommt regelmäßig direkt hier durch. Sie lieben es, unseren Steg zu benutzen, damit ihre Füße trocken bleiben.«

»Wo sind sie jetzt?«, fragte ich, und in genau dem Moment schallte ein lautes Knurren über die Ebene.

»Dem Geräusch nach sind sie immer noch auf dem Steg«, antwortete Ben und hob etwas nervös die Brauen.

Der Steg, von dem Ben sprach, war ungefähr einhundert Meter lang und verband die Insel, auf der das Camp jedes Jahr neu errichtet wurde, mit einer Trockenfläche auf der anderen Seite des Sumpfes, wo die Safari-Fahrzeuge, und auch Ellie, geparkt werden mussten. Ben lieferte uns im Gemeinschaftsbereich des Camps ab, dann verabschiedete er sich recht schnell mit den Worten, dass er besser mal nach den Löwen sehen würde. Ich vermutete, dass er etwas unter Druck stand an diesem Morgen. Nun, da das Wetter endlich gut war, lag es an ihm, die Italiener*innen rechtzeitig zu der nächsten Lodge zu bringen, von wo aus der Ballon starten würde.

Die morgendliche Tasse Kaffee stand zusammen mit warmem Porridge auf einer hölzernen Aussichtsplattform bereit, die, auf Stelzen in den sumpfigen Untergrund gebaut, bei Tageslicht einen atemberaubenden Blick auf die Flussaue bieten würde. Aber noch war es stockfinster. Nur ein kleines Feuer prasselte in der Mitte der Plattform, die mit gemütlichen Bänken und Sesseln bestückt war.

Die Italiener*innen redeten trotz der frühen Stunde bereits aufgeregt durcheinander. Wir hatten sie am Vorabend bis spät in die Nacht am Lagerfeuer gehört, sie konnten keine drei Stunden geschlafen haben. Umso erstaunter war ich ob ihres fröhlichen Gemüts. Ich selbst hätte an diesem Morgen nichts gegen ein wenig italienische Energie einzuwenden gehabt, denn auch nach meinem ersten Kaffee floss noch immer wenig Leben durch mich hindurch.

Nachdem das Frühstück beendet war, wurden die Italiener*innen unruhig und versammelten sich alsbald im Eingangsbereich des Camps. Noch immer war es stockfinster.

»*Okay, let's go*«, verkündete Ben und atmete einmal tief aus, als wappnete er sich für einen Spießrutenlauf.

»Sind die Löwen weg?«, fragte ich vorsichtig.

»Mal schauen«, entgegnete Ben.

… Mal schauen?! Das klang ja äußerst zuversichtlich.

Ben wies uns an, im Gänsemarsch hinter ihm zu bleiben. Auch die Italiener*innen hatten keine Taschenlampen dabei, und so folgten wir dem schüchternen Lichtstrahl, der sich vor Bens Silhouette abzeichnete. Ich bildete das Schlusslicht. Als wir aus dem Camp ins Freie traten, leuchtete Ben den Steg entlang, der auf einmal doppelt so lang schien, und auf halber Strecke zu unseren Fahrzeugen schlenderte dort eine ausgewachsene Sumpflöwin entlang. Zum Glück war sie in entgegengesetzter Richtung unterwegs, aber auf dem Steg sah sie plötzlich noch gewaltiger aus und in dem Moment, als sie den Schein der Taschenlampe erblickte, drehte sie sich um, legte die Ohren an, und ließ ihren Schwanz aufgeregt zucken. Ben stoppte unsere Karawane, kurz bevor er selbst den Steg betrat, um sie nicht zu hetzen oder am Ende noch versehentlich herauszufordern. Dann ertönte ein Graulen und ein Brüllen von der anderen Seite und Ben leuchtete das ferne Ufer des Sumpfes ab. Der Schein seiner Lampe reichte kaum weit genug, aber dennoch konnten wir zwei riesige, tänzelnde Schatten zwischen den Fahrzeugen erkennen. Zwei mächtige Löwenmännchen lieferten sich scheinbar einen erbosten Kampf, und plötzlich konnte der Steg gar nicht lang genug sein.

»Möglich, dass sie sich um das Weibchen schlagen«, flüsterte Frank, und ich nickte. Das Weibchen paradierte fast wie ein Supermodel auf dem Laufsteg, schwang ihre Hüften flirtend von links nach rechts und schien das Buhlen um ihre Gunst zu genießen. Sie war nun fast am anderen Ende des Stegs angekommen, als einer der Italiener drängte: »Los, los. Jetzt können wir gehen.«

Widerwillig trat Ben ein paar Schritte auf den Steg und die Gruppe folgte ihm. Er schien in einer Zwickmühle: Einerseits wollte er seine Gäste zufriedenstellen und sie rechtzeitig zum Heißluftballon bringen, andererseits ging ihm wohl auch der Gedanke durch den Kopf, dass kein Gast zufrieden wäre, wenn er zum Löwenfrühstück wurde.

»Wollen wir beide vielleicht doch lieber hierbleiben?«, flüsterte ich über Franks Schulter, aber er antwortete nicht. Und so wagten wir uns weiter und weiter vor, bis wir fast in der Mitte des Stegs angelangt waren.

Das Größere der Männchen verpasste jetzt dem anderen einen heftigen Schlag mit der Pranke direkt ins Gesicht, was diesen laut aufheulen ließ. Dann preschte der Größere an seinem Rivalen vorbei und auf das Weibchen zu, das gerade vom Steg herunterkam. Aber sie zierte sich wohl noch, war sich nicht sicher, ob sie ihn so einfach gewinnen lassen sollte, denn sie machte auf dem Absatz kehrt – und *rannte* jetzt den Steg zurück, direkt auf uns zu.

»Japp, wir kehren um«, sagte Frank, drehte sich um und packte mich bei den Schultern.

»Guys, *let's go back*«, drängte jetzt auch Ben, »BACK! BACK! BACK!« Die Italiener*innen stapelten sich fast, als sie zu Frank und mir aufschlossen.

Plötzlich führte ich unsere kleine Prozession an, bewaffnet mit nichts weiter als meinem Smartphone, mit dem ich uns den Weg leuchtete.

Wir eilten zurück zum Campeingang, und der Schein von Bens Taschenlampe hüpfte die Uferböschung entlang, die keine dreißig Meter von uns entfernt lag. Ich hörte ein Fauchen, das mir bis ins Mark ging, und in dem schmalen Lichtkegel erblickte ich ein zweites Löwenweibchen, das neben einem Busch hockte, die Hinterbeine angewinkelt, den Kopf flach am Boden und die Ohren zurückgelegt. Ihr Schwanz zuckte wie eine Kerzenflamme im Wind. Ein klares Zeichen, dass sie aufgeregt war und das ich schon oft bei Löwen beobachtet hatte, die Beute gesichtet hatten.

Moment … hatte ich gerade *Beute* gesagt?!

Aus der Vogelperspektive betrachtet, waren wir in diesem Augenblick genau das. Wir standen auf halber Strecke auf einem klapprigen, schmalen Steg. Um uns herum nichts als Sumpf, hinter uns ein Löwenweibchen plus zwei Männchen in Paarungslaune, die sicher nicht vor der Möglichkeit Halt gemacht hätten, mit einer kleinen Jagd auf uns Menschen ihre Ausdauer unter Beweis zu stellen. Und vor uns eine vierte Löwin, die bereits auf der Lauer lag. Wir waren buchstäblich von Löwen umzingelt.

Als Ben mit seiner Lampe nun auf die Löwin leuchtete, die dort im Schatten auf der Lauer lag, fühlte sie sich scheinbar ertappt, denn ruckartig wagte sie sich ein paar flinke Schritte vor.

»HEY!«, brüllten Ben, Frank und ich wie aus einer Kehle, und die Löwin blieb wie angewurzelt stehen. Einer der Italiener hatte sein Smartphone gezückt und filmte die Situation; sie fanden das alles wohl noch immer recht amüsant. Mir allerdings kamen die letzten paar Meter zurück zum Camp wie eine Ewigkeit vor, und das Adrenalin, das wie ein Aufputschmittel durch meinen Körper strömte, machte mich fast schwindelig. Als wir endlich den Gemeinschaftsbereich des Camps erreicht hatten, atmete ich tief aus. Warum mich der Anblick von ein paar Sofas und einem Esstisch in Sicherheit wiegte, wusste ich selbst nicht so genau. Der Bereich war zu allen Seiten offen, wenn ein Löwe gewollt hätte, hätte er ohne Weiteres einfach hineinspazieren können.

Ben leuchtete zum Campeingang, wo jetzt die läufige Löwin vorbeitänzelte, gefolgt von ihren zwei Verehrern. Die andere Löwin machte sich auf dem Steg breit. Scheinbar wollte sie mit allen Mitteln verhindern, dass die Italiener ihre Ballonfahrt antraten.

Am Horizont bildeten sich nun die ersten orangefarbenen Tupfen am Himmel; nicht mehr lange und die Sonne würde aufgehen.

»Es tut mir leid«, verkündete Ben schweren Herzens, »aber es sieht so aus, als könnten wir heute Morgen nirgendwo hinfahren.«

236

Die Italiener*innen begannen daraufhin in ihrer Muttersprache zu fluchen, oder zumindest vermute ich, dass die Worte, die sie ausriefen, nicht von der freundlichen Sorte waren. Einer von ihnen diskutierte noch lange mit Ben. Er wollte ihn dazu drängen, die Löwin zu verscheuchen. Ich rechnete es dem Guide hoch an, dass er sich nicht darauf einließ. Schlussendlich verabschiedete sich die Gruppe wieder in ihre Zelte und schlief aus. Sie mochten ungehalten sein, aber ich wollte daran glauben, dass die Löwin ihre Abfahrt aus gutem Grund verhindert hatte. Vielleicht hätte es an diesem Morgen einen Brand am Ballon gegeben, oder vielleicht wäre die Landung besonders hart gewesen und hätte zu Verletzungen geführt. Was auch immer es war, Mutter Natur wollte scheinbar sichergehen, dass die Italiener*innen nicht Heißluftballon fuhren.

Frank und ich kehrten nach der Begegnung mit den Sumpflöwen für ein zweites Frühstück auf die Aussichtsplattform zurück und konnten uns kaum sattsehen an dem Naturschauspiel, das sich jetzt vor unseren Augen entspann. Mit der aufgehenden Sonne wurde die weite Ebene in goldenen Nebel getaucht, während die Silhouetten unzähliger Antilopen und Nilpferde sich am Horizont abzeichneten. Dazwischen trieben sich eine Reihe von Klunker- und Kronenkranichen umher, viele mit Jungtieren im Schlepptau. Ein Goliath-Reiher stand wachend am Ufer einer Lagune, während ägyptische Gänse sich das grüne Gras im seichten Wasser schmecken ließen. Ein Graufischer, der zur Eisvogelfamilie gehört und mit seinem schwarz-weißen Muster besonders gegen das Gold der Sonne hervorstach, schwebte mit wild schlagenden Flügeln in der Luft, bevor er immer wieder senkrecht ins Wasser tauchte, um ein Fischchen oder eine Kaulquappe zu erbeuten. Was für ein Morgen! Und was für ein Ort!

Wir verbrachten noch den ganzen Tag und die folgende Nacht in Busanga. Am Nachmittag gingen wir mit Ben auf einen entspannten Busch-Walk, der uns über sogenanntes *floating grass* führte – sattgrünes Gewächs, das so dicht steht, dass es sich wie ein Netz über den Sumpf spannt. Wenn man darauf herumläuft, bewegt sich der ganze Untergrund wie Wackelpudding. Frank und ich hatten die beste Zeit da draußen und fühlten uns wieder wie kleine Kinder, während wir auf dieser natürlichen Hüpfburg herumtollten, umgeben von Hunderten von Antilopen und ein paar friedlichen Nilpferden. Zum Abendessen lauschten wir einem Ständchen von Hyänen und genossen die Stille im Camp, die Italiener waren bereits nach dem Mittagessen abgereist.

Ein Besuch im Kafue-Nationalpark konnte wunderbar und schockierend zugleich sein. Auch wenn unsere Zeit im Busanga-Sumpf für uns als Naturliebhaber erfreulich war, so war er auch ein Weckruf für die Tragödie der Wildtierwilderei in Sambia. Denn als unsere Abreise unmittelbar bevorstand, fiel uns auf, dass wir in den letzten vier Tagen nicht einen einzigen Elefanten gesehen hatten, wenngleich wir wussten, dass die Dickhäuter im Park lebten. Woran das lag, wollten wir von Ben wissen, der uns über den Steg zu unserem Wagen begleitete, dieses Mal wesentlich entspannter, ohne ein Rudel Löwen auf seinen Fersen.

»Wilderei«, sagte er, und setzte eine Unglücksmiene auf., »Es sind nur noch knapp zweitausend Elefanten übrig.«

Wir nickten, mit nicht minder betroffenem Gesichtsausdruck. Es war kein Geheimnis, dass das gesamte südliche Afrika stark unter Wilderei leidet und Wilderer auch innerhalb der Grenzen Sambias zuschlagen. Vor allem Kafue scheint dafür besonders anfällig. Dadurch, dass der Park so riesig ist, ist es den Park-Rangern kaum möglich, die Grenzen ausreichend zu patrouillieren und die Wildtiere zu schützen. Da der Park weniger Tourist*innen anzieht als andere, profitieren die umliegenden Dörfer auch (noch) nicht sonderlich vom Safari-Tourismus. Die Lösung liegt also auch hier im Tourismus, der Arbeitsplätze und Einkommen für die Gemeinden schafft, die in der Nähe von Sambias Nationalparks und Wildschutzgebieten leben. Diese Gemeinden müssen die Wildtiere als die kostbare und erneuerbare Ressource erkennen, die sie sind. Mehr Tourismus hat außerdem zur Folge, dass mehr wachsame Augen unterwegs sind, sodass Wilderer nicht so ein leichtes Spiel haben.

Wir verabschiedeten uns von Ben und dankten ihm mit einem Trinkgeld für seine gute Arbeit.

Dann arbeitete Ellie sich vorbei an mit Feigenbäumen und Palmen übersäten Inseln auf dem einzigen Pfad, der durch die Sümpfe zurück gen Süden führte, während wir noch lange über die Wilderei sprachen. Hunderte Klaffschnäbel und Nimmersattstörche staksten mit ihren langen Beinen an uns vorbei, und eine Prozession von Büffeln erstreckte sich kilometerweit über die Ebene, wie eine Kette schwarzer Perlen. Es war fast Mittag, als wir vor Glück beide in unseren Sitzen hochhüpften: Im Schatten einer Dattel entdeckten wir ein vollgefressenes Geparden-Geschwisterpaar! Ihre schlanken Beine lagen nutzlos am Boden, während ihre vollen Bäuche im Sand lagen. Als einer von ihnen aufstand, sackte sein Bauch fast bis zum Boden, so voll war er.

Kurz bevor wir den Waldrand erreichten, hinter dem Tsetse-Land lauerte, sahen wir sie dann doch noch: Fast fünfhundert Meter entfernt kam gerade eine Herde Elefanten aus den Palm-büschen einer Insel hervor. Ich schrie begeistert auf und wen-dete Ellie, um etwas näher an die Herde heranzufahren, doch bevor ich überhaupt dazu kam, teilte mir die Matriarchin un-missverständlich mit, dass das für sie absolut nicht in Ordnung war, indem sie lautstark lostrompete und dann mit Vollgas auf uns zuraste.

»Dreh um, dreh um, dreh um!«, rief Frank, aber ich kurbelte schon längst am Lenkrad. Das hatten wir so noch nie bei einer Elefantenherde erlebt. Sie konnten durchaus wütend reagieren, vor allem wenn sie Babys im Schlepptau hatten, aber dass eine Herde auf fünfhundert Meter Entfernung einen ernst gemeinten Angriff unternahm, das war uns noch nie passiert. Wir konnten sehen, dass diese Leitkuh nicht stoppen würde, bis sie uns um-genietet hatte. Für sie waren wir der Feind, und sie war ent-schlossen, uns zu kriegen. Die Herde stoppte erst, als unser Wagen im Wald verschwunden war, und sie uns inmitten all der Bäume nicht mehr klar erkennen konnte.

Wir würden noch in einigen anderen, weniger besuchten Parks in Sambia diese Erfahrung machen, und es machte uns jedes Mal zutiefst betroffen, Tieren zu begegnen, die aufgrund von Wilderei und Trophäenjagd so verstört, wütend und pa-nisch auf Menschen oder Fahrzeuge reagierten. Ich werde nie vergessen, wie wir nach einem Sambia-Aufenthalt über Süd-afrika nach Deutschland fliegen wollten, um meine Familie zu besuchen, und vorher noch ein paar Tage im Ferienhaus am

Rande des Krügers verbrachten, wo wir Ellie immer stehn ließen, wenn wir ohne sie unterwegs waren. Wir waren inzwischen so an die traumatisierten Herden gewöhnt, dass wir auch den wesentlich entspannteren Herden des Krügers mit enormem Abstand und Respekt begegneten, bis schließlich eine alte Elefantendame ganz gelassen auf unseren Wagen zukam, ihren Rüssel auf der Motorhaube ablegte und wir alle zusammen für ein paar Atemstöße die gleiche, friedliche Luft einatmeten. Als wollte sie uns zu verstehen geben, dass wir von ihr nichts zu befürchten hatten; und umgekehrt.

Was die Kafue-Elefanten aber in uns auslösten, war das Bedürfnis, das Problem der Wilderei noch besser zu verstehen und zu lernen, was getan werden konnte, um es einzudämmen. Und wir waren froh, schon bald darauf die Chance zu bekommen, als wir mit einer Elefanten-Aufzuchtstation in Kontakt kamen, die am Rande von Sambias Hauptstadt Lusaka lag.

Lusaka haute uns mit der Wucht einer Abrissbirne aus den Latschen. Eine Großstadt wie diese hatten wir noch nie erlebt, und wir steckten mittendrin – auf der Cairo Road zur feierabendlichen Rush Hour. Ellie war eingetaucht in ein dichtes Meer aus Abgasen und Autos, die kilometerweit die breite Hauptstraße verstopften, auf deren Fußwegen Hunderte Füße nach Hause trappelten. Die Hymne der pulsierenden Stadt ein schaurig-schiefer Chor aus Autohupen. Straßenhändler boten den frustrierten Fahrern alle möglichen Waren durch die runtergerollten Fenster an, von frischen Früchten und Chapati-Wraps, über Klopapier und Telefon-Sim-Karten, bis hin zu Katzen- und Hundewelpen! Deren Anblick war für mich kaum zu ertragen, die kleinen, unschuldigen Wesen wimmerten und jaulten in den

Armen der Händler, die sich allesamt an meinem Fenster versammelt zu haben schienen. Sie nahmen wohl an, ich sei als europäische Touristin leichte Beute.

Erst weit nach Sonnenuntergang entkamen wir dem Verkehrschaos und verbrachten die Nacht auf einem der wenigen Campingplätze am Stadtrand – bevor wir früh am nächsten Morgen direkt wieder im Stau feststeckten. Wir hatten vorher nicht auf die Karte geschaut, wo die Elefanten-Aufzuchtstation genau lag, und so hatten wir im Norden der Stadt übernachtet, mussten aber für unser Treffen mit der NGO tief in den Süden.

Ich war aufgeregt an diesem Morgen und wollte auf keinen Fall zu spät kommen. Es war schon lange mein Wunsch, mich für die Elefanten einzusetzen. Dafür war es zunächst einmal wichtig, zu verstehen, wo Hilfe am dringendsten benötigt wurde und wie diese aussehen konnte. Die Elefanten-Auffangstation in Lusaka wurde von *Game Rangers International* (kurz GRI) gegründet und unter anderem vom *International Fund For Animal Welfare* (kurz IFAW) mit Spenden unterstützt.

Nachdem wir Ellie im Schatten eines Baumes geparkt hatten, wurden wir von Liz begrüßt, die schon seit vielen Jahren mit der NGO arbeitete. Sie gab uns eine kurze Einweisung, und dann führte sie uns für die nächsten Stunden hinter die Kulissen ihrer Arbeit. Eines wurde dabei schnell klar: Wer eine Elefantenauffang-Station mit der Erwartungshaltung besucht, die Tiere zu streicheln, mit der Flasche zu füttern oder auch anders in Kontakt mit den kleinen Rackern zu treten, der wurde enttäuscht. Der Kontakt mit Menschen war für die Schützlinge in der Auffangstation streng reguliert und begrenzte sich auf ein paar wenige Tierpfleger*innen, die als Familienmitglieder anerkannt wurden. Es ging hier wirklich darum, diesen Tieren die beste

Chance auf eine Wiedereingliederung in eine wilde Herde zu ermöglichen – und nicht darum, es Menschen zu ermöglichen, einmal im Leben ein Elefantenbaby zu streicheln und entsprechendes Fotomaterial auf die soziale Pinnwand zu stellen – ein Ansatz, der die Ernsthaftigkeit des Projektes deutlich machte.

Ich war beeindruckt, dass die Arbeit, die hier geleistet wurde, weit über die Aufzucht von verwaisten Elefantenbabys hinausging. Spenden erlaubten es der Organisation, nicht nur die Elefantenwaisen zu versorgen, aufzupäppeln und sie irgendwann zurück in die Wildnis zu führen, sondern vor allem auch die lokale Bevölkerung zu unterstützen und zu bilden, damit sie verstehen lernten, wie sie sicher mit den Elefanten Tür an Tür leben konnten.

Eine besonders unterstützungswerte Initiative der Organisation ist die *Little Ndaba* Frauengruppe, die lokalen Frauen (meist zum ersten Mal in ihrem Leben) einen Job gibt: Die Frauen, die in unmittelbarer Nähe zu wilden Tieren leben – und zwar direkt an der Grenze des Kafue Nationaparks –, lernen dank *Little Ndaba* Plüschtiere herzustellen, die in der Auffangstation verkauft werden.

Es gibt drei Schritte der Rehabilitation, die die Auffangstation strengstens befolgt. Wenn GRI benachrichtigt wird, dass ein verwaistes Elefantenbaby gefunden wurde, gehen sie wie folgt vor: 1. Rettung, 2. Versorgung, 3. Rückführung.

Wenn die Ranger einen sogenannten *Orphan Alert* erhalten, wird sofort die nötige Medizin und Nahrung für den Elefantenwaisen vorbereitet. Manchmal wird ein Flugzeug benötigt – je nachdem, wo der kleine Elefant gefunden wird. Die Kälber sind oftmals sehr schwach, unterernährt und dehydriert und brauchten schnelle und effektive Hilfe.

Wenn sie in der Auffangstation ankommen, sind die Kälber zunächst verwirrt, sie vermissen die Wärme und den Schutz ihrer Mutter und der Herde. Sie werden darum mit warmen Decken zugedeckt und von den Tierpfleger*innen 24 Stunden am Tag betreut. Die Pfleger*innen spielen eine entscheidende Rolle in der Rehabilitation der Kälber. Sie fungierten als die »Ersatz-Mama«, begleiten sie auf täglichen Buschmärschen, geben ihnen Nähe und vermitteln ihnen das Gefühl von Schutz.

Alle Waisen der GRI-Auffangstation kehren eines Tages in die Wildnis zurück – in den Kafue Nationalpark, wo wir gerade gewesen waren. Hier werden sie zunächst noch von den Tierpfleger*innen begleitet, doch der Kontakt mit Menschen wird mehr und mehr reduziert, bis die Elefanten irgendwann wieder vollkommen wild leben.

Dieser letzte Schritt versetzte mir einen kleinen Stich. Wir waren gerade erst in Kafue gewesen und hatten gesehen, wie es dort um die Elefanten bestellt war. Aber die bittere Wahrheit war, dass ihre Chancen in wenigen sambischen Parks besser standen, Elfenbeinwilderei gab es fast überall, vielleicht mit Ausnahme vom weltberühmten South Luangwa Nationalpark. Umso wichtiger war die Arbeit der NGO, die sich der lokalen Community widmete und dafür sorgte, dass es nicht nur den Elefanten, sondern auch den Menschen vor Ort besser ging. Mensch und Tier waren auf unzertrennliche Weise miteinander verbunden, nirgendwo wurde dies so deutlich wie an einem Ort, an dem zwei so erfolgreiche Säugetiere wie *Homo sapiens* und *Loxodanta africana* koexistieren mussten.

Es war mitunter schwer, im Dschungel der NGOs und Tierschutzorganisationen eine zu finden, der man vertrauen konnte;

darum war es uns so wichtig, uns direkt vor Ort ein Bild zu machen. Wir hatten während unseres Besuches beide den Eindruck, dass die Organisation den Fokus ihrer Arbeit richtig und vor allem ganzheitlich setzte. Es ging hier um weitaus mehr, als nur den verwaisten Tieren zu helfen – es ging vor allem darum, das Zusammenleben beider Spezies zu verbessern und den Sambiern Stolz auf und Ehrfurcht vor diesen wundervollen Tieren mit auf den Weg zu geben. Denn die Elefanten sind schließlich ihr nationales und kulturelles Erbe.

Wir verließen die Aufzuchtstation an diesem Tag schwer beeindruckt. Dort wurde wirklich um jedes einzelne Tier gekämpft. Und damit teilten sie eines meiner wichtigsten Anliegen: Nur wenn wir Menschen wieder anfangen, uns um die Natur und die Lebewesen zu kümmern, die auch in unserer direkten Umgebung leben (*dieser* Spatz, *diese* Eiche, *dieser* Fluss!), würde sich auch unser Verhältnis zu diesem Planeten nachhaltig verbessern.

KAPITEL 18

Das Tal des Leoparden

Traveller von Baaba Maal schallte aus den Lautsprechern, während Ellie sich den sich windenden Bergpass ins Luangwa-Tal hinabarbeitete. Wir sangen aus voller Kehle mit, obwohl wir keine Ahnung hatten, was die Worte des senegalischen Musikers bedeuteten, aber die lebhafte, fröhliche Melodie reflektierte unsere Stimmung: Wir waren ganz aus dem Häuschen, endlich wieder hier zu sein.

Es war Mai 2019, und schon bald würde unsere Safari-Saison beginnen. Über mehrere Monate würden wir Gäste sowohl aus Europa als auch aus Australien im berühmten »Tal der Leoparden« willkommen heißen. Der Name zeigte bereits auf, warum wir diesen Ort für unsere Touren auserwählt hatten – er ließ, was Wildtiersichtungen anging, kaum Wünsche offen, vor allem mit Leoparden konnte man hier sehr viel Glück haben. Aber das war bei Weitem nicht der einzige Grund, warum wir uns bis über beide Ohren in dieses Tal im Osten Sambias verliebt hatten. Wir waren zunächst wegen der Aussicht auf wilde Tiere und unberührte Natur hierhergekommen, aber immer wieder zurückgekehrt waren wir aufgrund der unfassbar freundlichen, lustigen, herzensguten Menschen. Sie waren es, die einen Besuch hier wirklich unvergesslich machten.

Unten im Tal angekommen, führte eine lange Straße vorbei an saftig grünen Palmbäumen und bunten Shop-Fronten am Straßenrand, die dichter und dichter standen, je weiter wir in die kleine Siedlung Mfuwe fuhren. Mfuwe lag am Rande des Nationalparks Süd-Luangwa, und wohl kaum ein anderer Ort bot ein besseres Beispiel dafür, wie eine Gemeinde von der Anwesenheit der Wildtiere profitieren konnte. Angefangen hatte alles mit einem Mann namens Norman Carr, der seiner Zeit voraus war. Carr war es, der ein weitreichendes Konzept entwickelte, das den Weg für unseren heutigen Naturschutz und Ökotourismus ebnen sollte. Bereits im Jahr 1950, zu einer Zeit, als Trophäenjagd die einzige Form von Safari war, ermutigte er Senior Chief Nsefu, den Häuptling des Kunda-Volkes im Luangwa-Tal, einen Teil des Stammeslandes als Wildreservat zur Verfügung zu stellen, und baute das erste öffentlich zugängliche Wildbeobachtungscamp in Nordrhodesien (heute Sambia). Carrs Traum war es, das Erbe dieser einzigartigen Wildnis zu bewahren, indem er sicherstellte, dass die lokale Bevölkerung von der Erhaltung der Wildtiere und des Lebensraums im Luangwa-Tal profitieren würde. Dies führte zur Geburt von Sambias erstem Safariunternehmen für den Öko- und Foto-Tourismus, wie wir ihn heute kennen. Auch das Konzept der Busch-Walks haben wir Norman Carr zu verdanken, der diese Art der Safari hier in South Luangwa eingeführt hatte.

Die Schlaglochdichte auf der Straße nahm zu, je weiter wir uns von der Great East Road entfernten, die das eine Ende Sambias mit dem anderen verband und auf dem eine unendliche Reihe von Trucks Waren transportierte. Mehr und mehr offene Safari-fahrzeuge kamen uns entgegen, die ihre Gäste vom winzigen Flughafen am Stadtrand abholten. Der Rest der Dorfbewohner*innen schien auf Fahrrädern unterwegs zu sein, Kinder in Schuluniformen marschierten nach Hause und ignorierten unseren ausländischen Land Rover völlig – ein Zeichen, dass man hier an die Anwesenheit von Ausländern gewöhnt war; andernorts liefen Kinder einem Wagen wie Ellie oftmals auf-geregt hinterher, während sie »Sweets! Sweets!« riefen. Ich wusste nicht, wer der erste Tourist war, der Kindern in afrika-nischen Ländern Süßigkeiten gegeben hatte, aber mit diesem Menschen hatte ich ein Hühnchen zu rupfen. Als wir Anfang des Jahres in Uganda waren, hatte unser Guide dort, Patrick, kein Blatt vor den Mund genommen, als er uns erklärte, warum das absolut nicht in Ordnung war und seine Worte haben bei mir nachhaltigen Eindruck hinterlassen.

»Stell dir vor, ich würde mit dem Auto durch dein Dorf in Deutschland fahren«, hatte er gesagt, »und Süßigkeiten an die Kinder dort verteilen! Die Eltern würden ausrasten!«

Er verstehe den Impuls, schnell das Gewissen beruhigen zu wollen, wenn man die »armen« Kinder am Straßenrand stehen sieht, die mit großen Augen die Hände aufhalten, aber ihnen dann schnell ein paar Bonbons oder gar Geld zuzuwerfen, be-diene nichts anderes als das eigene, egoistische Bedürfnis nach »*Instant Gratification*« (die sofortige Befriedigung von Wün-schen) – seiner Meinung nach die schlimmste Krankheit, die unsere moderne Gesellschaft heimsucht.

»Was sollte man deiner Meinung nach tun, wenn man helfen will?«, hatte ich Patrick gefragt.

»Sich vor der Reise informieren, was wirklich gebraucht wird, anstatt vor Ort schnell das Gewissen beruhigen zu wollen. Und wenn man doch erst im Urlaubsland dazu kommt, dann auf keinen Fall irgendetwas den Kindern selbst zustecken! Wie gesagt, würdest du es lustig finden, wenn dein Kind von der Schule nach Hause kommt und Süßigkeiten von einem Fremden auspackt?! Zu vermuten, dass dieses Verhalten bei uns Afrikaner*innen akzeptiert wird, weil wir ärmer sind – das ist der erste Fehler, den viele westliche Tourist*innen machen. Bei uns gelten dieselben Regeln für Kinder wie überall auf der Welt!«

Frank erwähnte in diesem Gespräch die Organisation *Pack for a Purpose* (Du findest sie auch in der Liste am Ende des Buches) und Patrick ergänzte noch, wer vor Ort spontan etwas geben wollte, sollte seine Spende an den oder die Lehrer*in einer Schule geben. Niemals an die Kinder selbst.

In diesem Zusammenhang muss ich auch kurz erwähnen, dass es natürlich auch nicht in Ordnung ist, Menschen, egal wo auf der Welt, zu fotografieren, ohne sie vorher um Erlaubnis zu fragen. Ich schäme mich jedes Mal, wenn ich einen Touristen oder eine Touristin sehe, der oder die Menschen vor ihren Hütten oder bei der Arbeit ablichtet – ganz zu schweigen von den Kindern! Würdest du es als Mutter oder Vater in Ordnung finden, wenn ein Fremder deine Tochter fotografiert? Mich erreichte tatsächlich einmal die Nachricht von jemanden, der sich darüber beschwerte, ich würde nie die »freundlichen, warmen Gesichter der Afrikaner« auf meinem Instagram-Account zeigen. Es stimmt: Fotos von Menschen, abgesehen von Frank und mir, findet man auf meinem Profil selten, aber das liegt daran, dass ich nichts davon halte, Leute ohne Erlaubnis zu fotografieren. Und dafür, sie um Erlaubnis zu fragen, bin ich ehrlich gesagt oft einfach zu schüchtern.

Wir fuhren zunächst ans andere Ende von Mfuwe, wo es ein kleines Café gab, das ausgezeichnete Sandwiches und frischen Baobabsaft anbot. Baobabsaft wird aus der Frucht des Affenbrotbaumes gewonnen, enthält unglaublich viel Vitamin C und schmeckt erfrischend sauer. Danach erledigten wir ein paar Einkäufe. Wir hatten eigentlich vor, heute noch unsere Unterkunft im Tal zu erreichen, wo wir die nächsten Monate zwischen unseren Safaris einkehren würden. Aber diese lag knappe drei Stunden von Mfuwe entfernt, und die Nachmittagssonne stand bereits tief über den Mahagonibäumen, die sich am Ufer des Luangwa-Flusses aneinanderreihten. Als wir bei der einzigen Tankstelle des Ortes ankamen, teilte uns ein Schild an der Zapfsäule außerdem mit, dass für heute kein Diesel mehr da war. Wir würden bis zum Morgen warten müssen.

Unsere erste Nacht zurück im Luangwa-Tal verbrachten wir also auf einem der Campingplätze am Fluss. Der Nationalpark begann auf der anderen Flussseite und für die Safaris musste man am Morgen eine Brücke überqueren, es sei denn man war in einer der Lodges untergekommen, die sich im Park befanden – die weitaus bessere Variante, denn am Morgen (der wichtigsten Zeit auf Safari) konnte es auf der Brücke recht lange dauern, bis man den Zugang passiert hatte.

»Achtung, die Paviane hier klauen alles!«, warnten uns die einzigen anderen Camper auf dem Platz, dem Akzent nach zu urteilen Deutsche, »oh, und außerdem kommt hier nachts immer ein Nilpferd vorbei.«

Wir bedankten uns freundlich für die Warnungen, machten uns aber wenig Sorgen. Die Paviane hatten sich bereits tief in die Baumkronen verzogen, und würden nach Einbruch der Dunkelheit nicht mal für ein Fünf-Sterne-Büffett wieder nach unten klettern – zu groß war die Gefahr, von einem Leoparden erwischt zu werden. Sie würden erst zum Frühstück wieder auf Beutezug gehen.

Wir hatten in der Vergangenheit schon oft hier übernachtet und kannten auch die hier ansässigen Nilpferde gut. Klar gebührte diesen Riesen Respekt, aber sie hatten es nur auf das saftig grüne Gras des Campingplatzes abgesehen und ließen einen ansonsten in Ruhe.

In Mfuwe wurde schnell klar, dass die Grenze des Nationalparks nichts weiter als eine Linie auf der von Menschenhand gemachten Landkarte war. Hier trennen keine Zäune die Tiere von den Menschen, um natürliche Wanderungsrouten nicht zu unterbrechen. Das bedeutet aber auch, dass sich die Menschen täglich mit der Anwesenheit der Tiere auseinandersetzen müssen. Vor allem die Elefanten der Gegend können für die Dorfbewohner*innen zu einer echten Herausforderung werden. Aber hier überwiegen die Vorteile ganz klar gegenüber den Nachteilen, die die Anwesenheit der Wildtiere mit sich bringen, weshalb man wirklich versucht, friedlich mit ihnen zusammenzuleben. Fast eintausend Einheimische sind in der Tourismusindustrie in Süd-Luangwa beschäftigt; die meisten dieser Menschen unterstützen im Schnitt zehn Personen aus ihrer Verwandtschaft finanziell. Insgesamt hängt also ein großer Teil der über 50 000 Menschen, die auf dieser Seite des Parks leben, vom florierenden Tourismus ab.

Nachdem wir am nächsten Morgen Ellie auftanken konnten, ließen wir Mfuwe hinter uns und steuerten auf einem einspurigen Sandpfad durch die umliegenden Siedlungen, wo wir mit eigenen Augen sehen konnten, wie das Zusammenleben von Mensch und Elefant funktionieren konnte. Um die Elefanten fernzuhalten, pflanzten die Bewohner hier Chili und Zitronengras, da Elefanten diese scharfen Gewürzpflanzen nicht ausstehen konnten. Viele Einwohner*innen hatten außerdem Imker-Ausrüstungen von einer NGO erhalten und hielten ihre eigenen Bienenstöcke, denn wenn es eines gibt, was Elefanten noch weniger leiden können als Chili, dann sind es Bienen.

Unser Ziel war ein kleiner Nationalpark tief im Luangwa-Tal, der sich Luambe nannte. Hier hatten wir im vergangenen Jahr die Besitzer des *Luambe Camps* kennengelernt, und weil wir von ihrem Projekt so begeistert waren, hatten wir uns dazu entschieden, unsere Safaris im kommenden Jahr unter anderem hier durchzuführen. Um zu verstehen, warum Luambe ein besonderer Ort war, ist es unabdingbar zu erwähnen, in welchem Umfeld sich der Park befand.

Luambe befand sich, so wie viele andere Nationalparks und Tierreservate (darunter auch der Kafue Nationalpark), im Zentrum einer Gegend, die von sogenannten *Game Management Areas* (Kurz: GMA) umgeben war. Diese GMAs gehören nicht zum geschützten Bereich des Parks, sondern dienen als Puffer zwischen den Parks, Farmland und privaten Jagdreservaten. Das Problem am Rande des Luambe Nationalparks ist (zumindest aus Sicht einer Tierliebhaberin wie mir), dass der Park auf drei Seiten von Jagdreservaten umzingelt ist, die an »PHs« vermietet worden waren. PH steht für *Professional Hunter* (Berufsjäger), die die Trophäenjagden organisieren. Ein PH muss bei jeder Jagd dabei sein, um sicherzugehen, dass die internationalen Hobbyjäger sich an die Spielregeln halten. Denn ein Trophäenjäger kann nicht einfach so ins Land kommen und ein beliebiges Tier erschießen. Es gibt jedes Jahr eine bestimmte Anzahl an Lizenzen, die von der Regierung ausgegeben wird, und die mitunter auch festlegen, welche Tiere erlegt werden dürfen (also welche Spezies, aber zum Beispiel auch das ungefähre Alter eines individuellen Tieres).

Bei unserem ersten Besuch in Luambe vor einem Jahr hatten wir mit eigenen Augen einen (wenn auch kurzen) Einblick in eine solche Jagd bekommen. Während wir auf dem Weg zum Nationalpark durch eine der GMAs fuhren, stolperte plötzlich ein völlig verstörter Elefantenbulle, der wie wild trompetete, aus dem Busch auf die sandige Straße, die Augen zu Schlitzen verengt. Ihm war anzusehen, dass er zutiefst verängstigt war. Kurz darauf kam uns dann ein offenes Safarifahrzeug entgegen, dessen Fahrer eilig an uns vorbeipreschte. Die Jagdfahrzeuge erkannte man immer an der offenen Ladefläche, auf der eine breite Sitzbank, eine Gewehrstütze und ein Geländer angebracht waren. Auf der Bank saß ein weißer Jäger, mit Gewehr auf dem Schoß und aggressivem Blick. Auf der Ladefläche saßen drei Sambier in Overalls, die bei der Jagd halfen und die Trophäe zurück zum Camp bringen würden. Wir konnten nicht mit Sicherheit sagen, dass dieser Jäger es auf den Elefanten abgesehen hatte, aber zweifelsohne war er darauf aus, an diesem Nachmittag ein Tier zu erschießen, und die Jagd auf Elefanten, genauso wie Löwen und Leoparden, war in den GMAs des Luangwa-Tals erlaubt. Aber auch andere Tiere waren zum Abschuss freigegeben. Auf der Liste befanden sich Wasserbüffel, Nilpferde, alle möglichen Antilopen, Hyänen, Krokodile, ja sogar Paviane!

Die berechtige Frage, die sich nun vielleicht stellt, ist die, warum wir Safaris an einem solchen Ort unterstützten. Die Antwort darauf ist komplex, aber wichtig: Wir hatten uns bewusst für das Luangwa-Tal und Luambe entschieden, weil der zunehmende Foto- und Öko-Tourismus die beste Waffe war, um der Trophäenjagd ein Ende zu bereiten. Nur wenn die Menschen vor Ort Alternativen zu einem Einkommen aus der Trophäenjagd hatten, würde diese ein Ende finden. Mal ganz davon abgesehen, war es so gut wie unmöglich, eine afrikanische Safari-Destination zu finden, die keine Trophäenjagd erlaubte. Die einzige Ausnahme stellt zum Zeitpunkt, zu dem ich diesen Text verfasse, meines Wissens nach Kenia dar. Südafrika, Namibia, Botswana, Tansania? All diese Länder bieten Trophäenjagd an. 2019 geriet Botswana unter internationalen Beschuss, weil die neue Regierung in einem politischen Schachzug die Trophäenjagd auf Elefanten nach einer fast zehnjährigen Pause plötzlich wieder eingeführt hatte. Um Druck auf die Regierung auszuüben, hatten daraufhin viele Tourist*innen ihren Urlaub im Land abgesagt. Bewirkt hat das leider nichts – im Gegenteil: Es schadete nur »den Guten«. Die Safari-Unternehmen, die Foto- und Ökotourismus in Botswana anbieten, hatten Verluste zu verzeichnen – die Trophäenjagdanbieter nicht. Wer diese Industrie endgültig aus den Wildreservaten verbannen möchte, der tut besser daran, gerade deshalb hier auf Fotosafari zu gehen, am besten in einem Gebiet, das etwas abgelegen von den Tourist*innen-Hotspots liegt, denn hier ist nach wie vor die meiste Arbeit zu leisten. Das war genau der Grund, warum wir uns für Luambe entschieden hatten.

Am Ufer des Luangwa-Flusses lag das Camp im Schatten riesiger Mahagonibäume. Des Nachts konnte man die Nilpferde lachen hören. Am Morgen fanden sich oftmals frische Leopardenspuren vor dem Zelt. Uns gefiel es hier auf Anhieb, weil es so entspannt zuging. Jeder Gast war dazu eingeladen, ganz sie oder er selbst zu sein. Wenn einem danach war, bei einer Tasse Kaffee am Flussufer gemütlich in ein Buch einzutauchen, war man hier genau richtig. Das Essen wurde zum Abendbrot in großen Schalen um den Tisch gereicht, es entstanden spannende Gespräche und man fühlte sich schnell zu Hause.

So ging es zumindest uns, und wir waren überglücklich, als wir die letzte Abbiegung zum Camp nahmen, die hinter dichtem, hochgewachsenem Busch versteckt lag. Auf der anderen Seite begrüßten uns bekannte Gesichter. Wir waren in unserem temporären Zuhause angekommen.

*

Die Tage, die wir zwischen den Safaris in Luambe verbrachten, waren von der entspannten Sorte. Wir kamen im hinteren Bereich des Camps unter, der für die Angestellten reserviert war. Hier lag einst ein Campingplatz, der mittlerweile geschlossen war, und ein paar Mal tauchten Camper mit einer alten Landkarte auf, auf der der Platz noch verzeichnet war. Aber die Angestellten schickten sie freundlich wieder auf den Weg, zu einem Platz weiter im Norden. Wir parkten Ellie am Ufer des Luangwas, der mit Fortschreiten des Jahres genau an dieser Stelle mehr und mehr Nilpferde anzog, da hier das Wasser noch tief genug für sie war. Zwischen zwei Bäumen spannten wir unsere Hängematte, und des Nachts schliefen wir wie die Könige in unserem kleinen Dachzelt-Nest.

Frank ging nach dem Frühstück »ins Büro«, also zu einem

255

Platz im Camp, an dem es ein wenig Empfang gab und wo er seine E-Mails abarbeiten konnte. Ich blieb mit Ellie zurück und schrieb in der Hängematte baumelnd einen Großteil meines zweiten Buches *The Wonderful Wild*. Einmal täglich, meist am Nachmittag, kam eine große Truppe Paviane durch unser Wohnzimmer gelaufen, aber sie ignorierten uns völlig, waren sie doch in keiner Weise an Menschen gewöhnt. Uns sollte das nur recht sein, denn das bedeutete auch, dass sie es nicht auf unsere Essensvorräte abgesehen hatten; sie schienen schlichtweg noch nicht gelernt zu haben, dass Ellies Bauch voller Leckereien war.

Einmal die Woche nahmen wir die dreistündige Fahrt zurück nach Mfuwe auf uns, um Ellie ein wenig die Beine zu vertreten, sie vollzutanken und auf dem Markt einzukaufen. Am späten Nachmittag gingen wir meist auf Entdeckungsfahrten in Luambe, in der Hoffnung, das hier ansässige Rudel der Painted Wolves vorzufinden oder gar die recht scheuen Löwen der Gegend. Mit Letzteren hatten wir aber am Morgen kurz nach Sonnenaufgang meist mehr Glück. Aber wann immer wir sie sahen, blieb ein sorgenvolles Gefühl zurück. Wenn wir ihnen doch bloß verständlich machen könnten, dass sie innerhalb der Grenze des Nationalparks vor dem Abschuss der Trophäenjäger sicher waren …

Eines Abends kehrten wir nach Sonnenuntergang ins Camp zurück und fanden eine riesige Schar Besucher vor, die sich am Boden tummelte und die uns einen ordentlichen Schrecken einjagte: Unser Camp war überschwemmt mit einem Meer aus Safariameisen!

Eine einzige Kolonie dieser Insekten, jedes so lang wie mein Fingernagel, kann über zwanzig Millionen Ameisen umfassen.

Sie sind völlig blind und verlassen sich auf Pheromone, um zu kommunizieren. Safariameisen erfüllen in der Natur einen wichtigen Zweck, weil sie totes Material oder Schädlinge und Ungeziefer aus einem Gebiet entfernen. Die Maasai in Kenia verwenden die großen Zangenkiefer der Safariameisen immer noch wie eine Operationsnadel, um mit ihren Stichen gängige Buschwunden zu schließen. Wir hatten bisher nur von diesen Monster-Ameisen gehört, weil sie vornehmlich in Ost- und Zentralafrika vorkommen. Aber es gibt Schauergeschichten darüber, dass diese Ameisen Säuglinge im Schlaf erstickt haben sollen oder ganze Katzenjunge verspeisen können.

Wir leuchteten mit unseren Taschenlampen über das Ameisenmeer, fasziniert und abgeschreckt zugleich. Sie fegten durch das nächtliche Camp wie ein Wirbelwind, aber interessanterweise blieben sie den Unterkünften der Angestellten fern. Der Grund dafür war uns schnell klar: Alle Rundhütten waren mit einem Kreis aus weißer Asche umgeben. Wir hatten uns bereits kurz nach unserer Ankunft gefragt, was es damit auf sich hatte. Nun wussten wir es.

Wir beobachteten, wie die Kolonie alles, was ihr in den Weg kam, aufsaugte wie ein Staubsauger: kleinere Insekten, Spinnen, ja sogar eine kleine Wurmschlange verspeisten sie in Windeseile! Innerhalb weniger Minuten war der Spuk auch schon vorüber, und wir mussten feststellen, dass das Camp jetzt um einiges sauberer wirkte. Die Safariameisen hatten eine solide Grundreinigung durchgeführt. Trotzdem zogen wir noch am gleichen Abend einen fetten Aschekreis um Ellie, den wir täglich erneuerten. Sicher war sicher.

KAPITEL 19

Feuertaufe

A m winzigen Flughafen von Mfuwe herrschte reges Treiben, der tägliche Flug von Lusaka würde kurz vor Sonnenuntergang landen, sofern keine Verspätung gemeldet wurde. Frank und ich hatten Ellie auf dem kleinen Flughafenparkplatz abgestellt und warfen den PHs, die auf ihre schußfreudigen Gäste warteten, abschätzige Blicke zu, während wir in die Abflughalle gingen.

Drinnen gab es einen kleinen Souvenirshop mit bunten Hüten, Tüchern und Schmuck, eine Bank und ein paar leere Schalter hinter einer alten Holzfassade. Unsere Gäste am ersten Tag einer Safari einzusammeln, war immer eine besonders nervenaufreibende Angelegenheit. Es war wie Forest Gumps berühmte Schachtel Pralinen: Man wusste nie, was man kriegte.

Ein Sambier in seinen Vierzigern mit einer khakifarbenen Uniform stützte sich auf ein großes Schild mit dem Logo des Camps, das unser erster Stopp auf dieser Safari sein würde. Wir begrüßten ihn und stellten uns als die Private Guides der

Gäste vor, die er abholen wollte. Es war für uns oftmals ein haariger Moment, wenn wir zum ersten Mal auf die lokalen Guides trafen und ihnen erklären mussten, dass sie für die kommenden Tage nicht die Einzigen sein würden, die das Tierverhalten interpretieren und die Gäste herumführen würden. Wir hatten manchmal erlebt, dass sich Guides von uns bedroht fühlten oder gar um ihr Trinkgeld fürchteten, sodass wir mittlerweile die perfekte Rede vorbereitet hatten, damit wir für die nächsten Tage reibungslos zusammenarbeiten konnten. Für die Gäste kann es hilfreich sein, einen Private Guide dabeizuhaben, der oder die die eigene Sprache und Kultur versteht. Viele Privat Guides (darunter auch Frank) sind außerdem Tierfotografen, die während der Safari Profi-Tipps vermitteln. Im Gegensatz zu einem lokalen Guide, der bei einer einzigen Lodge fest angestellt ist, begleitet ein Private Guide die Gäste außerdem von Ort zu Ort und sogar über Ländergrenzen hinweg.

Wir hatten über die Jahre erfahren, dass viele Private Guides den lokalen Guide für die Dauer ihrer Safari zum Fahrer und Kellner degradieren. Das war nicht unsere Art und auch schlecht für die Stimmung. Außerdem haben die lokalen Guides oftmals die besten Geschichten auf Lager und kennen sich in der Gegend einfach noch besser aus.

Der Guide am Flughafen stellte sich uns als Samuel vor, und zu unserer Erleichterung hatte er schon oft mit Private Guides zusammengearbeitet. Ihn könne nichts mehr schocken, scherzte er. Aber wir versicherten ihm, dass wir nicht vorhatten, ihn zu schocken. Im Gegenteil, wir wollten einfach nur, dass unsere Gäste eine gute Zeit hatten.

Mit einem lauten Knattern landete kurz darauf das kleine

Flugzeug, und ein dünner Menschenstrom ergoss sich auf die Landebahn. Die Einwanderung nach Sambia war bereits in Lusaka erledigt worden, und so musste man hier in Mfuwe nur noch auf das Gepäck warten, das in einem winzigen Truck vorgefahren wurde, und dann konnte die Safari direkt losgehen.

Nachdem wir auch an diesem frühen Abend das Wirrwarr der ersten Begrüßung hinter uns gebracht hatten, geleiteten wir fünf unseres halben Dutzend zum offenen Geländewagen, auf dem sie gerade so alle Platz fanden, mit all dem Gepäck. Dann fuhren wir mit Ellie hinter ihnen her. Der sechste Gast hatte bereits ein paar Tage im Tal verbracht und würde an der Brücke zum Nationalpark dazustoßen. Das Camp lag tief im Nationalpark versteckt. Die Fahrt dauert etwa eine Stunde, meistens brauchte man jedoch ein bisschen länger, schließlich konnten links und rechts und vor und hinter dem Wagen bereits alle möglichen Tiere lauern.

Die ersten zwei Tage dieser Safari verliefen reibungslos. Die Tiersichtungen waren ergiebig, Frank und ich waren bereits warmgelaufen, weil wir vor diesem schon zwei weitere Trips gehabt hatten, die Gruppe war entspannt, und das Team im Camp unfassbar hilfreich.

Aber dann, ja dann brach an Tag drei das Feuer aus … das Feuer, mit dem ich dieses Buch begonnen habe.

*

»Bitte, bitte, spring an, Ellie«, flehte ich den Land Rover nochmals an, als ich den Widerstand des Schlüssels im Zündschloss spürte und der Moment der Wahrheit gekommen war. Ich schloss die Augen und drehte ihn auch das letzte Stück. Ellies Motor spuckte – aber sie sprang nicht an.

»*SHIT!*«, brüllte ich, schlug mit der flachen Hand auf das Lenkrad und warf einen Schulterblick auf die nahenden Flammen. Sie waren bis zu dem Sandpfad vorgedrungen, den die Camp-Angestellten angelegt hatten und der für den Augenblick wie eine Brandschneise wirkte.

Ich drehte den Schlüssel zurück in die andere Richtung und atmete tief durch. Einmal würde ich es noch versuchen, aber dann müsste ich aufgeben und Frank suchen. Denn ich hatte keine Ahnung, an welchen Kabeln er unter der Motorhaube immer wackelte. Ich sendete ein Stoßgebet an den Autogott und dann sprang das alte Mädchen tatsächlich an! Ihr tiefes Motorbrummen vibrierte durch meinen Körper, wie das »Ohm« am Ende einer Yoga-Stunde. Mir fiel ein riesiger Stein vom Herzen! Ich schaltete in den zweiten Gang und steuerte Ellie die steile Uferböschung hinab ins sandige Flussbett. Der Wagen schwankte wie ein Schiff bei zu hohem Seegang, aber dann gruben sich alle vier Räder durch den tiefen Sand und ich brachte Ellie erst zum Stehen, als sie in der Mitte des trockenen Flussbetts angelangt war.

Während die Flammen sich weiter durch das Camp fraßen, wurde der wenige Schatten, den Ellie zur Mittagszeit bot, zur Sammelstelle für alle gestrandeten Menschen im Camp.

Ich bekam einen ordentlichen Schreck, als ich Josephe, den Barkeeper des Camps, kurz darauf am Boden gegen ein Wagenrad gelehnt vorfand. Er zitterte und seine Haut war eiskalt: Er stand unter Schock. Als ich nachfragte, erzählte er, eine riesige Flamme sei direkt auf ihn zugekommen. Es befanden sich gleich zwei Ärzt*innen unter unseren Gästen (was für ein glücklicher

Zufall!), und beide kümmerten sich hingebungsvoll um Josephe. Abgesehen von seinem furchtbaren Schock schien er keine äußeren Verletzungen zu haben, aber es war nicht auszuschließen, dass er die Flammen eingeatmet und Feuer in seine Lunge bekommen hatte. Er musste schleunigst in ein Krankenhaus.

Thoma, der Campmanager, hatte über Funk bereits Hilfe angefordert. Es gäbe zwei Verletzte, teilte er dem anderen Ende der Leitung mit, und in dem Moment rann Panik, so heiß wie die Flammen, meinen Rücken hinunter. Wer war der Zweite? Und wo war Frank?

Ich rannte durch den tiefen Sand zurück auf das Camp zu, das noch immer lichterloh brannte, und dann endlich sah ich Frank aus einer Rauchschwade hervorpreschen. Sein weißes Shirt war rußbedeckt und als ich ihn erreichte, war er völlig außer Puste.

»Geht's dir gut?«, fragte ich, und tastete ihn ab, als ob Abtasten etwas bringen würde.

»Ja, alles gut«, sagte er. Ich erschrak, als ich seine Stimme hörte; sie war komplett gebrochen. Frank war Asthmatiker, der Rauch war für ihn gleich die doppelte Dosis Gift gewesen. Er hustete schwer, dann fuhr er fort. »Aber Jeremy, Mann …«, er stützte sich auf die Knie und rang nach Atem. »Jeremy und ich waren im Managerzelt und haben alle Wertsachen ins Flussbett getragen. Aber ich bin gegangen, um im Küchenzelt zu helfen, und dann wurde Jeremy von den Flammen und dem Rauch im Zelt eingeschlossen und war so außer Atem, dass er ohnmächtig wurde.« Frank schüttelte den Kopf und hielt sich die Hand vor den Mund. Er konnte kaum weitersprechen und in seinen Augen konnte ich die Angst um Jeremy sehen. »Gott sei Dank hat Sam ihn gesehen und aus dem Zelt gezogen und dann haufenweise Tonic Wasser aus Dosen über ihn geschüttet, weil er kein Wasser hatte, um ihn abzukühlen und aufzuwecken. Mann, ich hoffe, er ist okay.«

Laut Frank hatte jemand Jeremy bereits in den Wagen gehievt und war nach Mfuwe davongerast.

Der Rest dieses Nachmittages schmolz dann dahin, wie der Zeltstoff in den Flammen. Ein zweiter Geländewagen fuhr kurze Zeit später unsere sechs Gäste in eine Ausweichunterkunft in Mfuwe. Frank und ich blieben noch eine Weile im niedergebrannten Camp zurück und halfen, wo wir noch helfen konnten. Als wir schließlich gemeinsam im Auto saßen und aus dem Flussbett fuhren, bat mich Frank, Musik anzumachen, damit die Anspannung etwas von uns abfallen konnte, und ich spielte unser Lieblingslied. *Obiero* von Ayub Agoda. In dem Augenblick, da die sanfte Stimme aus den Lautsprechern klang, fing Frank an zu schluchzen. Es dauerte nur einen kurzen Augenblick, aber ich hielt dennoch an, und wir hielten uns im Arm, während uns die Tränen herunterkullerten. Frank war wesentlich näher an dem Feuer dran gewesen, hatte sich völlig verausgabt. Und mir wollte in diesem Moment der Gedanke nicht aus dem Kopf gehen, was gewesen wäre, wäre ihm etwas zugestoßen.

»Darauf hat uns in der Rangerschule keiner vorbereitet«, murmelte Frank in meine Haare, und mir entfuhr ein kleines Lachen. Es gibt Dinge im Leben, die schweißten zwei Menschen zusammen. Und ein Feuer wie dieses gehörte definitiv dazu.

Der Rest der Safari verlief zum Glück ereignislos, wenngleich nicht ohne ein paar prägende Momente in der Wildnis. Am nächsten Tag steuerten wir Luambe an, wo wir alle am Ufer des Luangwas entspannen konnten. Aber auf dem Weg dorthin wurden wir noch mit einem besonderen Moment beschenkt: Bevor wir auf die sandige Straße gen Norden bogen, fuhr laut hupend der Geländewagen des abgebrannten Camps an uns vorbei, gefüllt mit allen Angestellten – inklusive Jeremy, der das allergrößte Lächeln auf dem Gesicht hatte. Alle riefen uns freudestrahlend Grüße zu und lachten breit. Was für eine Erleichterung, dass es allen gut ging!

Wir hörten später, dass die Crew innerhalb weniger Tage das Camp provisorisch wieder herrichten konnte, sodass diese Safari-Saison für sie doch nicht komplett in Flammen aufgegangen war.

KAPITEL 20

Im Fledermauswald

W ir führten noch vier weitere Safaris im Tal des Leoparden durch, die allesamt entspannt verliefen. Keine Feuer und auch keine schlechten Pralinen in der Schachtel. Und ehe wir uns versahen, neigte sich unsere Saison in Sambia dem Ende zu. Aber bevor wir uns für dieses Jahr verabschieden würden, hatten wir noch einen großen Trip geplant: Wir wollten den Norden des Landes entdecken, der vom Tourismus, bis auf wenige Ausnahmen, noch unberührt war.

Und so verabschiedeten wir uns an einem sonnigen Tag Ende August vom Team im Luambe-Camp und steuerten Ellie in eine neue Richtung. Anstatt nach Mfuwe abzubiegen, hielten wir auf North-Luangwa zu, der kleinen Schwester des berühmteren South-Luangwa Nationalparks. Die sandige Straße führte uns zunächst lange durch ein Dorf nach dem nächsten, die alle am Straßenrand unter den Mahagonibäumen lagen. Hühner flatterten aufgeregt durch die gepflegten Gärten, Frauen fegten mit Reisigbesen vor ihren Lehmhütten, zermahlten frisches Korn

265

auf einem Schleifstein, pumpten Wasser aus einem der Brunnen, die wir in jeder Dorfmitte vorfanden. Kleinkinder liefen Ellie hinterher und winkten uns aufgeregt zu, die älteren Kids waren wohl nach wie vor in der Schule. Männer sahen wir wenige, nur ein paar ältere Herren auf Fahrrädern. Wir vermuteten, dass die meisten von ihnen wohl bei der Arbeit sein mussten, fanden aber ein wenig später viele im Schatten einer Bar sitzen, wo sie Bier tranken, rauchten und afrikanischen Beats aus einer Boombox lauschten, die mit einer Solarzelle betrieben wurde, während ihre Frauen die Felder bestellten.

Im Vorbeifahren war es für Tourist*innen nur schwer sichtbar, aber Sambia hatte, was die Gleichstellung der Geschlechter anging, noch einen sehr weiten Weg vor sich. Doch selbst durch unsere Autofenster fielen uns einige Dinge auf. Die Mädchen, die viel zu jung schienen, um schon schwanger zu sein, die abschätzigen Blicke, die manche Männer mir zuwarfen, ganz so als stellte ich eine Bedrohung ihrer bestehenden Ordnung dar, Werbeplakate, die das Ende von Kinderehen forderten. Laut *UNICEF* war im Norden des Landes die Hälfte aller Frauen vor dem achtzehnten Lebensjahr verheiratet. Fast dreißig Prozent aller sambischen Frauen zwischen fünfzehn und neunzehn Jahren hatten bereits ein Kind geboren, und im Schnitt würde jede Frau über den Verlauf ihres Lebens vier bis fünf Kinder zur Welt bringen. Auch häusliche Gewalt war ein bedeutendes Problem in Sambia. Die 2005 durchgeführte *Zambia Sexual Behaviour Study* ergab, dass 54 Prozent der Frauen unter körperlichem, sexuellem oder emotionalem Missbrauch durch einen Partner oder Ehegatten gelitten hatten. Der tatsächliche Prozentsatz war wahrscheinlich noch deutlich höher, da häusliche Gewalt aus einer Vielzahl von Gründen, wie sozialer Stigmatisierung, familiärem Druck, wirtschaftlicher Abhängigkeit vom Ehemann und mangelndem Zugang zu formalen Beschwerdemöglichkeiten eine hohe Dunkelziffer aufwies.

Einen kleinen Lichtblick gab die Organisation *A Safer Zambia* oder *ASAZA*, die erste koordinierte Anlaufstelle des Landes für Opfer von geschlechtsspezifischer Gewalt. Aber das bei Weitem größte Hindernis für die Mitarbeiter*innen der Organisation war die Tatsache, dass keine Frau ihren Mann im Gefängnis sehen wollte. Von den Hunderten von Fällen häuslicher Gewalt, die die Einrichtung mitbekommen hatte, gab es keinen einzigen, bei dem eine Frau Anzeige erstattet hätte. Die Frauen waren finanziell von ihren Peinigern abhängig, wenn ihr Mann verhaftet wurde, waren sie verloren – ein gewaltiges Hindernis auf dem Weg zur Gleichberechtigung.

Dennoch sind vor allem in den letzten Jahren positive Veränderungen in den Gemeinden zu erkennen. Einer der größten Erfolge sind die laufenden Aufklärungskampagnen der Dorfältesten, die als die traditionellsten und stursten Männer des Landes gelten. Hatte man sie von dem Übel geschlechtsspezifischer Gewalt überzeugt, hatte man meist ein ganzes Dorf davon befreit. Positiv zu vermerken ist außerdem, dass die Regierung Gesetze zum Schutz der Eigentumsrechte von Frauen erlassen hat, spezialisierte Polizeieinheiten zur Bekämpfung von geschlechtsspezifischen Übergriffen eingerichtet und 2006 eine Kabinettsministerin für Geschlechter und Entwicklung ernannt hat. 2015 verpflichtete sich die sambische Regierung außerdem, Kinder- und Zwangsehen bis 2030 abzuschaffen. Ein Langzeitziel, aber auf unserer Reise durch dieses unglaublich weitläufige Land wurde uns klar, was für eine gigantische Aufgabe das tatsächlich war. Es würde lange dauern, bis diese dringend nötige Veränderung in jeden Winkel des Landes gedrungen war.

Umso wichtiger, die Bildung von Mädchen zu fördern. Gebildete Mädchen verändern Gemeinden, Länder und die ganze Welt. Mädchen, die eine Ausbildung erhalten, heiraten später und führen mit größerer Wahrscheinlichkeit ein gesundes, produktives Leben. Sie haben ein eigenes Einkommen, nehmen an Entscheidungen teil, die sie am meisten betreffen, und bauen so eine bessere Zukunft für sich und ihre Familien auf.

Nachdem wir die Dörfer hinter uns gelassen hatten, bogen wir auf einen Sandpfad ab, der direkt am Flussufer des Luangwas verlief. Die Äste nebenstehender Bäume ragten tief über den Weg, und die Abwesenheit frischer Autospuren deutete darauf hin, dass hier für eine lange Zeit niemand mit dem Auto durchgekommen war. Je weiter gen Norden wir fuhren, desto unwegsamer wurde es, und desto schmaler wurde der Pfad. Immer größere Zweige, manchmal gar ganze Baumstämme, die wohl von Elefanten umgenietet worden waren, versperrten den Weg und wir hatten Mühe, Ellie an den Hindernissen vorbeizulenken. Allerdings waren wir mittlerweile schon so weit Richtung North Luangwa vorgestoßen, dass Umkehren nicht in Frage kam. So preschten wir weiter vor, in den Norden, und in die Nacht. Schon bald war es dunkel, und im Scheinwerferlicht erschien mir die Wildnis, die vor uns lag, unheimlich und trügerisch. Der Sandpfad führte jetzt bedrohlich nah ans Ufer heran und ich fürchtete, dass die Böschung unter Ellies Gewicht zusammenbrechen könnte. An mehreren Stellen hatten wir gesehen, wie das Ufer weggebrochen war. Aber unsere Landkarte versprach, dass es jetzt nicht mehr weit war bis zu dem Campingplatz, der sich direkt neben dem Fährübergang in den North Luangwa Nationalpark befand.

»Gleich geschafft«, munterte Frank mich auf. Doch seinen Worten folgte plötzlich das markerschütternde Brüllen eines Elefanten, in das weitere einfielen. Unsere Autoscheinwerfer hatten scheinbar eine Herde aufgeschreckt. Im Halbdunkeln konnte ich ihre riesigen Konturen erkennen, die ungestüm durch die Mopanewälder auf uns zu preschten.

»Schneller, schneller, schneller!«, rief ich Frank zu, denn die Elefanten waren bereit zum Angriff. Das brachiale Geräusch der Herde, wie sie durchs Unterholz brach, um uns zu verscheuchen, jagte uns einen Heidenrespekt ein. Dann endlich tauchte hinter einer Kurve ein aus Reet gesteckter Zaun auf. Nicht, dass ein Elefant davor zurückschrecken würde, aber zumindest hieß es, dass wir fast am Ziel angekommen sein mussten. Zu meiner Erleichterung schienen wir die Herde abgeschüttelt zu haben. Wir hörten sie noch immer aufgebracht schnauben und trompeten, aber in die menschliche Siedlung schienen sie sich wohl nicht vorzuwagen.

Hinter dem Zaun tauchte ein winziger Campingplatz auf, der im Grunde nicht mehr war als eine freie Grasfläche am Flussufer. Wir erkannten ihn nur deshalb als solchen, weil bereits ein anderes Campingfahrzeug hier stand, vor dem eine dreiköpfige Familie auf kleinen Campingstühlen um einen Gaskocher hockte.

Wir bezahlten ein paar sambische Kwacha (»Quatscha« ausgesprochen) für eine Übernachtung und baten um ein Stück brennendes Holz vom Feuer des Caretakers, um unser eigenes schnell in Gang zu bringen. Wir hatten das Gas in unserem Kocher leider während der Zeit in Luambe aufgebraucht und in

Mfuwe keine Möglichkeit gefunden, um ihn wieder aufzufüllen, und so würden wir den gesamten Trip durch den Norden auf offener Flamme kochen müssen. Aber hey, wir liebten ja beide Lagerfeuer!

Am nächsten Morgen standen wir früh auf, um in den Nationalpark überzusetzen. Am Flussufer musste sich jeder, der in den Park einfuhr, in eine Liste eintragen, mit Passnummer, Kontakttelefonnummer und Reiseziel. Uns wurde erst später klar, warum eigentlich.

Die Flussüberquerung selbst war ein Abenteuer für sich. Die tonnenschwere Ellie musste sich über eine Brücke aus locker gelegten Planken bis auf eine kleine Ponton-Fähre vorwagen, die fast unterzugehen drohte, als sie Ellies Gewicht spürte. Die Fähre war über ein starkes Eisenseil mit beiden Flussufern verbunden, und mehrere Männer nahmen am Boden Platz und zogen mit einem Holzgriff an dem Seil, um zur anderen Seite zu gelangen. Ich wurde bei dem Anblick recht nervös, die Männer waren für meinen Geschmack nämlich viel zu nah an der Wasseroberfläche, unter der sich die Krokodile tummelten.

Wir verbrachten den Morgen damit, das nördliche Ende des Parks zu erkunden. Hier schmiegten sich riesige Anabäume ans Flussufer, große Impala- und Puku-Herden streiften durch die bewaldete Landschaft, und Krokodile sonnten sich auf den Sandbänken. Die Tsetse-Fliegen waren eine echte Plage, und der Tag wurde heißer und heißer. Wir schwitzten bei hochgekurbelten Fenstern in der Fahrerkabine, aber gegen die Bremsenschwärme kamen wir einfach nicht an. Im Süden des Parks, wo ein paar gemütliche Lodges und Camps lagen, wären sie mit Sicherheit nicht so eine Plage gewesen, da man dort weitläufig

Tsetse-Fallen aufstellte, aber wir waren nur auf der Durchreise an diesem Tag und hatten leider nicht genug Zeit, um dorthin zu fahren.

Um die Mittagszeit erreichten wir ein streng bewachtes Gate, wo die Park-Ranger uns dazu anhielten, uns abermals in eine Liste einzutragen, dieses Mal sogar mit der genauen Uhrzeit, zu der wir dieses Gate passierten. Als wir nachfragten, erklärte man uns, dass in diesem Abschnitt des Parks eine kleine Population des vom Aussterben bedrohten Spitzmaulnashorns angesiedelt war, und um die Wilderei dieser Tiere um jeden Preis zu verhindern, wurde die Gegend strengstens bewacht. Die Ranger hatten genau berechnet, wie lange es dauern würde, von einer Seite zur anderen zu fahren, und wer zu einer bestimmten Zeit nicht am nächsten Gate ankam, geriet unter Verdacht, gewildert zu haben.

Die folgenden zwei Nächte verbrachten wir an einem Ort, der meiner Meinung nach völlig unterrepräsentiert ist, aber es wohl auf unbestimmte Zeit auch bleiben wird, denn er liegt ziemlich abseits der ausgetretenen Tourist*innenpfade. Der Ort nennt sich Kapishya Hot Springs.

Kapishya ist eine versteckte Oase für Reisende auf dem Weg in den weniger erschlossenen Norden des Landes, die eine wunderschöne Heißwasserquelle beherbergt. Das Wasser ist schwefel- und bakterienfrei und auch Krokodile treiben sich hier nicht herum. Die Quelle ist glasklar, und da sie etwas höher gelegen ist, ist es hier vor allem am Morgen und Abend angenehm kühl.

Wir waren die einzigen Gäste auf dem Campingplatz, der an einem laut brausenden Fluss lag. Kapishya liegt auf privatem

Land, und eine kleine Lodge mit einem bunten Blumengarten bot eine weitere Schlafmöglichkeit. Auf dem Anwesen befand sich außerdem Shiwa Ng'andu, ein Ort, der durch das Buch *The Africa House* berühmt geworden war, und der bis heute vor allem geschichtsinteressierte Tourist*innen aus England anzieht, die dieses Buch zu lieben scheinen. Wir sind beide nicht sonderlich an der Kolonialgeschichte interessiert, und somit ließen wir das *Africa House* links liegen.

Für uns ging es stattdessen weiter an die nördlichste Spitze Sambias, zum Tanganjika-See, an dessen tansanischen Ufern Jane Goodall einst ihre Schimpansen beobachtet hatte. Die Straße auf dem Weg zum Tanganjika-See war mit Abstand die schlimmste, auf der wir jemals unterwegs gewesen waren. Schlaglöcher, so tief wie Einschlaglöcher eines Meteorschauers, machten es schier unmöglich, schneller als zwanzig Kilometer pro Stunde zu fahren, und obwohl die Menschen hier alle nur mit Fahrrädern unterwegs waren (ein Auto hätten sie sich gewiss nicht leisten können), schienen auch sie von der holprigen Piste genug zu haben. An vielen Felsen oder Häuserwänden fanden wir den Slogan »*No Road, No Vote*« geschrieben, der wohl Druck auf die Regierung ausüben sollte – sprich: »Wenn ihr uns keine bessere Straße baut, geben wir euch auch nicht unsere Stimme.«

Diese Gegend schien vom Rest der Welt völlig vergessen worden zu sein. Die Dörfler*innen beäugten uns neugierig und die Kinder riefen: »*Sweets! Sweets!*«. Zwischen Kapishya und den Ufern des Tanganjika-Sees gab es keinerlei Unterkünfte und der Landesabschnitt war eng besiedelt, sodass auch das Wildcampen keine Option war, wir hätten uns dabei nicht sicher gefühlt. Und so hatten wir keine andere Wahl, als uns weiter im Schneckentempo vorzuarbeiten, und das bis spät in die Nacht hinein. Es war eine fast gespenstische Fahrt, die uns mit Eindrücken aus einer Welt zurückließ, von der wir nicht die geringste Vorstellung hatten. Hunderte kleiner Buschfeuer erhellten beide Seiten der Straße, ein furchteinflößender Anblick. Manchmal reichten sie bis direkt an die Strohhütten der Siedlungen heran, in seltenen Fällen war eine der Hütten in Brand geraten, aber gelöscht werden konnte sie nicht, wahrscheinlich gab es dafür nicht genug Wasser. Ich wusste aus Mfuwe, dass Sambier die Vegetation regelmäßig abbrannten, in der Hoffnung, dass anschließend frische Sprösslinge aus der Erde schießen würden, und so vermutete ich, dass auch diese Feuer beabsichtigt gewesen waren. Ein paar Familien lebten nicht in Strohhütten, sondern in einfachen Lehmhäusern, aber alle Behausungen waren innen entweder stockduster oder erhellt durch die flackernden Flammen eines Kochfeuers. Kühe, Hühner und Ziegen liefen über die Straßen und mir fiel hier auf, dass der Plastikmüll, der vielerorts in afrikanischen Ländern die Straßenränder säumte, ausblieb. Die Menschen schienen schlichtweg nicht genügend Geld zu haben, um irgendetwas in einer Plastikverpackung zu kaufen, und davon mal ganz abgesehen gab es wahrscheinlich auch keine Läden, die diese Dinge verkauften.

Wir erreichten unser Tagesziel kurz vor Mitternacht und hatten Glück, dass uns noch jemand das Tor aufmachte. Ndole Bay lag am süd-westlichen Zipfel des Tanganjika-Sees, direkt an der Grenze zur Demokratischen Republik Kongo. Hier befand sich direkt am Ufer des Sees eine Lodge mit entspannter Atmosphäre, die wohl vor allem von wohlhabenden Stadtmenschen aus Lusaka frequentiert wurde, die mit dem Flugzeug anreisten. Aber für Overlander wie uns gab es einen weitläufigen Campingplatz am sandigen Ufer. Die Besitzer schliefen bei unserer Ankunft schon, darum parkten wir Ellie auf einem der ausgewiesenen Plätze und aßen ein paar Chips zum Abendbrot, bevor wir schnell das Dachzelt aufklappten und völlig erschöpft in einen tiefen Schlaf fielen.

Am Morgen erwachten wir zu einem völlig surrealen Anblick: Ellie stand direkt am Ufer des Sees, in der Mitte des afrikanischen Kontinents, und hatte ihren Rücken gen Osten gerichtet, sodass wir direkt in die Sonne blinzelten, die feuerrot über dem Wasser aufging.

»Hätte mir vor fünf Jahren jemand gesagt, dass ich mal hier landen würde, ich hätte diese Person für verrückt erklärt«, sagte ich zu Frank und schüttelte den Kopf.

Wir verbrachten ganze sechs Nächte in Ndole Bay – die Fahrt war so lang und umständlich gewesen, dass wir unseren Aufenthalt hier wirklich geltend machen wollten. Es waren ruhige Tage, in denen Frank mit der Fotokamera experimentierte und ich viel an meinem Buch schrieb. Der Jack Russell des Besitzers kam regelmäßig für ein paar Streicheleinheiten vorbei, einmal am Tag überfiel eine riesige Ziegenherde unseren Lagerplatz, um die Samenhülsen der Anabäume zu fressen, und am Abend saßen wir stundenlang am Feuer, während ich ein paar neue Lieder auf meiner Wandergitarre lernte. Was sich sicher romantisch anhört, kam uns aber im besten Fall merkwürdig vor. Dies war ein Ort, den wohl nur wenige Gäste auf dem Landweg erreichten, und somit blieb die Armut der umliegenden Gegend für viele im Verborgenen. Uns hatten sich die Eindrücke, die wir auf dem Weg hierher gesammelt hatten, aber ins Gedächtnis gebrannt, und wir wollten sie auch nicht einfach ignorieren.

Was sich noch weniger ignorieren ließ, waren die Düsenjets, die einmal täglich im Tiefflug über den See und direkt über unsere Köpfe rauschten. Wir konnten uns zunächst keinen Reim darauf machen, fanden aber später, zurück im Internetland, heraus, dass sich die Region zwischen der Demokratischen Republik Kongo und Sambia schon lange in einem angespannten Grenzstreit befand, der auf die Kolonialzeit zurückging und immer mal wieder aufgeflammt war, seitdem die Briten und die Belgier Sambia und den Kongo unter sich aufgeteilt hatten. Wir wussten nicht, zu welchem Land die Jets gehörten, aber sie waren vielleicht als Warnzeichen für die andere Seite zu verstehen, oder einfach nur Übungsflüge.

»*Well, Toto*«, sagte ich eines Nachmittags, als gerade wieder einer der Tiefflieger vorbeigesaust war, »*I have a feeling, we are not in Kansas anymore.*« Daraufhin guckte Frank mich nur etwas verwirrt an; der Spruch aus dem *Zauberer von Oz* war ihm noch nie zu Ohren gekommen.

Wir verließen Ndole Bay an Tag sieben kurz nach Sonnenaufgang. Knappe sechshundert Kilometer lagen zwischen uns und unserem letzten Ziel auf diesem kleinen Abenteuer im Norden: Die Bangweulu-Sümpfe, Heimat des legendären Schuhschnabelstorchs, und darum das Paradies auf Erden für einen Vogelfreund wie Frank. Er war schon seit einiger Zeit mit einem berühmten Vogelfotografen aus Australien im Gespräch, der über Franks Reisebüro eine Tour buchen wollte, um diesen vom Aussterben bedrohten Vogel unbedingt zu sehen, und Frank hatte bereits eine mögliche Safari im Murchison Falls Nationalpark in Uganda ausgekundschaftet, weil der Vogel auch dort vorkam. Bangweulu aber war der Ort, wo das Team von Sir David Attenborough den Schuhschnabel gefilmt hatte, und stand deshalb bei den meisten Vogelkundlern höher im Kurs.

Wir fuhren den Großteil des Tages entlang des Luapula-Flusses, der die natürliche Grenze zwischen dem Kongo und Sambia bildete, und dessen Ufer eng mit menschlichen Siedlungen bebaut waren. Auch wenn uns hier wieder mehr Autos entgegenkamen, so bekamen wir doch langsam ein Problem: Wir hatten kaum noch Benzin. Viele der Tankstellen, die in unserer App verzeichnet waren, existierten entweder nicht mehr oder hatten gerade keinen Diesel mehr übrig. Und je weiter die Nadel auf der Tankanzeige fiel, desto nervöser wurden wir. Wir hatten bereits in Ndole unsere Ersatzkanister benutzt. Auf dem letzten Streckenabschnitt hatten wir endlich Glück: Die Tankanzeige leuchtete schon seit geraumer Zeit rot, da tauchte vor uns eine einsame Tanksäule auf.

»Guck mal, da vorne«, rief ich aufgeregt, und wir mussten beide lachen. Ich klang, als hätte ich gerade den Schuhschnabel höchstpersönlich gesichtet. Am Nachmittag wirkte die Umgebung langsam vertrauter. Wir waren im Vorjahr schon einmal hier gewesen, um eines der spektakulärsten Naturschauspiele der Welt mit eigenen Augen zu sehen …

*

Es war Ende November, und wir hockten in der Krone eines riesigen Baumes, während um uns herum Millionen von Fledermäusen den Nachthimmel bevölkerten. Die jährliche Kasanka-Fledermauswanderung – die größte Säugetierwanderung unseres Planeten – war in vollem Gange.

Wir waren an diesem Morgen um kurz vor vier aufgestanden

und schlaftrunken für eine schnelle Tasse Kaffee zum Gemeinschaftsbereich der Lodge gewankt. Jedes Jahr zwischen Oktober
und Dezember kommen die Fledermäuse in ein winziges Stück
immergrünen Sumpfwald im Kasanka-Nationalpark hier im
Norden Sambias. Die afrikanische Strohfledermaus ist die
zweitgrößte Fruchtfledermaus des Kontinents. Sie kommen
hierher, um sich an den Schoten von Mahagoni und anderen
wilden Früchten zu laben, die mit den ersten Regenfällen her-
vorsprießen. Wissenschaftler*innen sind sich bis heute nicht
sicher, wo diese vielen Fledermäuse den Rest des Jahres verbringen. Aber es ist bekannt, dass sie aus ganz unterschiedlichen
Gebieten des Kontinents anreisen, um sich jedes Jahr genau
hier, in diesem winzigen Waldstück, zu treffen.

Frank und ich waren am Vorabend in Kasanka angekommen
und wurden schnell nach unserer Ankunft von dem lokalen
Guide dazu ermuntert, direkt zu einem der Fledermausverste-
cke des Parks aufzubrechen. Und so fanden wir uns kurz darauf
mitten im tropischen Wald wieder, wo wir uns an den ewig langen hölzernen Handläufen festhielten, die sich um den Baumstamm wickelten, der die Aussichtsplattform stützte. Oben angekommen, bot sich uns eine spektakuläre Aussicht, die wir so
nicht hatten kommen sehen. Während die Sonne den Himmel
langsam in immer spektakulärere Farben tauchte, erhoben die
Fledermäuse sich langsam in die Lüfte. Erst waren es »nur« ein
paar Dutzend, dann Hunderte, bis schließlich Tausende und
Abertausende Tiere in den Himmel stiegen, um unsere Köpfe
kreisten und zum Abendbrot aufbrachen, sodass sich der gesamte Himmel pechschwarz färbte. Das Schlagen ihrer ledrigen
Flügel erfüllte die Luft mit lautem Rascheln, und wir wussten
gar nicht, wohin wir unsere Kameras zuerst richten sollten. Wir

warteten in unserem Horst, bis es fast zu dunkel war, um die Leiter nach unten noch zu sehen, bevor wir glückselig in die Lodge zurückkehrten.

Als der nächste Morgen anbrach, fuhren wir erneut zum versteckten Fledermauswald, dieses Mal zu einer anderen Aussichtsplattform. Es war stockdunkel, als wir es uns mit einer Decke gemütlich machten, während die Fledermäuse in den Wasserbeeren über unseren Köpfen flatterten. Wir hatten am Vortag genug gefilmt und fotografiert und konnten an diesem Morgen einfach das Naturschauspiel genießen. Als der Tag schließlich anbrach, kehrten die Fledermäuse in ihren Wald zurück. Bunte Farbtupfer der aufgehenden Sonne erhellten den Himmel, und wir konnten uns kaum sattsehen an all den Fledermäusen, die wild durcheinanderflogen und doch niemals kollidierten – bis sie schließlich wieder wie Früchte am Baum hingen. Dort drängten, schubsten und kletterten sie geräuschvoll übereinander, um einen Platz zum Schlafen zu finden. Erst als alle ihre Schlafstelle gefunden hatten, kehrte Stille ein, und wir fuhren zurück zu der kleinen Lodge, die an einer schilfgeschmückten Lagune lag. Zum Frühstück beobachteten wir eine der seltenen und äußerst schüchternen Sitatunga-Antilopen und lauschten dem Lachen der Nilpferde. Wir hatten an diesem Morgen das Gefühl, eines der erstaunlichsten Geheimnisse der Natur miterlebt zu haben, und unsere Faszination für Mutter Natur flog so hoch, wie die Fledermäuse in den Himmel.

*

Den Rest der Strecke auf dem Weg zum Schuhschnabel in Bangwuelu verbrachte ich damit, meine volle Blase auszuhalten, denn in dieser Gegend lebten so viele Menschen, dass es schier unmöglich schien, einen ruhigen Busch zu finden, hinter den ich mich unbeobachtet hätte hocken können. Ellie wurde auch jedes Mal, wenn wir anhielten, von einer Menschentraube umschlossen. Und so machte ich drei Kreuze, als wir nach Einbruch der Dunkelheit endlich das kleine Hotel in einem Örtchen namens Samfya, am Rand des Sumpfes erreichten, wo wir die Nacht verbringen wollten. Wir hatten es vorher im Internet recherchiert, und der Lodge-Besitzer in Ndole hatte uns gesagt, dass er seit ein paar Jahren nicht mehr dort gewesen sei, es aber eine annehmbare Unterkunft für eine Nacht sei. Mir fiel die Kinnlade herunter, als wir endlich dort ankamen und feststellten, dass von dem Hotel nur noch eine Ruine übrig war.

»Ach du Scheiße«, stieß ich hervor. Meine Blase hatte sich das auch anders vorgestellt. »Und was machen wir jetzt bitte?!«

»Keine Ahnung. Eine andere Unterkunft gibt es nicht«, sagte Frank. Er hatte vom langen Fahren Kopfschmerzen und war genauso entnervt wie ich.

Wir stiegen aus und leuchteten mit unseren Taschenlampen umher, als wir in einem der heruntergekommenen Häuser ein Feuer entdeckten, vor dem sich die Silhouette eines Mannes abzeichnete. Es bestand kein Zweifel daran, dass er hier eingezogen war, nachdem das Hotel dichtgemacht hatte. Mir war die ganze Situation nicht geheuer, aber wir wussten nicht, wo wir inmitten der Nacht sonst hätten hinfahren sollen. Und so ging Frank auf den Mann zu und fragte, ob wir für die Nacht in seinem Garten campen dürften. Er gab ihm fünfhundert Kwacha, umgerechnet knapp zwanzig Euro. Dem Gesichtsausdruck des Mannes nach zu urteilen, war das ein kleines Vermögen für ihn.

Wir parkten Ellie zwischen ein paar Büschen, hinter denen

ich jetzt endlich meine Blase entleeren konnte, und Frank ge-
nehmigte sich eine ordentliche Dosis Schmerztabletten. Ich
kochte ein bisschen Wasser in unserem Mini-Wasserkocher,
dem über Ellies Zigarettenanzünder Strom zugeführt wurde,
und bereitete uns ein königliches Mahl aus zwei Schalen In-
stantnudeln, die wir oben in unserem Nest verputzten, während
ein starker Wind gegen die Zeltwände schlug. Manchmal war
Camping eben auch das. Ich machte in dieser Nacht kein Auge
zu, aber Franks Atem vertiefte sich irgendwann. Wenigstens
einer von uns schlief.

»Das ist völlig inakzeptabel!« Der französische Reiseleiter war
außer sich. Es war kurz nach zehn am Morgen, aber seine acht
Gäste hatten jetzt schon die Schnauze voll. »Wir hatten extra
gesagt, dass wir spätestens um 13 Uhr hier losmüssen, damit
wir unsere nächste Unterkunft noch erreichen können! Und
erst jetzt sagen Sie uns, dass es bis in den späten Nachmittag
dauern wird! Absolut inakzeptabel!«, motzte er den sambischen
Guide an, der in seiner pinkfarbenen Unterhose im Sumpf stand
und nicht sonderlich beeindruckt schien.

Auch Frank und ich hatten uns den Morgen anders vorgestellt, aber wir fanden das Ganze gerade eher amüsant.

Der Tag hatte schon chaotisch begonnen. Wir hatten die
Nacht im Schutz einer Palmeninsel auf einer offenen Gras-
steppe in Bangweulu verbracht. Hier befanden sich vier oder
fünf Campingplätze, die von der Gemeinde betrieben wurden.
Eine Buschdusche und ein Klo wurden über ein großes Fass mit
Wasser versorgt (so hatte das Klo sogar eine Spülung). Nach
unserer turbulenten Nacht in der Ruine in Samfya fühlten wir
uns hier innerhalb der Wildnis des Reservats so wohl wie schon

lange nicht mehr. Wir saßen an einem Feuer, lauschten den Nachtschwalben und gingen schlafen, kurz nachdem die Sonne untergegangen war.

Bangweulu bedeutet »wo das Wasser auf den Himmel trifft«, was eine perfekte Beschreibung für diese atemberaubenden Feuchtgebiete in Sambia ist. Dieses außerordentlich reiche und vielfältige Ökosystem ist die Heimat von vierhundert Vogelarten, darunter natürlich auch dem Schuhschnabelstorch, einer Vielzahl von Antilopen, wie dem endemischen schwarzen Lechwe, aber auch Raubtieren wie Schakalen und Hyänen und Krokodilen. 2020, ein Jahr nachdem wir vor Ort waren, wurden hier außerdem ein paar Geparden ausgesetzt. Der Park wurde, genau wie Liuwa im Westen, von *African Parks* betreut, die es sich zur Aufgabe gemacht haben, in all ihren Parks legendäre Säugetierarten wieder einzuführen, um mehr Tourist*innen anzuziehen. So konnte sich ein Reservat auf Dauer selbst finanzieren und war nicht mehr auf Spenden angewiesen. Wir waren ja aber vor allem wegen des Schuhschnabels hier, und an diesem Morgen sollte es nun endlich so weit sein.

Frank hatte dem Guide extra gesagt, dass er früh loswollte, um den Vogel im besten Licht eines frühen Morgens zu fotografieren, und der Guide hatte zugestimmt. Umso ärgerlicher war es, als er am nächsten Morgen erst um acht Uhr kam, um uns abzuholen, und das mit der neunköpfigen Gruppe Franzosen und Französinnen im Schlepptau.

Der Guide hatte wohl darauf gesetzt, dass er bei uns im Wagen mitfahren konnte, aber die Französ*innen hatten keinen Platz und Ellie war nur ein Zweisitzer. Wir boten ihm an, sich in den Ersatzreifen auf Ellies Motorhaube zu setzen, und da ihm keine andere Wahl blieb, stimmte er zu. Es war ein erstaunlich kühler Morgen, er musste schrecklich frieren da vorne. Wir hatten nicht die geringste Ahnung, wie der Tag ablaufen sollte, aber wenn wir gedacht hatten, dass es direkt zu den Schuhschnabeln gehen würde, hatten wir uns getäuscht. Zunächst fuhren wir zu einem Bürogebäude am Ufer der weiten Sumpflandschaft, wo sich alle Gäste umständlich und langwierig registrieren mussten und siebzig US-Dollar für das Privileg hinblätterten, einen der seltensten und skurrilsten Vögel der Welt mit eigenen Augen zu sehen. Die Französ*innen rauchten ungeduldig eine *Gitane* nach der anderen, und der Guide holte mit ein paar Helfern ein altes Kanu hinter einem Schuppen hervor und fragte uns, ob wir es auf unserem Dach zum Startpunkt der Safari transportieren konnten. Als Frank nachfragte, warum, wurde uns bewusst, *wie* chaotisch dieser Tag geplant war: Es gab nur ein einziges Kanu, in das nur zwei Gäste, plus Guide, passen würden. Wir waren aber elf. Das war der Moment, in dem ich beschloss, mich einfach mit Franks Fotos zu begnügen und mir die siebzig Dollar zu sparen.

Nach einer weiteren halben Stunde waren endlich alle startklar und fuhren auf ein offenes Feld, wo wir urplötzlich stoppten.

»Das hier ist eine gute Stelle, um mit dem Kanu weiterzufahren«, nickte der Guide und wir halfen ihm, das Kanu ins Wasser zu lassen.

»Und wie soll das jetzt funktionieren?«, fragte eine blonde Französin, sichtlich beunruhigt, während der Guide sich vor ihren Augen die Hose auszog und seine pinkfarbenen Shorts zum Vorschein kamen. Wenn ihm die Sache unangenehm war, vermochte er jedenfalls gekonnt, das zu verstecken.

»Ich kann immer zwei pro Fahrt mitnehmen«, sagte er und kratzte sich gelangweilt am Kopf.

»Moment, ich dachte, wir fahren alle zusammen.« Die Französin zog die Augenbrauen zusammen.

»Nein, das ist nicht möglich.«

An dieser Stelle schritt der hochgewachsene Franzose ein, der der Reiseleiter zu sein schien. »Und wie lange wird das dauern?«

»Zwei Stunden.« Der Guide zog einen Grashalm aus dem Boden und kaute darauf herum.

»ZWEI STUNDEN?! PRO FAHRT??« Der Reiseleiter wurde jetzt richtig ungehalten.

»Nein, zwei Stunden für die Hinreise. Und zwei für die Rückreise. Plus die Zeit, die ihr zum Fotografieren braucht.«

Da war es wieder, das altbekannte Phänomen der Zeit, die die Afrikaner*innen hatten, und den Uhren, die die Europäer*innen gefangen hielten.

Es brach eine lange Diskussion aus, und da die Franzosen sich nun nicht mehr sicher waren, ob sie unter den Umständen überhaupt noch alle den Schuhschnabel sehen wollten, schlug ich vor, dass Frank und einer der Franzosen einfach mit dem Guide starten sollten, damit sie dann berichten konnten, ob es sich überhaupt lohnte. Das machten sie dann auch, und bevor Frank im Kanu davonschipperte, war es zur Abwechslung mal ich, die ihm zurief: »*Be safe out there!*«

In den nächsten vier Stunden las ich ein gutes Buch zu Ende, machte ein paar Sandwiches fürs Mittagessen und fuhr ein paar Mal mit Ellie um den Block, wenn ich mal musste. Die Französ*innen hatten sich etwas beruhigt, ihre Klappstühle in einem Halbkreis aufgestellt und ein gemütliches Picknick veranstaltet.

Als das Kanu schließlich um vierzehn Uhr wieder zurückkehrte, schien Frank recht glücklich, aber der junge Franzose, der ihn begleitet hatte, schüttelte nur empört den Kopf. Ich konnte nicht verstehen, was die Gruppe daraufhin auf Französisch besprach, aber es schien ziemlich eindeutig, dass an diesem Tag nur ein Franzose einen Schuhschnabel zu Gesicht bekommen würde.

»War es wirklich so schlimm?«, fragte ich Frank, während ich Ellie anließ. Sie startete mal wieder nicht, und fast schon beiläufig öffnete ich die Motorhaube und Frank sprang hinaus, um am Kabel zu wackeln.

»Nee, es war überhaupt nicht schlimm, aber ich glaube, er hat einfach etwas anderes erwartet.«

Das konnte ich mir gut vorstellen, der Franzose erwartete gewiss eine Szenerie wie in der Attenborough-Doku. Aber laut Frank war es, zumindest an diesem Tag, nicht mal ansatzweise damit vergleichbar gewesen. Sie fanden einen der Schuhschnabel inmitten eines Fischerdorfes, umgeben von Hütten und Netzen. Dem Vogel schien es dort gut zu gefallen. Aber natürlich war es überhaupt nicht das, was sich Safari-Urlauber vorstellten. Frank hatte die Zeit aber genutzt und sich von dem Guide Tipps geben lassen. Der erklärte ihm, dass es besser sei, in der einzigen Lodge des Parks auf einer kleinen Insel unterzukommen. Dort wären sie wesentlich besser auf die Tourist*innen vorbereitet. Frank zeigte mir seine Fotos auf der Kamera, und er war recht zufrieden damit. Wenigstens mein Vogelnarr war also wunschlos glücklich an diesem Tag.

Wir ließen die wütenden Französ*innen mit dem Guide zurück und landeten kurz hinter Bangwuelu schließlich wieder auf altvertrauten Wegen, die uns in den nächsten Tagen über Lusaka zu unserem letzten Stopp in Sambia führen sollten, der für uns zum Pflichtprogramm des Landes gehörte: die legendären Victoriafälle.

Es gibt viele weltberühmte Tourist*innenattraktionen, die meiner Meinung nach dem Hype um sie nicht gerecht werden, aber die Victoriafälle werden für mich nie ihren Zauber verlieren. Es war ein sonniger Tag im September, einer der besten Monate für einen Besuch hier. Es war noch nicht zu heiß, und die Fälle flossen nach wie vor in voller Pracht auf beiden Seiten der Grenze. Die Victoriafälle zählen zu den Sieben Weltwundern der Natur und können sowohl von Sambia als auch von Simbabwe aus besichtigt werden. Als der Entdecker David Livingstone 1855 als erster Europäer die Fälle erblickte, soll er sehr treffend gesagt haben, dass diese »Szenen so schön waren, dass sie von Engeln auf ihrem Flug bestaunt worden sein mussten«. In der Tat war der größte Wasserfall der Erde ein beeindruckender Anblick.

Die breite Basaltklippe, über die die Fälle donnerten, verwandelte den majestätischen Sambesi von einem ruhigen Fluss in einen wilden Sturzbach, der sich durch eine Reihe dramatischer Schluchten schlängelte. Kurz nach Sonnenaufgang wanderten Frank und ich auf einem Pfad, der den Fällen gegenüberlag und wo sich eine steile Wand aus Basalt befand, die auf die gleiche Höhe anstieg und von nebelgetränktem Regenwald bedeckt war. Wir trotzten der gewaltigen Gischt, die Regenbögen in die Luft malte, hielten uns an den Händen und fühlten uns wie kleine Kinder in unseren Regenponchos, während wir nach nur wenigen Schritten pitschnass waren. Ich blieb für einen Moment zurück und sah Frank dabei zu, wie er einen kleinen Regentanz vollführte, der mich zum Lachen brachte. Was für ein Vogel.

»Mit dir zusammen macht alles tausend Mal mehr Spaß«, rief ich ihm über den Lärm der tosenden Fälle zu.

»Was?!«, schrie er zurück.

Aber ich drückte ihm einfach einen dicken Kuss auf die Lippen. Ich war Victoriafälle-glücklich.

*

Schließlich war alles, was noch übrigblieb, die Reise zurück. Von Livingstone aus steuerten wir Kasane in Botswana an und von dort aus Südafrika, wo wir Ellie wieder abstellen würden, bevor wir unsere Familien in Übersee besuchen wollten. Auf dem Rückweg schliefen wir wieder in unserem Nest, schlürften den ersten Kaffee am Morgen noch in unsere Schlafsäcke gekuschelt, löffelten warmen Porridge aus demselben Topf und blätterten in unseren Bestimmungsbüchern, wann immer wir eine neue Blumen-, Vogel- oder Baumart entdeckten.

Irgendwo kurz hinter Martin's Drift, einem winzigen Grenzübergang zwischen Botswana und Südafrika, trafen sich unsere Blicke im Rückspiegel. Die goldenen Strahlen einer untergehenden Sonne schienen warm durch Ellies Fenster und eine dicke Sand- und Staubschicht lag auf dem Armaturenbrett; die Leinwand unserer Abenteuer aus diesem Jahr.

»Lass uns für immer so weitermachen, okay?«, sagte Frank und lächelte.

»Okay«, lachte ich, »ich bin dabei.«

»Nein, im Ernst. Leg den Auto-Song auf, den du so gern magst, kurble die Fenster runter und dann fahren wir einfach immer weiter, bis die Straße endet.«

»Und wenn wir dort angekommen sind, drehen wir einfach

wieder um«, ergänzte ich und grinste. Wenn Frank in einem gut war, dann besondere Momente wirklich geltend zu machen. Und ich wusste natürlich, was er mit dem Auto-Song meinte. Er konnte sich selten Songtitel (oder Texte) merken, aber als kurz darauf das Gitarrenriff von Tracy Chapmans *Fast Car* aus den Lautsprechern dröhnte, murmelte er: »Hmmm, ja, genau den meinte ich.«

Und dann zog er mich an sich, legte seinen Arm um meine Schultern, und wir genossen einfach diesen Moment, während Ellie in einen neuen Tag steuerte … und hoffentlich am nächsten Morgen wieder anspringen würde.

Epilog

Ich kann mich noch genau daran erinnern, wie ich beim Schreiben von *Frühstück mit Elefanten* hin und her überlegt hatte, ob ich darin von Frank erzählen sollte. Die Sache zwischen uns war damals noch so frisch, dass ich keine Ahnung hatte, ob sie Bestand haben würde. Ich entschied mich am Ende dafür. Und oft habe ich seitdem überlegt, ob ich ihn und unsere gemeinsame Zukunft damit in gewisser Weise in mein Leben geschrieben hatte. Denn spätestens nach unserer Saison in Sambia waren wir zu Pech und Schwefel geworden.

Im Dezember des gleichen Jahres haben wir geheiratet. Zwar nicht im afrikanischen Busch, aber dafür an einem wilden einsamen Strand in Franks Heimat Australien, mit einem Schwarm Delfine im Hintergrund. Im Frühjahr 2020 kehrten wir dann als frisch gebackenes Ehepaar nach Botswana zurück, wo wir endlich die Lizenz für unser Safari-Unternehmen in Händen hielten. Ironischerweise konnten wir uns aber auch in diesem Jahr nicht in Maun niederlassen, da im selben Monat Corona zuschlug. Wie für so viele Menschen auf der ganzen Welt warf also die Pandemie auch unsere Pläne von einem Tag auf den anderen über den Haufen. Bevor wir mit dem Antrag einer Dauer-Aufenthaltsgenehmigung beginnen konnten (was der nächste und letzte Schritt gewesen wäre), wurden wir als ausländische Besucher*innen unverzüglich dazu angehalten, in unser Heimatland zurückzukehren. Innerhalb weniger Tage hatten alle Länder der Welt ihre Tore für ausländische Besucher*innen geschlossen, aber ich schaffte es buchstäblich im letzten Moment noch über die australische Grenze, bevor auch hier alles dicht war.

Nun sind wir also vorerst hier gestrandet, während Ellie geduldig in Südafrika auf uns wartet. Australien hat mich zum Glück mit offenen Armen empfangen, und Frank und ich sind sehr dankbar, dass uns die Pandemie nicht, wie so viele andere internationale Paare, auseinandergerissen hat. Was am Ende zählt, ist eben nicht, wo du deine Zeit verbringst, sondern mit wem.

Ich fürchte heute mehr denn je um die wilden Orte, die wir auf unseren Reisen besucht haben, und um die Menschen, die dort leben. Aufgrund der Pandemie ist die Wilderei in vielen Ländern auf einem Allzeithoch, weil der ausbleibende Tourismus den *locals* keine andere Wahl lässt, um ihre Familien zu ernähren. Elefanten stehen seit 2021 auf der Liste kritisch bedrohter Tierarten. Und an der Grenze zwischen Namibia und Botswana wurde das größte Ölvorkommen des Jahrhunderts entdeckt, das nun ein kanadisches Unternehmen explorieren will – was katastrophale Folgen für das Okavango-Delta haben könnte. Dieses Buch ist darum all den Löwenherzen gewidmet, die in den Menschen schlagen, die tagtäglich ihre ganze Kraft aufwenden, um die wilden Tiere und die wilden Gegenden Afrikas in diesen schweren Zeiten zu bewahren. Wir sollten sie, so gut wir können, unterstützen – ein paar Organisationen sind im Anhang aufgelistet.

Wie das Leben für Frank und mich nach der Pandemie weitergeht, wissen wir noch nicht. Unsere Herzen sind natürlich für immer mit der afrikanischen Wildnis verbunden und es vergeht kein Tag, an dem wir nicht an die Löwen, die Elefanten und unsere Freunde im südlichen Afrika denken. Die Prüfung zum Lead Guide habe ich nie wiederholt. Die Qualifikation wäre ohnehin nur in Südafrika gültig gewesen; da ich aber nie im Land am Kap gelebt oder gearbeitet habe, bestand für mich einfach keine Notwendigkeit mehr, sie zu bekommen. Heute bin ich sehr glücklich mit meiner Tätigkeit als Vollzeit-Autorin. Die Auszeit während der Pandemie habe ich genutzt, um an meinem ersten Roman zu schreiben – ein Abenteuer, das mich plötzlich wieder an die Grenzen meiner Komfortzone bringt, und von dem ich noch nicht die geringste Ahnung habe, was für ein Ende es nehmen wird. Alles, was ich tun kann, ist, den Schlüssel im Zündschloss zu drehen und zu hoffen, dass der Wagen anspringt. Wenn ich heute auf eines stolz bin, dann darauf, dass ich mich immer getraut habe, für eine Schnapsidee loszuziehen, ohne Aussicht auf Erfolg und trotz der Angst davor, was andere von mir halten würden.

Und das wünsche ich jetzt auch dir. Dass du, nachdem du dieses Buch zuschlägst, drauflos gehst und dich traust. Denn diese Welt braucht deinen Mut. Deine verrückten Ideen. Dein Löwenherzensglück. Heute wahrscheinlich mehr denn je.

Und wenn du dann da draußen bist, unterwegs auf den Schotterpisten deines ganz eigenen Abenteuers, pass bitte gut auf dich auf. Oder wie Frank sagen würde: *Be safe out there!*

PS: Nach Jahren des Rätselratens fanden wir letztes Jahr endlich heraus, was Ellies Problem war: Ihre Wegfahrsperre war defekt – das einzige elektronische Element an dem klapprigen, alten Land Rover! Heute springt sie problemlos an und brummt jedes Mal zufrieden, wenn wir wieder den Schlüssel im Zündschloss drehen.

Danksagung

Wenn ich eines während der letzten Jahre gelernt habe, unterwegs auf dem afrikanischen Kontinent, dann dass ich noch allerhand zu lernen habe. Dieses Buch, und auch meine anderen Bücher, wären nicht möglich gewesen ohne all die Menschen, die ihr Wissen mit mir geteilt haben. Sie sind es, die Bücher schreiben sollten, und ich bin ihnen auf ewig zu Dank verpflichtet.

Wie kann ich helfen?

H ier eine Liste von Organisationen, denen ich vertraue und
die Spenden dringend benötigen:

- African Parks Network: www.africanparks.org
- UNICEF: www.unicef.de
- Jane Goodall Institute: www.gjanegoodall.de
- International Fund For Animal Welfare: www.ifaw.org
- EHRA (Elefanten in Namibia): www.safarifrank.de/freiwilli-
  genarbeit-in-namibia
- Game Rangers International: www.safarifrank.de/freiwilli-
  genarbeit
- Pack for a Purpose: www.packforapurpose.org

Wenn die Welt ihre Tore wieder öffnet, wähle dein nächstes Reiseziel mit Bedacht, um sicherzustellen, dass dein Geld einen
positiven Unterschied vor Ort macht. Frank und sein Team können dir dabei helfen: www.safarifrank.de

Quellenverzeichnis

Kapitel 4, Einführung des Pula, vgl. dazu https://www.bank-ofbotswana.bw/content/history-botswana-currency, letzter Zugriff 20. 06. 2021.

Kapitel 4, Prinzip der Kgotla, vgl. dazu https://www.knowbots-wana.com/botswana-parliament-and-kgotla.html, letzter Zugriff 20. 06. 2021.

Kapitel 5, Beziehung zwischen Mensch und Feuer, vgl. dazu https://www.smithsonianmag.com/science-nature/why-fire-makes-us-human-72989884, letzter Zugriff 20. 06. 2021.

Kapitel 6, Bayei und andere Volksstämme Botswanas, vgl. dazu https://yourbotswana.com/2017/02/26/batswana-tribes/, letzter Zugriff 20. 06. 2021.

Kapitel 7, Malariazahlen in Botswana, vgl. dazu https://www.who.int/malaria/areas/elimination/e2020/botswana/en/wana, letzter Zugriff 20. 06. 2021.

Kapitel 8, Entwicklung Elefantenpopulation in Afrika, vgl. dazu https://ielc.libguides.com/sdzg/factsheets/african_elephant/population, letzter Zugriff 20. 06. 2021.

Kapitel 9, Rinderzucht in Botswana, vgl. dazu https://www.knowbotswana.com/botswana-beef.html, letzter Zugriff 20.06.2021.

Kapitel 9, Effekt tiermedizinischer Zäune auf Wildtierpopulationen in Botswana, vgl. dazu https://ubrisa.ub.bw/bitstream/handle/10311/28/mbaiwa_int_j_wilderness_2006.pdf?sequence=1&isAllowed=y, letzter Zugriff 20.06.2021.

Kapitel 10, Löwenpopulation in Afrika, vgl. dazu https://africafreak.com/lion-population, letzter Zugriff 20.06.2021.

Kapitel 12, Geschichte Twyfelfountains, vgl. dazu https://historygreatest.com/twyfelfontein, letzter Zugriff 20.06.2021.

Kapitel 13, die Legende von Voortrekker, vgl. dazu https://www.all-creatures.org/stories/a-voortrekker.html, letzter Zugriff 20.06.2021.

Kapitel 20, Bildung für Mädchen, vgl. dazu https://www.unicef.org/education/girls-education, letzter Zugriff 20.06.2021.

Kapitel 20, Zambian Sexual Behaviour Study, vgl. dazu https://www.un.org/africarenewal/news/zambia-fighting-gender-based-violence-fresh-cases-continue-emerge, letzter Zugriff 20.06.2021.

Safari Diaries

Alles hinschmeißen, nach Afrika gehen und sich zur Rangerin ausbilden lassen – ist das nun unglaublich mutig oder die Schnapsidee von jemandem, der vor dem Leben davonläuft?

Noch während Gesa darüber grübelt, landet sie kopfüber in ihrem afrikanischen Abenteuer. Sie lernt alles über Elefanten und Gelbschnabeltokos, lernt Spurenlesen und Sternenkunde und muss sich nicht nur einigen Prüfungen, sondern auch ihren Ängsten stellen. Sie erzählt von atemberaubenden Begegnungen mit Löwen, vom Barfußlaufen durch die Savanne, von langen Nächten unterm Sternenhimmel – und von einem Leben, das endlich richtig beginnt.

Gesa Neitzel
Frühstück mit Elefanten
Als Rangerin in Afrika

Taschenbuch
Auch als E-Book erhältlich
www.ullstein.de

ullstein

Eine Liebeserklärung an die Natur

Die Wildnis ist tief in uns Menschen verwurzelt – wir haben nur verlernt, auf ihre Stimme zu hören. Gesa Neitzel lebt als Rangerin in Afrika Auge in Auge mit Elefanten, Löwen und Leoparden. In ihrem Bestseller beschreibt sie, wie wir wieder einen authentischen Rhythmus in unseren Alltag integrieren können und nimmt ihre Leser*innen mit auf eine Reise in die Natur und zu sich selbst. Sie führt uns vom Denken hin zum Fühlen und gibt uns eine einfache Formel für ein wildes Leben!
»Gesa Neitzel schildert, wie sie durch die täglichen Begegnungen mit wilden Tieren lernte, ihrer inneren Stimme zu vertrauen.« FLOW

Gesa Neitzel
The Wonderful Wild
Was ich von Afrikas Wildnis fürs Leben lerne

Taschenbuch
Auch als E-Book erhältlich
www.ullstein.de

ullstein

Fräulein Draußen erwandert die Welt

Kathrin Heckmann ist »Fräulein Draußen«, Deutschlands bekannteste wandernde Bloggerin. Ihre Leidenschaft fürs Draußensein wurde eines Tages so groß, dass sie ihren Job als Marketing-Managerin aufgab und beschloss, das Wandern und Reisen zu ihrem Beruf und Alltag zu machen. Unterwegs sein, frei sein, glücklich sein ist das, was ihr wirklich wichtig ist. Und das sucht und findet sie auf einer 1.000 km langen Fernwanderung in Australien genauso wie auf einem Kurztrip nach Brandenburg. Ihr Buch erzählt mitreißend von der Reise einer jungen Frau, die in Wanderschuhen nicht nur zu sich selbst, sondern vor allem auch zur Natur fand. Und alles begann, als sie dem Ruf einer Eule in die nächtliche Wüste folgte ...

Kathrin Heckmann
Fräulein Draußen
Wie ich unterwegs das Große in den kleinen Dingen fand

Klappenbroschur
Auch als E-Book erhältlich
www.ullstein.de

ullstein